北京高校高精尖学科"文化遗产与文化传播"建设项目资助

——— 民间文化新探书系 ———
北京师范大学非物质文化遗产研究与发展中心◎主编

"图像场域"视角下的
当代女娲图像研究

以河北邯郸地区为考察中心

孙伟伟◎著

商务印书馆
The Commercial Press

"民间文化新探书系"
编委会

主　任：杨利慧

副主任：万建中　康　丽

编　委：（以姓氏拼音为序）

　　　　安德明　巴莫曲布嫫　〔日〕岛村恭则

　　　　〔美〕杜博思（Thomas David DuBois）

　　　　高丙中　彭　牧　色　音　萧　放

　　　　〔美〕张举文　张明远　〔韩〕郑然鹤

总　　序

民间文化，又被称为"民俗""民俗文化""民间传统"，其中绝大部分在今天也被称作"非物质文化遗产"，是人民大众所创造、传承并享用的文化，是人类文化整体的基础和重要组成部分，适应人们现实生活的需求而形成，并随着这些需求的变化而不断变化，是富有强大生机和特殊艺术魅力的民众生活艺术。可以说，在人类创造的所有文化中，没有比民间文化更贴近民众的日常生活和心灵世界的了。

20多年前，为推动民间文化研究，钟敬文先生曾带领北京师范大学中国民间文化研究所的同人，主编过一套"中国民间文化探索丛书"。这套丛书主要由研究所的成员所撰写，并由北京师范大学出版社出版，自1999—2000年的两年间共出版了包括钟敬文的《中国民间文学讲演集》、许钰的《口承故事论》在内的7部专著。[1] 2002年钟先生去世后，该丛书继续有所扩展，迄今列入其中出版的还有陈岗龙的《蟒古思故事论》（2003）和万建中的《民间文学的文本观照与理论视野》（2019）。尽管每部著作所探讨的问题各不相同，所采用的方法也有所差异，但总体而言，该丛书反映了20世纪中后期以来中国民俗学界热切关心的理论问题以及较普遍采用的方法，特别是对"文本"和"历史"的关注和反思构成了丛书的核心，后来加入的两部著作则体现出语境、主体以及动态过程等新视角的影响。可以说，该丛书呈现了两个世纪之交的中国民俗学的前沿研究状貌，

---

[1] 这7部书分别是出版于1999年的钟敬文著《中国民间文学讲演集》，许钰著《口承故事论》，杨利慧著《女娲溯源：女娲信仰起源地的再推测》，赵世瑜著《眼光向下的革命：中国现代民俗学思想史论（1918—1937）》，董晓萍、〔美〕欧达伟（R. David Arkush）著《乡村戏曲表演与中国现代民众》，以及2000年出版的萧放著《〈荆楚岁时记〉研究：兼论传统中国民众生活中的时间观念》，另外，1999年在商务印书馆出版的〔德〕艾伯华著、王燕生和周祖生翻译的《中国民间故事类型》一书也系该丛书之一种。

在民间文学和民俗学领域产生了重要影响。

2019年5月，北京师范大学文学院牵头承担了建设北京高校高精尖学科"文化遗产与文化传播"的任务。该项目的宗旨是依托北师大深厚的人文学科底蕴，统合校内外相关研究和教学力量，建设一个以中国优秀传统文化为基础、以非物质文化遗产（以下一般简称为"非遗"）和区域文化为主体、以文旅融合和文化传播为特色的优势学科和新兴前沿交叉学科。同年12月，作为该项目的重要成果，北师大非物质文化遗产研究与发展中心成立，在继承和发挥北师大以往的民俗学学科优势的基础上，为强化非遗研究、人才培养和产教融合，搭建了一个新的国际化的交流合作平台。在高精尖学科建设经费的支持下，北师大非遗中心和文学院民间文学研究所主编并出版了"非物质文化遗产学术精粹"丛书，首次较为全面地梳理、总结并展示了中国学界自21世纪以来在非遗理论与保护实践、口头传统、表演艺术、有关自然界和宇宙的知识和实践、传统手工艺以及社会仪式和节庆等方面的主要研究成就。此次推出的"民间文化新探书系"，是该高精尖学科建设的又一项重要成果。所以叫作"民间文化新探书系"，一方面是要借此向以钟老为首的北师大以及民俗学界的前辈致敬；另一方面，也想以此展现国际国内民俗学界的一些新面貌。

简要地说，本书系有着如下的目标和特点：

第一，聚焦21世纪以来民间文学、民俗学以及相关学科领域取得的新成果。20世纪后半叶以来，随着社会的迅猛发展和巨大变化，新的民俗现象不断涌现，对民间文学和民俗学学科提出了诸多挑战，许多敏锐的民俗学同人对此不断予以积极回应，特别是新世纪以来，有关当代大众流行文化、文化商品化、遗产旅游、互联网、数字技术以及新兴自媒体等对民俗的交互影响的探讨日益增多。另外，21世纪初，联合国教科文组织为应对全球化、现代化和工业化对传统文化的冲击，以及世界各国对其多元文化遗产作为历史丰富性与人类文明多样性的见证而日益高涨的保护需求，制定颁布了《保护非物质文化遗产公约》（2003），使"非遗"在世界范围内引起广泛关注。中国政府也迅速出台了一系列相应的法规政策，强调"非遗"保护对于传承和创新中国优秀传统文化、增强民族文化自信、促进文旅融合与国际交流等所具有的重大意义。与保护实践的快速发展相呼应，对非遗的研究和调查也成为民俗学等相关领域的热点话题。本书系将着力反映学界围绕这些新现象而展开探究的成果，以彰显民俗学与时俱进的研究取向，和民俗学者紧跟时代的脚步、关心并探察民众当下需求的"热心"和"热眼"，更充分突显民俗学作为"现在学"而非"过去学"的学科特点。

第二，展现经典民俗研究的新视角。民间文化大多有着较长时段的生命史，在人们的生活中世代相传，因此，不断以新视角探讨传统民俗和民间文学的特点和流变规律，既是民俗学界长期以来探索的重要内容，也是本书系所强调的一个重点。

第三，注重扎实的本土田野研究与开阔的国际视野。本丛书的作者不局限于北师大，而是扩展至国内外民俗学及相关领域的学者。在研究方法和理论取向上，本书系既强调立足中国本土的问题意识和扎实、深入的田野研究，也注重开阔的国际学术视野和与国际前沿接轨的探索成果，以增进民俗学对当代社会以及人文社会科学的贡献，深化国内与国际民俗学界的学术交流。

第四，呈现更加丰富多样的研究内容和形式。与"中国民间文化探索丛书"有所不同，纳入本书系的著作不只限于研究专著，还包括田野研究报告、国外理论译介以及相关重要人物和历史事件的口述史等。由于本高精尖学科建设的特点和需求，有关非物质文化遗产、民间文学以及北京"非遗"的田野调查和研究成果，尤其受到重视。

希望本书系能进一步展现民间文化的当代魅力和活泼生机，推动民俗学朝向当下的转向，从而为丰富和活跃当前国际国内的民俗学研究、促进学科发展，发挥积极的作用。

杨利慧

2022年7月16日于北京师范大学

序

为当代神话图像的民族志研究提供范例

杨利慧

孙伟伟两年前从我门下毕业，目前她的博士学位论文即将付梓，嘱我写序，我自然义不容辞，同时也很高兴借此机会把我对本书价值的理解以及我所认识的作者略加介绍，希望对读者更好地了解本书有些助益。

图像自古以来便是神话的重要承载媒介。有学者认为：早在新石器时代的河姆渡文化中，已有"双鸟载日"的图案出现，而在仰韶文化庙底沟类型的图案中，则清晰地出现了太阳鸟、三足乌以及"金乌载日"的意象，这说明关于"日中有乌"或者"日载于乌"的信仰以及神话在我国有着久远的历史。[1]而女娲和伏羲的形象及其神话，除口头讲述与文字记录以外，历史上还常以图像形式出现在陶器刻绘以及砖画、帛画和雕像中，在当代则更加广泛地活跃于影视剧、互联网、电子游戏、移动短视频、手工艺作品以至于主题公园的虚拟景观中。

对于神话图像，一些前辈学者已经予以关注并倡导对之展开研究。比如孙作云在羽人、饕餮等神话的研究中便大量使用图像资料，由此"在图像神话学的建立方面，见解独到，自成一家，在现代神话学史上起了不可替代的作用"；[2]叶舒宪则主张全面结合包括图像在内的"四重证据"，帮助神话研究乃至古史研究

---

[1] 祁连休，程蔷，吕微主编. 中国民间文学史 [M]. 石家庄：河北教育出版社. 2008: 31-32.
[2] 见马昌仪为《中国神话学百年文论选》中所收入的孙作云《说羽人——羽人国羽人神话之考察》一文所写的篇前简介. 马昌仪. 中国神话学百年文论选（上册）[M]. 西安：陕西师范大学出版社，2013: 368.

走出依赖语言文字研究的老路，重新认识神话与人类文明之间的关系；[1]田兆元近期提出的"神话叙事谱系"理论，也明确提出神话叙事是口头语言叙事、仪式行为叙事和图像物象叙事的统一。[2]

不过，尽管以上述学人为代表的部分研究者关注到了神话图像的重要性并进行了相应的探索，但总体而言，绝大多数学者在研究神话时依然主要依据古代典籍，多走前引叶舒宪所描述的"语言文字研究的老路"，以及刘锡诚所批评的，"大抵认为只有'文献'（'文本'）才是神话研究的正宗和根据"，[3]对图像在神话传承和变迁中的作用关注不足。另外，已有的神话图像研究也多局限在古代，对于神话图像在当代社会中的表现，缺乏充分的探讨，深入特定社区开展的神话图像民族志研究更是几乎阙如。

在这样的学术脉络里来看，孙伟伟博士的这部新作的优长便显而易见。作者饶有新意地选取当代女娲图像为对象，积极吸收借鉴了民俗学、神话学、图像学等多学科的晚近研究成果，创造性地运用"图像场域"的视角，并聚焦于河北邯郸这一特定区域，通过丰富的来自田野作业的第一手材料，从构成、生产和接受三个方面生动揭示了当代女娲神话图像的内在属性与外在发展动力，是近年来中国神话图像研究方面的重要成果之一，为当代神话图像的民族志研究提供了范例。

该书的突出优点表现在：

首先，从图像维度拓展了女娲神话研究。女娲是中国神话中赫赫有名的大女神，对其神话的研究一直是中国神话学的重要内容，迄今探讨成果十分丰硕（可参见该书第一章）。然而，如前所述，总体而言，相关研究中"重文轻图"的现象较为明显，对自古以来大量的图像表达关注相对不足。本书则以图像为

---

[1] 其中"四重证据"指的是：第一重是传世文献；第二重是地下出土的文字材料；第三重是指民俗学、民族学所提供的相关参照资料，包括口传的神话传说、活态的民俗礼仪、祭祀象征等；第四重则专指考古发掘出的或者传世的远古实物及图像。叶舒宪.鲧禹启化熊神话通解——四重证据的立体释古方法[J].台湾：兴大中文学报，2008，(第23期).

[2] 田兆元.神话的三种叙事形态与神话资源转化[J].长江大学学报（社会科学版），2019，(第1期).田兆元."中国神话谱系"与"中华文明探源"精神本体研究[J].文化遗产，2022，(第5期).

[3] 刘锡诚.中国神话学百年文论选·序言[M].//马昌仪选编.中国神话学百年文论选.西安：陕西师范大学出版社，2013.10: 2.

中心，在书面记录与口语媒介之外，进一步关注并分析了雕塑、绘画、剪纸以及虚拟景观等媒介中承载的女娲神话与信仰，从而拓宽了女娲神话的研究范畴。

其次，以当代图像为聚焦点，打破了神话图像研究中长期以古代为焦点的局限。作者积极吸纳近年来民俗学"朝向当下"的转向带来的新视角，在梳理女娲图像历史演变（第一章）的基础上，着力考察了其当代构成（第二章）、生产活动（第三章）及接受方式（第四章），展现了女娲图像如何从历史上流传至今，并被新的时代语境、特定群体和个人所重塑，突显了女娲神话及其图像的强大生命力。

第三，运用民族志研究的方法，关注图像生产者和使用者的主位视角，修正了"以图像为中心"的研究范式的不足。以往的神话图像研究大多以图像本身为聚焦点，探究图像的来龙去脉、艺术特征、内涵和意义等，而缺乏对图像的生产者和传播者的关注。本书却从一开始，便立意关注神话图像背后的主体的民俗实践。作者采用民族志式田野作业的方法，考察邯郸地区民众日常生活中女娲图像的生产与接受，探讨图像之于民众生活的具体运用与价值意义，理解人们对神话图像的观念和态度，从而使图像不再只是对象化的物质客体，而是与主体的生命相交融的、有温度也有自身生命的神话图像，进而展现了女娲图像在当代社会存在与发展的内在机制，呈现出主位视角的民族志所特有的鲜活与厚实，也为将来的神话图像民族志研究提供了一个比较成功的样例。

第四，书中提出了不少富有启发性的理论观点。例如，作者创造性地运用"图像场域"的视角，从构成场域、生产场域、接受场域三个维度来分析神话图像的流播，为研究当代民俗图像的实践过程提供了一个有效的分析框架。再如，作者在总结女娲图像历史演变规律的基础上，将当代女娲图像的构成划分为"神像"与"叙事性图像"两类，这既符合现实，也有利于对女娲图像多元形态的探究。

总的来看，本书观点鲜明，结构清晰，语言晓畅，拓展了神话图像研究，也比较有力地推进了神话学"朝向当下"的转向。2021年初夏，孙伟伟以这篇论著进行博士学位论文答辩时，得到了答辩委员会的诸多好评，认为"论文补充了女娲神话图像研究的不足，推进了图像学和神话学交叉研究的发展，对于认识神话参与当代社会和民众生活的可能性也做出了较有价值的分析和探讨，对推进神话学'朝向当下'的转向具有积极作用"（决议书）。

当然，作为作者初出茅庐之作，本书难免存在不少稚嫩之处。例如对神话图像的理论探讨总体上不够深入，对于"图像场域"三个方面的内在逻辑关系以及各场域内部的互动关系等重要问题，也缺乏应有的交代和分析。这些不足，有待作者在未来的研究中进一步探索并做出回应。

这里再略说几句本书作者。孙伟伟硕士阶段的学习并非民间文学和民俗学专业，因此，在她以不错的成绩考取了我的博士生、正式前来北师大就读之前，说实话，我对她能否真正经受得起攻读民间文学博士学位的考验还是有些疑虑。为帮助她尽快弥补专业理论基础的不足，我这个严苛的老师便毫不客气地打电话给她布置了"暑假作业"：在秋季入学前，系统梳理并撰写不少于一万字的中外民间文学和民俗学学术史，开学报到时交。后来伟伟报到时，果然交给我一篇两三万字的学术史，梳理得眉目清晰，要点突出，使我顿时对她的学习充满信心。很久以后我才知道，当初接到我布置的艰巨任务时，伟伟生完孩子刚出月子不久，身体并未完全恢复，但她对自己面对的巨大困难只字未提，而是不惧辛劳，及时高效完成了任务，她的聪颖和努力上进，由此可见一斑。后来她写博士论文的时候，又正逢新冠疫情严重，前往邯郸的田野考察计划受到很大阻碍。伟伟并没有放松对自己的要求，为完成论文的写作设想，她一方面充分利用网络资源来弥补线下调查的不足，另一方面，只要一有机会，她立刻冒着被封控和感染的风险前往邯郸实地调查。她对研究的执着和勇敢果决的行动力常令我十分感动。凭借这样的决心和毅力，伟伟最终呈现的博士论文还是较为丰满的，可以说比较圆满地完成了她预定的目标。

此书是伟伟的处女作，对她的意义自然不同寻常。我在由衷祝贺她的同时，也希望她将来继续不懈努力，勤勉向上，把神话图像的民族志研究步步推向深入，为中国民间文学和民俗学事业做出更大贡献。

是为序。

2024年1月20日

于北京师范大学

目　录

总序 ································· 杨利慧（ⅰ）
序 ··································· 杨利慧（ⅴ）

导　言 ································· （1）
　　第一节　相关研究综述 ························· （2）
　　第二节　研究内容与价值 ······················· （32）
　　第三节　理论视角与方法 ······················· （36）
　　第四节　田野点及相关术语阐释 ··················· （42）

第一章　古今神画：女娲图像的历史流变 ············ （50）
　　第一节　图像内容的演变 ······················· （50）
　　第二节　图像意义的转变 ······················· （72）
　　小　结 ·································· （80）

第二章　神像与叙事：分析当代女娲图像构成的一个视角 ··· （82）
　　第一节　娲皇宫神像的基本特征 ··················· （82）
　　第二节　女娲故事的图像叙事 ···················· （99）
　　小　结 ·································· （114）

第三章　"有神"：女娲图像的生产 ················ （116）
　　第一节　"给神立像"："灵性"的生产 ··············· （116）
　　第二节　出神入"画"：故事的绘制 ················· （143）

第三节　复制与展示：视觉技术生产的女娲图像 …………………（170）
　　小　结 ……………………………………………………………（193）

第四章　"敬"与"观"：女娲图像的接受 ……………………（195）
　　第一节　"心灵之眼"：信众对神像的敬拜 …………………（196）
　　第二节　"肉体之眼"：图像的观看之道 ……………………（229）
　　第三节　"机械之眼"：受众与技术图像 ……………………（241）
　　小　结 ……………………………………………………………（257）

结　论 ……………………………………………………………（259）

参考文献 …………………………………………………………（267）

后　记 ……………………………………………………………（276）

导　言

　　我国的神话图像资源非常丰富，其中女娲神话在未有文字记载之时便有图像记载，从史前的刻画图像、汉代画像、隋唐的壁画与帛画，到宋元的人首蛇身俑、明清的仕女画像，历史上的图像资源数不胜数。当代的女娲神话图像更是借助艺术和科技大放异彩，雕塑、绘画、动画、虚拟景观等多种艺术形式使神话的表现方式越来越多元化，而这些无疑都应该成为我们关注的对象。

　　女娲是神话学研究的重要对象，长期以来相关成果丰硕，但主要集中于文本与口头研究，对图像的研究十分匮乏。近些年来，个别学者也开始关注到图像对于神话研究的重要意义，对历史图像的形式、意义以及背后的思想观念进行探讨，使得女娲历史图像的相关研究逐步深入。然而，当代多样的神话图像却长期被学界忽略，尤其缺少当代女娲图像与社会现实生活、人们的实践活动相关的研究成果。当下视觉图像大量存在，神话学研究若想实现"朝向当下"的目标，就不能对当下丰富的神话图像置之不理。

　　河北省邯郸地区女娲文化底蕴丰厚，涉县娲皇宫是国家AAAAA级旅游景区，其女娲神话及信仰在全国赫赫有名；邯郸方特国色春秋主题乐园是以民间文化为主题的游乐园，女娲神话在其中以高科技图像的形式展现，独具特色，以此为对象考察女娲图像在当代具有代表性。邯郸地区的女娲图像包括神像、壁画、彩绘、虚拟景观等，种类多样，数量繁多。围绕这些图像，有众多的问题亟待我们解决，如女娲图像在当代的表现形式有哪些？这些图像背后的生产者是谁？其生产过程是怎样的？接受者又是如何接受女娲图像的？这些问题都是研究当代女娲图像所应关注的基本问题，也是本书要解决的重要问题。

有鉴于此，本书力图在前人研究的基础上，尤其是积极借鉴图像学与传播学的研究成果，以河北邯郸地区为考察中心，在"图像场域"的理论视角下对当代女娲图像进行研究，考察图像背后的实践活动，从而探索女娲图像的内在发展机制，以此来填充女娲神话研究中图像研究不足的局限，打破历史图像与当下图像研究的不平衡，同时关注图像背后的主体实践，助推神话学"朝向当下"的步伐。

第一节　相关研究综述

本书拟从构成、生产、接受三个场域对当代的女娲图像进行系统研究，揭示当下神话图像的内在属性与外在动力。据此，下文将从神话图像的跨学科研究、女娲神话及图像研究综述两个方面进行学术史回顾，以呈现本研究的学术背景及创新意义。

一、神话图像的跨学科研究[①]

回顾中外民间文学的学术史，长期以来，学界较多关注书面文本与口头传唱的神话研究，缺乏对于神话图像的关注，因此，这一领域的研究显得薄弱和零散。但是，其他学科如历史学、考古学、图像学、美术学、文学等都从自身学科角度对图像进行研究，成果繁多，可以为神话学图像研究提供借鉴。然而，各个学科研究角度不同，难以全面梳理，下文仅就与本研究旨趣相投的图像学与神话学对神话图像的研究成果进行梳理，通过对这些成果作简要回顾，可以归纳总结出国内外神话图像研究的发展轨迹及研究范式。

---

① 此节主要部分已发表，见孙伟伟，神话图像研究综述与发展路径思考[J]. 长江大学学报（社会科学版），2019 (6): 1–14.

（一）图像学对神话图像的研究

图像学，顾名思义就是关于图像的学问、对图像的论述。它是用来解释视觉造型活动及其对视觉作品的意义进行阐释的科学，"意义"是图像学研究的本质性任务[1]，图像学创立之始都是对文艺复兴时期的神话图像进行解读，可以说图像学是西方世界较早对神话图像进行研究的学科。

图像学（Iconology）一词，早在16世纪，就出现在意大利学者切萨雷·里帕（Cesare Ripa）编写的《图像学》（*Iconologia*）[2]一书中，但这仅仅是一部描述象征性图像的参考工具书，为解释图像的寓意提供意见，并未涉及科学的图像学研究。20世纪上半叶，科学意义上的图像学研究才真正开始，做出卓越贡献的有瓦尔堡、潘诺夫斯基、贡布里希、米歇尔等学者。

德国艺术史家阿比·瓦尔堡（Aby Warburg）开创了"瓦尔堡研究方法"，为图像学的建立奠定了坚实的基础。1912年，他在罗马国际艺术史会议上的演讲中首次提出了现代意义上的图像学[3]，他将图像与古代社会的政治、宗教、科学等关联起来，用这种解读图像的方法分析了意大利文艺复兴时期斯基法诺亚宫的湿壁画，从中发现了希腊神话与中世纪占星术的关系，证实了从古代到文艺复兴时期的图像传承（如波提切利、达·芬奇、拉斐尔的作品）保存了古典文化的意义。这篇演讲成功破解了斯基法诺亚宫的湿壁画之谜，也使瓦尔堡解读图像的方法获得学界认同。

瓦尔堡受当时文化史学家的影响，在特定的时代背景中解读图像，认为某个时期的图像艺术与当时的政治、社会生活和宗教、哲学、文学等具有密切关系，解读图像需要还原当时的历史文化语境。在解读湿壁画之前，早在1893年，瓦尔堡便以波提切利（Sandro Botticelli）的两幅名作《维纳斯的诞生》（1486）和《春》（约1482）为研究对象完成了他的博士论文，在文中，瓦尔堡在自古至

---

[1] 韩丛耀. 中华图像文化史[M]. 北京：中国摄影出版社，2017: 20–23.
[2] 〔意〕切萨雷·里帕. 里帕图像手册[M]. 李骁译. 北京：北京大学出版社，2019.
[3] 〔美〕欧文·潘诺夫斯基. 图像学研究：文艺复兴时期艺术的人文主题[M]. 戚印平，范景中译，上海：上海三联书店，2011: 3.

今的文字和图像之间自如穿梭，通过图像的细节，还原出了这两幅作品的历史文化语境。同时，他提倡保护人类文明的"历史记忆"，认为图像是一种"历史记忆"，1927年开始编纂《记忆女神图集》，搜集当时各种关于神话的图像，并在自己的图书馆中制作了由一千多幅图构成的"历史记忆"地图，将其作为文化史研究的资料库。

在研究方法上，瓦尔堡主张分析图像时要打破学科之间的壁垒，从各种人文学科的缝隙中去研究图像，关注意义或价值在图像史和文化史中的传递与变形。他认为人类的"历史记忆"并非严密地保存于某一学科中，而是保存在各学科的关联中。瓦尔堡解读图像的目的并非仅仅是解开某一图像之谜，而是要倡导一种分析图像的方法，他开创了利用文化解读图像的研究方法（后人称之为"瓦尔堡研究方法"），并带领了一大批学生开始从跨学科的角度研究图像，为图像学的理论诞生奠定了坚实的基础。但是，他仅是从个案的实践中展示其分析方法，并未对其研究方法做出系统抽象的总结和描述。

瓦尔堡的门徒、美国德裔犹太学者欧文·潘诺夫斯基（Erwin Panofsky）将"瓦尔堡研究方法"发展为系统的图像学阐释，真正开创了现代图像学研究，被称为"艺术史界的索绪尔"，其著作《图像学研究：文艺复兴时期艺术的人文主题》（1939）是对图像学做出系统阐释的开山之作，至今仍具有重大影响。

该书在导言中区分了图像志（Iconography）与图像学，提出了要在图像志的基础上复兴图像学。关于二者的区别，潘诺夫斯基指出：

> 图像志的graphy来源于希腊语动词graphein，意为"书写"，表示纯粹描述性的，而且常常是统计性的方法。因此，iconography（图像志）是关于图像的描述与分类，这是一种有限的辅助性研究，它将告诉我们，某一特定主题在何时、何地被何种特殊母题表现于艺术作品之中……图像志能够发掘美术作品的固有内容所包含的一部分因素，但是要对固有内容的知觉进行表达和传授，那就必须使作品中所有的因素变得清晰明确。

正是由于"图像志"这个词的普通用法有这些严格的限制，尤其在美国，所以我建议启用一个相当古老的术语"图像学",凡是在不孤立地使用图像志方法,而是将它与破译难解之谜时试图使用的其他方法,如历史的、心理学的、批判论等方法中的某一结合起来的地方,就应该复兴"图像学"这个词。后缀graphy意味着某种描述,而logy则表示某种解释,它来自于意为"思考"和"理性"的logos。①

另外,导言部分还阐释了图像学研究的基本方法,也即解读图像的三个层次:前图像志描述、图像志分析及图像学阐释。前图像志描述是对图像的辨识,由艺术母题世界的自然题材组成,用文字就作品本身的视觉品质来描述图像,这一阶段的解释基础是实践的经验。图像志分析即根据传统知识分析、解释作品图像中的故事或寓言,由此进一步分析其中的情节或人物,这一阶段由图像故事和寓言世界的程式化题材构成,其解释基础是原典知识,解释的依据是类型史。图像学阐释即发现图像的深层意义,它可以揭示一个国家、时期的宗教信念和哲学主张的基本立场,由象征世界的内在意义组成,解释的依据是一般意义的文化象征史等。潘诺夫斯基将此具体概括如下表:

表1-1 潘诺夫斯基的图像学研究法②

解释的对象	解释的行为	解释的资质	解释的矫正原理（传统的历史）
Ⅰ.第一性或自然主题——（A）事实性主题,（B）表现性主题——构成美术母题的世界	前图像志描述（和伪形式分析）	实际经验（对象、事件的熟悉）	风格史（洞察对象和事件在不同历史条件下被形式所表现的方式）

---

① 〔美〕欧文·潘诺夫斯基.图像学研究:文艺复兴时期艺术的人文主题[M].戚印平,范景中译,上海:上海三联书店,2011: 6.
② 〔美〕欧文·潘诺夫斯基.图像学研究:文艺复兴时期艺术的人文主题[M].戚印平,范景中译,上海:上海三联书店,2011: 6,第13页。

续表

解释的对象	解释的行为	解释的资质	解释的矫正原理（传统的历史）
Ⅱ.第二性或程式主题，构成图像故事和寓意的世界	前图像志分析	原典知识（特定主题和概念的熟练）	类型史（洞察特定主题和概念在不同历史条件下被对象和事件所表现的方式）
Ⅲ.内在意义和内在内容。构成"象征"价值的世界	图像学解释［深义的图像志解释（图像志的综合）］	综合直觉（对人类心灵的基本倾向的熟悉）但受到个人心理与"世界观"的限定	一般意义上的文化征象或象征的历史（洞察人类心灵的基本倾向在不同历史条件下被特定主题和概念所表现的方式）

在系统阐述图像学的概念及研究方法之后，作者具体解读了皮耶罗两组绘画、丘比特图像、时光老人形象等，论述了文艺复兴时期艺术的人文主题，还原了当时图像创作的历史文化语境，用实际案例论证了图像学研究方法的可行性，也为后人分析图像提供了范例。

另外，潘诺夫斯基之后的专著《视觉艺术的含义》(*Meaning in the Visual Arts*，1955)[①]，在《图像学研究》基础上对图像学方法做了进一步阐释，认为艺术史家应该尽可能地搜集与所研究图像有历史关联的文献，从而为其提供有关政治、宗教、社会、科学等方面解读的证明。

潘诺夫斯基的图像学研究在现代图像学的发展史上具有纲领性的意义，他将瓦尔堡的研究方法系统化，真正打破了仅从美学、构图等角度去分析图像的传统，开启了跨学科研究图像的先河。图像学的研究方法沟通了图像与人文学科，开阔了众多人文学科的研究视野，使得神话学对神话图像的研究也成为可能，其分析的三个层次对神话学者解读神话图像具有重要的指导意义。

但是，关于这一理论的探讨和争议也持续不断，英国图像学家E. H. 贡布里

---

① 〔美〕E.潘诺夫斯基.视觉艺术的含义[M].傅志强译.沈阳：辽宁人民出版社，1987.

希（E. H. Gombrich）是潘诺夫斯基的最有力的批评者，也是修正图像学的主要人物。《象征的图像——贡布里希图像学文集》是集中贡布里希图像学思想的合集，他认为潘诺夫斯基的图像学只关注艺术品的思想而不重视其形式方面是对图像最大的误解，他肯定了图像学的价值，指出："方案的类型都以某种程式为基础，而这些程式又根植于文艺复兴时期人们对宗教的和古典的正规原典的尊重，图像学家正是靠着对这些原典的熟悉和对绘画的熟悉，从两边着手，架起一座桥梁，沟通图像和题材之间的鸿沟。"[①]但另一方面他也指出了图像学必须建立一套标准和防范措施，以校正对图像阐释天马行空、言说过头的倾向，他认为正是这种倾向败坏了图像学的名声，就连潘诺夫斯基自己也表达过这方面的焦虑："确实还存在着某种公认的危险，图像学可能不会像相对于人种志的人种学那样行事，而是像相对于占星志的占星学那样行事。"[②]

关于图像学的任务与意义，贡布里希与潘诺夫斯基也各有分歧。潘诺夫斯基将艺术当作文化史的征兆，解读整个图像背后的文化意义，还原象征性的内在意义。而贡布里希将图像学的中心任务缩小为重建艺术家的创作方案，把作者意图作为图像学的阐释对象。为了完善图像学的方法，贡布里希借用了阐释学学者D. E. 赫希的类型学方法，即"类型第一"原理，在肯定潘诺夫斯基第二层次"类型史"的基础上，进一步将意义划分为作者的原意和阐释者阐释之义，他还特别指出图像学家的最初工作不是研究象征，而是研究传统惯例。为了论证这些原则及思想，他先后发表了《普森的〈俄里翁〉主题》（1944）、《象征的图像：象征的哲学及其对艺术的影响》（1948）、《茶宫中的风神厅》（1950）、《波提切利的神话作品》（1954）[③]等文章，在潘诺夫斯基图像学方法的基础上重新对文艺复兴时期的神话图像进行了解读。

---

① 〔英〕E. H. 贡布里希. 象征的图像——贡布里希图像学文集 [M]. 杨梁思, 范景中译, 广西：广西美术出版社, 2015.
② 〔英〕欧文·潘诺夫斯基. 图像学研究：文艺复兴时期艺术的人文主题 [M]. 戚印平, 范景中译, 上海：上海三联书店, 2011.
③ 〔英〕E. H. 贡布里希. 象征的图像——贡布里希图像学文集 [M]. 杨梁思, 范景中译, 广西：广西美术出版社, 2015.

贡布里希的贡献在于修正和规范了图像学，在强调图像意义层面之外，还应注意阐述环节的合理性，促进了图像学理论的进一步发展。但是其修正及尝试只是一个大胆的假设，用以佐证的直接文献证据往往不足，他自己也多次提出他在论述波提切利的文章本质上是假设性的，以待人们证伪。相比于潘诺夫斯基的图像学，贡布里希倡导的理论与研究方法在实际操作层面存在较多难以克服的困难。

20世纪后半叶，人类社会因为电子媒介、计算机技术的发展进入了"读图时代"，生活中到处充斥着图像。美国图像学家汤姆·米歇尔（W. J. T. Mitchell）提出了"图像转向"，它一方面是指人文科学学术视野发生了变化，人文学科开始关注图像；另一方面指在文化公共领域中，新的图像生产技术制造了"图像景观"，并引发了人类对图像的恐惧和抵制。[1]他反对潘诺夫斯基现代图像学及其背后的诠释学系统，对图像学进行了重构，扩大了图像的定义，提倡让图像学从艺术史、美学等领域解脱出来，去研究非艺术、非美术的图像。在《图像学：形象、文本、意识形态》（Iconology: Image, Text, Ideology，1986）一书中，米歇尔认为世界充满着图像，他提出了五种图像：语言图像、视觉图像、造型图像、认知图像和心理图像，来说明图像无处不在。其代表著作"图像三部曲"，即《图像学：形象、文本、意识形态》[2]、《图像理论》（Picture Theory: Essays on Verbal and Visual Representation，1994）[3]及《图像何求——形象的生命与爱》（What Do Pictures Want? The Lives and Loves of Images，2005）[4]对何为图像、图像与语言的关系、图像与文本的关系、图像理论等基本问题重新进行了思考，试图在潘诺夫斯基的基础之上发展"当代图像学"。这三部著作是21世纪图像学研究的重要成果。

米歇尔的图像理论强调图像的功能，突出视觉/图像思维模式，他结合语言

---

[1] 郑二利. 米歇尔的"图像转向"理论解析 [J]. 文艺研究，2012 (1).
[2] 〔美〕W. J. T. 米歇尔. 图像学：形象、文本、意识形态 [M]. 陈永国译，北京：北京大学出版社，2012.
[3] 〔美〕W. J. T. 米歇尔. 图像理论 [M]. 陈永国，胡文征译，北京：北京大学出版社，2006.
[4] 〔美〕W. J. T. 米歇尔. 图像何求——形象的生命与爱 [M]. 陈永国，高焓译，北京：北京大学出版社，2018.

学和哲学，在对前人尤其是潘诺夫斯基和贡布里希的图像理论的研究基础之上，形成了具有自身特色的图像理论体系：文本与形象、元图像、超图像以及图像转向，在后期初步提出了图像自有生命的理论，他认为现代社会由语言/话语思维模式开始向视觉/图像思维模式转变。

米歇尔的图像理论超越了传统图像学对图像意义的解读，上升到哲学及思维的层面，理论性和抽象度非常高，对图像学理论的建构具有举足轻重的作用。但是，也有学者对该理论有一定的异议，如图像转向能否具有像语言学转向那样的意义，图像学研究方法能否具有普世价值等等，都有待讨论和思考。

我国图像学家韩丛耀将潘诺夫斯基图像学研究方法及相关理论引入图像媒体生态学的研究，提出了图像传播媒体的意义场域，即图像媒体生产场域、图像媒体自身场域、图像媒体传播场域，在各个场域中分别探讨图像的物质技术形态、视觉构成形态和社会文化形态，他认为"解读图像媒体传播意义的过程，应该循着受众的视觉思维习惯和生物、生理、心理规律，科学有序地描述、分析和阐释图像和图像媒体，尤其要对图像媒体产制'意义'的三大场域着力，不可缺项"。[①]韩丛耀的图像媒体意义场域理论对于文本的研究具有重要的借鉴意义，也为本书提供了理论视角的参考。但是，图像的三种形态在三种场域中并没有明确的区分界限，对于没有艺术学科背景的学者来说，具有非常大的挑战性，如视觉构成形态在三个场域间的区分就显得不太明晰，韩丛耀自己也强调"场域间的区隔并不是很明确，有的可以清晰地分辨出来，有的需要下一番功夫才有可能，因此，对于图像媒体生态学的研究者来说耐心尤为重要"。[②]因此，韩丛耀的图像意义场域在操作范式上有一定的困难，需要进一步进行细化与完善。

此外，值得一提的是美国学者巫鸿的《武梁祠：中国古代画像艺术的思想性》(*The Wu Liang Shrine: The Ideology of Early Chinese Pictorial Art*，1989)一书，该书是利用图像学解读中国汉画像及墓葬艺术的研究典范，书中对武氏家

[①] 韩丛耀.图像传播媒体的意义场域研究[J].当代传播，2017(05)：19.
[②] 韩丛耀.图像传播媒体的意义场域研究[J].当代传播，2017(05)：19.

族墓地的遗存进行了清理和著录，在对以往武梁祠研究系统回顾的基础上，重新探讨了武梁祠石刻的图像内容，并且深入论述了图像的意义，还原了其历史文化语境。通过分析，巫鸿指出武梁祠中所刻的图像一方面反映了当时社会的时尚；另一方面是根据设计者自己的想法仔细选择安排的。全书资料翔实，图文并茂，逻辑严密，是目前研究中国神话传说图像的经典之作，为神话图像的研究提供了一个成功的个案研究。另外，巫鸿的《中国古代美术和建筑中的纪念碑性》(*Monumentality in Early Chinese Art and Architecture*，1995)、《黄泉下的美术：宏观中国古代墓葬》(*The Art of the Yellow Springs：Understanding Chinese Tombs*，2010)等著作也都是图像学研究的力作，对神话图像研究具有极大的借鉴意义。

此外，其他成果如美国学者梅维恒（Victor H. Mair）的《绘画与表演——中国绘画叙事及其起源研究》(*Painting and Performance：Chinese Picture Recitation and Its Indian Genesis*，1988)、英国学者诺曼·布列逊（William Norman Bryson）的《视阈与绘画：凝视的逻辑》(*Vision and Painting：The Logic of the Gaze*，1983)、彼得·伯克（Peter Burke）的《图像证史》(*Eyewitnessing：The Uses of Images as Historical Evidence*，2000)等皆是20世纪末21世纪初图像学理论的重要研究成果，是图像学与其他人文学科跨学科尝试的范例，在此不一一赘述。

综观图像学的发展历程，可以看出图像学研究注重在特定的历史文化背景中解读图像的意义，提倡跨学科的研究方法，在不断发展的过程中，也逐渐开始探讨图像与文本、意识形态等之间的关系。虽然很多根本问题并未得到解决，但图像学的研究方法已趋于系统化，它是沟通图像与历史文化的桥梁，扩大了人文学科的研究视角和范围，为探究图像提供了研究范式，也为神话学解读神话图像意义提供了基本的研究方法和理论指导。本书受图像学研究及韩丛耀图像意义场域的启发，通过田野调查探寻女娲图像在当代社会的真实存在情况，进而探讨其背后的功能及意义。

（二）神话学对神话图像的研究

神话学长期关注书面与口头传统中的神话，图像研究相对匮乏，但却并非是一片空白。20世纪上半叶，学界开始对考古出土的神话图像进行历史考证，并据此对神话进行溯源研究。至21世纪，学者们借用图像学的方法对历史图像的意义进行阐释，深入探讨其背后的社会背景与思想观念，并在研究方法与理论探讨上进一步发展。

1. 20世纪的神话图像研究

从某种意义上讲，我国20世纪早期对神话考古图像的研究与当时国外探险家研究者紧密相关。19世纪晚期至20世纪初期，一些外国探险家对中国西北进行掠夺性考察，1915年，日本学者大谷光瑞的《西域考古图谱》（1915）[①]公布了新疆考察所得伏羲女娲彩色绢画；1928年，英国学者斯坦因的《亚洲腹地考古图记》（1928）[②]介绍了新疆考古发现中的众多神话题材彩色绢画、壁画以及经卷等。图像公布之后，聚焦于考古论证的相关研究也逐渐展开。

20世纪上半叶，国内对神话图像的研究集中于历史考证研究，主要是围绕考古图像，以考证其真相为目的，同时在研究方法上开始探讨神话与图像、民俗等的交叉研究。鲁迅、常任侠、闻一多、孙作云等民国时期的学者名家也在这方面做出了重要探索。

鲁迅是较早注意到神话研究要与图像相结合的学者，对收集整理汉画像石（砖）拓片及相关资料做出了重要贡献。20世纪30年代，鲁迅对汉代画像石刻表现出浓厚的兴趣，在他的晚年，他为搜集、编选、研究汉画像石倾注了一定的精力，汉画像对其思想的影响也体现在他的众多著名作品中，如《故事新编》《中国小说史略》《坟·看镜有感》等。同时，鲁迅也注意到汉画像中的神话图像，他在《中国小说史略·神话与传说》中论及《天问》（1923）时称："是知此种故事，当时不特流传人口，且用为庙堂文饰矣。其流风至汉不绝，今在墟墓间犹见有石刻神祇怪物圣哲士女之图。晋既得汲冢书，郭璞为《穆天子传》作注，又注《山海经》，作图赞，其后江灌亦有图赞，盖

---

① 〔日〕香川默识编. 西域考古图谱 [M]. 北京：学苑出版社，1999年影印版.
② 〔英〕斯坦因著，巫新华，秦立彦等译. 亚洲腹地考古图 [M]. 桂林：广西师范大学出版社，2004.

神异之说，晋以后尚为人士（士人）所深爱。"①鲁迅提出神话在古代不仅流传于人口，也被用作庙堂文饰，他也"主张文学史阅读和考察应注意社会状态、风俗迷信，在这些汉画像石上是可以获得许多实物资料和精神启示的。观察画像设计，对古人如何进行此界与彼界、人间与天上的精神沟通，可获得相当丰富的直观感受"。②

1939年，常任侠在《重庆沙坪坝出土之石棺像研究》③一文中，介绍了重庆沙坪坝出土的石棺图像及其伴出物，通过与武梁祠及南阳汉画像中的人首蛇身像的对比，结合历史文献记载及苗瑶等西南少数民族地区的洪水传说，断定该石棺上的人首蛇身像即伏羲、女娲，同时文章还分析了关于画像中日月金乌灵蟾的传说。之后，常任侠连续发表了关于重庆考古的一系列文章，如《重庆附近发见之汉代崖墓与石阙研究》（1940）、《整理重庆江北汉墓遗物纪略》（1940）等，认为应该重视考古学角度的研究，这样可以有效地改变神话研究从神话到神话、从传说到传说的研究方式，他的研究开启了从考古图像研究神话的大门，为后人研究神话提供了现实证据。

闻一多受常任侠文章的启发，对伏羲、女娲的人首蛇身像进行了研究，其《伏羲考》（1942）④一文，运用考古学图像及世界各民族的民间文学资料，考定人首蛇身像见诸画像与文字记载的时期，恰与伏羲女娲神话传说在史乘上最活跃的时期大略一致，认为人首蛇身像是伏羲女娲具有极大的可能性。关于人首蛇身交尾与兄妹婚的传说，闻一多则认为"兄妹配偶"是伏羲、女娲传说的最基本的轮廓，而这轮廓在文献中早被拆毁，它的复原是靠新兴的考古学，尤其是人类学的努力才得以完成的。

《伏羲考》是女娲神话研究的显著成果之一，闻一多在这篇文章中将传统的

---

① 鲁迅.中国小说史略.鲁迅全集·第九卷[M]，北京：人民文学出版社，2005：23.
② 曾宪波.鲁迅对南阳汉代画像石拓片的研究[A].//上海鲁迅纪念馆、北京鲁迅博物馆（北京新文化运动纪念馆）、南阳市汉画馆编."鲁迅与汉画"学术研讨会论文集[C].上海：上海社会科学院出版社，2019：13.
③ 常任侠.民俗艺术考古论集[M]，山西：山西人民出版社，2014.
④ 闻一多.闻一多学术文钞：神话研究[M]，四川：巴蜀书社，2002.

历史考据与现代社会科学方法相结合，多方面分析了伏羲女娲神话，他采用的图像资料数量虽然有限，仅仅来自几幅石刻画像和帛画，但其研究具有独创性，对当时的神话学研究颇具启发意义。

闻一多的门生孙作云是我国最早用西方图腾理论研究中国古代文化的学者，他从图腾理论切入到神话研究，其研究成果有《蚩尤考》（1940）、《槃瓠考》（1942）、《鸟官考——中国古代鸟氏族诸酋长考补》（1946）、《中国古代图腾研究》（1949）等，利用考古器物上的众多图像纹饰资料来考察图腾与神话，某种程度上扩大了中国神话研究的视野。他首先提出了神话与图像的研究方法，在《饕餮考》中指出："愚年来颇治神话学与民俗学，窃思若能由神话学探索此种花纹之神话的意义，由民俗学解释此种花纹之原始的性质，当为极饶有兴趣之事。今即以此为线索，由古书上之记载，合之古器上之材料，参以初民社会之风俗，推衍比勘，以求一解，此即本书所采用之方法与目的也。"[1]他强调神话、图像与民俗相结合的研究方法，为神话学提供了跨学科的综合研究思路。但他过于依赖图腾理论，将一切社会现象都解释为图腾社会的遗留物，逐渐走向泛图腾化的边缘，这是值得我们反思的。

20世纪下半叶，国内神话学对神话图像的研究在历史考证的基础上转至神话溯源研究，大部分研究仍聚焦于"人首蛇身"像。杨利慧的博士后出站报告《女娲溯源——女娲信仰起源地的再推测》（1999）[2]是利用神话图像进行溯源研究的力作，文中广泛涉猎全国"民间文学集成"所搜集的文字资料，以陈建宪所搜集的433篇和她自己所搜集的418篇洪水神话为基础，通过实地考察，收集了大量的田野材料及民间女娲信仰习俗的材料，并整理了伏羲女娲画像石、画像砖、石刻、壁画等78件。她选择了女娲信仰起源地的"南方说"中女娲与兄妹始祖型神话的"一元论"漏洞和女娲神话与信仰发生地的臆断性，对"南方说"进行了有力的辩驳。接着，她又进一步在古文献学、地理历史学的基础

---

[1] 孙作云.中国古代神话传说研究（上），孙作云文集·第3卷[M]，河南：河南大学出版社，2003年，第299页.
[2] 杨利慧.女娲溯源——女娲信仰起源地的再推测[M]，北京：北京师范大学出版社，1999年.

上，引进芬兰学派和日本学者的传说"中心地"理论，以出土于甘肃省甘谷县西坪乡的仰韶文化庙底沟类型的彩陶罐上的鲵鱼纹等为据，推断女娲神话和信仰最初可能肇始于西北部，最可能在甘肃省的天水地区。杨利慧的研究，无可辩驳地动摇了学者们半个多世纪以来所持的女娲神话与信仰起源于南方少数民族地区的结论，使"北方说"在学理上更为有据。[①]该书资料翔实，图文并茂，以图表形式清晰地统计了从《山海经》到明朝时期的女娲人首蛇身像，并绘制了人首蛇身像可能在各个时代的分布地图，还有大量的田野民族志资料，为后来者研究神话图像奠定了坚实的基础，提供了非常丰富且具体的资料。在研究方法上，杨利慧将实地的田野调查、现代民间流传的神话资料与古代书面文献记载、考古学发现相结合，实证与推理并存，有力地反驳了"南方说"，对神话学的研究方法也做了进一步的拓展。但是，该书是围绕女娲溯源进行研究，大量的图像资料仅仅是作为佐证材料出现，并未对图像进行具体的描述与分析。

此外，其他学者也曾针对女娲溯源进行过讨论，如台湾学者刘临渊的《甲骨文中的"蚰"字与后世神话中的伏羲女娲》(1970)、何新的《太阳神与远古华夏民族的起源》(1986)、萧兵的《女娲考》(1987)等，在杨利慧的研究中皆有过探讨，在此不一一赘述。

除人首蛇身像之外，巴莫曲布嫫的《神图巫符与仪式象征——大凉山彝族毕摩宗教绘画中的神话原型》(1998)[②]一文值得一提，这篇文章分析了大凉山彝族毕摩宗教绘画中神图巫符的构画与制作，讨论了神图所在的仪式场合，解读了神图的神话原型，认为神图既是仪式的阐释与说明，也是神话与宗教典故的形象再现与动态传播。该文是较早从图像角度对少数民族神话与仪式进行研究的成果，这种从图像与仪式角度对神话进行的研究，开启了少数民族神话图像研究的新视野。

[①] 边缘人.以无厚入有间——读杨利慧《女娲溯源》[J].民俗研究,2000 (02): 185-187.
[②] 巴莫曲布嫫.神图巫符与仪式象征——大凉山彝族毕摩宗教绘画中的神话原型[J].民族艺术,1998 (01): 117-133.

20世纪后半叶，神话图像也引起了国外学者的关注，值得特别一提的是苏联学者李福清，其文章《人类始祖伏羲女娲的肖像描绘》(1979)[①]是当时将图像资料与文献相结合研究伏羲女娲神话成果中较为重要的一篇，也是从形象深入探讨神话的核心成果。该文以汉代石刻画像、壁画、高句丽画像、唐代新疆帛画等为考察对象，结合汉代纬书，仔细考察了伏羲女娲的肖像描写，认为神话人物图像的发展是从兽形到人兽共体，逐渐至全然人化的运动过程。该研究涉及伏羲女娲形象的变迁历史以及背后的内在文化意义，对本课题的研究具有重要的指导作用。

另外，李福清此文学术视野开阔，纵横捭阖，也介绍了众多当时国外对女娲神话图像研究的成果，总结了当时研究伏羲女娲图像的各种观点，如苏联学者杨申娜，日本学者谷野典之、林巳奈夫，德国学者K.芬斯特布施等等，为神话图像研究提供了大量的参考资料。

在研究方法上，他不遗余力地搜罗资料，将考古资料、民族志资料、历史文献等相结合，不断利用新发现的材料进行分析，使得他的文章在当时具有很强的新鲜感。不过李氏此文亦有不足之处，他在文中探讨了神话形象从兽形到人兽共体，再至全然人形的演变过程，但是全文重点论述了伏羲女娲从兽形到人兽共体的过程，而人兽共体到全然人形的部分仅用"在封建时代晚期由于没有了画女娲像的传统，导致艺术家自觉或不自觉地赋予她女菩萨的，甚至不是道家神灵的一般的形状"[②]一句带过，他在文中提到："在《历代神仙通鉴》的我所知道的最后一幅女娲像上，女娲变成了坐在莲花上的菩萨，好像是观音。"[③]可见，李福清对明代以后，即封建社会晚期至当代的图像资料搜集较少，这部分内容还需进一步论证。本书将对隋唐之后尤其是封建晚期至当下的女娲神话图像进行补充，对女娲图像进行全面梳理，完善女娲图像的整体流变过程。

[①]〔苏〕李福清.马昌仪编.中国神话故事论集[M].北京：中国民间文艺出版社，1998.
[②]〔苏〕李福清.马昌仪编.中国神话故事论集[M].北京：中国民间文艺出版社，1998：52.
[③]〔苏〕李福清.马昌仪编.中国神话故事论集[M].北京：中国民间文艺出版社，1998：66.

其他对神话图像的关注主要集中于各种神话手册的编纂上，如英国学者罗伯特·格雷夫斯（Robert Graves）编著的《神话学百科全书》（*Larousse Encyclopedia of Mythology*，1960）、美国神话学家约瑟夫·坎贝尔（Joseph Campbell）的《神话图像》（*The Mythic Image*；1974）、戴维·利明（Darid Leeming）和埃德温·贝尔德（Edwin Belda）合著的《神话学》（*Mythology*，1976）等等，都是在神话手册中插入神话艺术作品，图像资料丰富，但并未有深入的学术探讨，在此不加赘言。

综观20世纪国内外神话学界对神话图像的研究，可以发现对神话图像的研究主要以历史考证和溯源研究为中心，考证出土文物上的图像为神话人物，或是根据考古图像追溯源头。神话研究方法已突破了以往的文献研究，开始与考古学、田野民族志等方法相结合，但是图像在此仅仅是为了补充文献缺乏的不足，缺乏以神话图像为中心的深入研究。

2. 21世纪的神话图像研究

21世纪以来国内的神话图像研究受20世纪研究的影响，仍然有很大一部分继续关注考古图像，但随着图像技术的发展，图像越来越多地进入人们的视野，"读图时代"的到来使得各个学科的研究者都将注意力渐渐转向图像研究，神话图像的研究无论从内容还是方法上都进入了一个全新的阶段。

21世纪初期，仍有大量的学者聚焦于对神话图像的考证与溯源研究，如郭维德的《曾侯乙墓五弦琴上伏羲和女娲图像考释》（2000）、赵吴成的《河西墓室壁画中"伏羲、女娲"和"牛首人身、鸡首人身"图像浅析》（2005）及陈金文的《东汉画像石中西王母与伏羲、女娲共同构图的解读》（2011）等论文皆是承袭20世纪的研究，在此不再详细论述。

除此之外，21世纪神话学对神话图像的研究主要集中于研究范式和理论、图像意义的阐释、图像与文本口头之间的关系、神话资源在当代的创造性转化几个方面，在这些方面做出探讨的学者主要有马昌仪、刘惠萍、叶舒宪、田兆元、王倩、王青、孟令法、杨利慧等。

马昌仪的《古本山海经图说》(2001)[①]是《山海经》图像研究的代表性著作，被称为"《山海经》图像的真正研究"[②]。马先生从十种版本（明代四种、清代六种）的《山海经》中搜集了2000幅以上的图像，从这个庞大的图像库中精选了470种诸神以及鸟兽虫鱼类的图像1000幅，在书中对每一幅图像除详细介绍有关经文外，还将它们按顺序排列并加以一一讲解。这些讲解都很周到，转载的所有图像均注明了版本出处。作者在开头部分说明《山海经》图像的历史，将《山海经》图像分为三类，然后围绕古图，将存有问题的历代学者的诸说分为"禹鼎说""地图说""壁画说"以及"巫图说"四类，认为上述四种说法都没有跳出推测的范畴，一一指出了其不合理的地方，同时也指出这些解释的基本共通点在于都具有巫信仰的内核，并说明了这种"巫"和"图"的关系，将《山海经》看作与巫书是一致的。马昌仪力图把《山海经》重新放回到图文叙事的传统中去，大规模搜集有关图像，并进行比较和细致的分析，以揭示图与经文的关系，以及其中展现的原始先民心目中神话的图像世界。而马昌仪另一巨著《全像山海经图比较》(2003)则在《古本山海经图说》的基础上又增加了六个版本的比较，全书规模较大，共一函七册，分上、下两卷，为神话图像的研究开启了新的视野和领域。

马昌仪的《古本山海经图说》和《全像山海经图比较》是两千多年来《山海经》研究史上第一次对山海经图的真正研究，对长期以来盛行的单纯注重《山海经》书写文本的分析和阐释的视角和方法是一大突破，拓宽了《山海经》的研究领域[③]，同时也拓宽了神话研究的视野，对神话图像的研究具有开创性的指导意义。但万事无完美，这一研究也存在需要进一步深化的地方，如果能结合民族志和考古学资料来论证山海经图原本是巫图，作者的主要论点将更加坚

---

① 马昌仪.古本山海经图说[M].山东：山东画报出版社，2001.
② 〔日〕高木立子，伊藤清司.《山海经》图像的真正研究——评《古本山海经图说》[J].民俗研究，2002 (03): 160-163.
③ 杨利慧."读图时代"里"山海经图"的开拓性研究——谈马昌仪的两部山海经图研究近著[J].民族文学研究，2005 (01): 12-15.

实有力①。

刘惠萍是21世纪以来著名的神话学者，在古典文献学训练有素的基础之上，结合神话图像取得了丰硕的成果。早在2002年，刘惠萍就发表《麦积山石窟伏羲女娲塑像试释》（2002）②一文，对麦积山石窟的伏羲女娲塑像、伏羲女娲神话与人首蛇身像做了简要介绍，探讨了麦积山石窟伏羲女娲塑像在麦积山石窟造像中所代表的内涵与价值。2003年以来，刘惠萍便将主要精力放在神话图像的研究上，她对新疆吐鲁番地区出土的伏羲女娲画像逐步深入地进行研究，提出在做图像研究时应注重整幅图与墓葬的整体环境之间的关系，如《吐鲁番墓葬出土伏羲女娲画像述论》（2003）、《象天通神——关于吐鲁番墓葬出土伏羲女娲图的再思考》（2008）等论文，通过对伏羲女娲图像的描述、阴阳象征意义的解读与画像在墓葬中的功能等问题的分析，重新诠释了神话图像的内涵。之后，她对日月神话、玉兔、西王母等神话图像也不断钻研，先后发表了《汉画像中的"玉兔捣药"——兼论神话传说的借用与复合现象》（2008）、《太阳与神鸟："日中三足乌"神话探析》（2009）、《多元传承与地域特色：西王母图像在四川汉画像中的表现》（2009）、《天文与人文：日月图像在汉代墓室中的功能与意义》（2010）等文章。她从神话学的理论方法出发，将文献研究与图像学研究结合起来，逐渐提出了自己的神话图像研究思想，并在整合上述研究的基础上，于2019年出版《图像与神话：日月神话研究》一书，系统阐述了她关于神话图像研究的方法问题：

> 相对于史册典籍或诸子论著，这些汉画像中的神话题材与内容，除了具有与文献资料相互印证、互为补充的功能外，有时更能为我们保留当时民间的一些轶闻与观念，适可提供我们作为考察那些已流失、散佚说法之用。此

---

① 杨利慧."读图时代"里"山海经图"的开拓性研究——谈马昌仪的两部山海经图研究近著[J].民族文学研究, 2005 (01): 12-15.
② 刘惠萍.麦积山石窟伏羲女娲塑像试释[A].//郑炳林，魏文斌主编.麦积山石窟艺术文化论文集(上)——2002年麦积山石窟艺术与丝绸之路佛教文化国际学术研讨会论文集[C].兰州：甘肃文化出版社, 2007 石窟艺术研究所：兰州大学敦煌学研究所, 2002: 16.

外，以墓主可考者多为二千石以下地方官员的身份来看，这些墓葬中所刻画的神话，可能是当时社会上一般人所熟知、喜好的内容及题材，将更能反映出流传于民间的知识与观念、体现出当时人们的思想与信仰、保存住更具古老性质的神话内容原貌。因此，这些图像材料或亦能为我们研究中国古典神话提供一些新的媒介和角度。[1]

《图像与神话：日月神话研究》一书结合出土图像材料与古典文献，对日中有乌及月中有蟾、兔、桂树等神话内容进行了考索；同时，交叉运用了考古学、神话学等方法观念，梳理了日、月相关神话传说，对两汉至隋唐墓葬文化中神话图像的变貌、继承与转化以及在宗教及异域影响下的挪借与融摄等问题进行了探讨。全书集中于日月神话传说的图像，从思想史和文化史的角度深入剖析了神话图像的意义，是近些年来研究神话与图像的代表性著作，既展现了有关出土材料的应有之价值，也拓宽了中国神话研究的范围及路径。

刘惠萍的神话学研究方法体现出多学科融合交叉的特点，注重对出土文献、文物，尤其是其中图像的研究，将文献学与图像学相结合；同时，她也利用民俗学、民间文学的学术视角，从神话学本身的理论方法出发，注重实地调查与母题类型方法的运用，为我们不断打开新视野，对神话图像研究具有重要的方法论意义。

叶舒宪自2006年以来着力于"四重证据法"的研究，连续发表多篇文章，如《第四重证据：比较图像学的视觉说服力》（2006）、《二里头铜牌饰与夏代神话研究——再论"第四重证据"》（2008）、《鲧禹启化熊神话通解——四重证据的立体释古方法》（2008）、《〈容成氏〉夏禹建鼓神话通释——五论"四重证据法"的知识考古范式》（2009）等，对"四重证据法"进行充分的阐述和深入的剖析，将考古发掘的或传世的图像纳入古史研究的范围。叶舒宪敏锐地发现图像在当下神话研究中的作用，在《神话意象》中指出了"一个世纪以来神话研

---

[1] 刘惠萍.图像与神话——日月神话研究[M].西安：陕西师范大学出版总社，2019.

究乃至文化研究的一个新动向——从书写文本到图像文本、从文字叙事到图像叙事的重心转移",[①]并将图像资料作为四重证据法的一部分纳入自己的研究体系中。

叶舒宪与杨骊合著的《四重证据法研究》[②]（2019）一书重点论述了如何利用四重证据法[③]对古史、神话传说和考古资料进行多方位的解读。书的上编为"理论篇"，主要介绍了四重证据法的理论沿革、学理研究以及方法论价值问题；下编为"实践篇"，主要通过对多个案例的释读，突出展现了四重证据法方法论在立体释古的文化文本重建工作中可能发挥的巨大效力。叶舒宪按历史纵向发展将文字诞生以前的文化定义为"大传统"，将文字诞生以后的历史定义为"小传统"，这是我国文学人类学派倡导的一种新的研究范式，四重证据法就是在多重证据之间，找寻被文字符号遮蔽的大传统。四重证据法作为古史研究的方法，破旧立新，开阔了神话学及其他人文学科的研究视野，在研究范式上为其研究传统带来推陈出新的实际效用。

四重证据法近些年来产生了广泛的影响，众多学者尝试用此方法进行研究，如王倩的《图像学视域中的希腊神话研究》（2008）、《淮北汉画像"铺首衔环"神话学新探》（2012）及《论陕北汉画像圣树符号的宇宙论意义》（2013）等，皆受到了四重证据法的影响。但是，四重证据法实际运用起来却不容易，需要对考古新资料、图像叙事理论以及民族志材料等熟练掌握，若缺乏相关的训练与能力，往往会一知半解，相互拼凑，从而导致结论缺乏说服力。另外，关于神话图像的研究，无论是四重证据法，还是大小传统的研究范式，都主要集中于历史考古图像，并未对当代图像有过多的探讨。

---

① 叶舒宪.文学人类学的中国化过程与四重证据法——学术史的回顾及展望[J].社会科学战线，2010 (06): 109—125.
② 杨骊，叶舒宪.四重证据法研究[M].上海：复旦大学出版社，2019.
③ 指研究古史的四重证据，一重证据指传世文献；二重证据指地下出土的文字材料，包括王国维当年研究的甲骨文、金文和后来出土的大批竹简帛书；三重证据指民俗学、民族学所提供的相关参照材料，包括口传的神话传说、活态的民俗礼仪、祭祀象征等；四重证据则专指考古发掘出的或者传世的远古实物及图像。

田兆元自20世纪90年代开始，就在历史学专业的基础上梳理中华民族的神话体系，结合众多的民俗学个案，逐步提出了族群谱系、时间谱系、空间谱系、形式谱系的"民俗谱系四维说"。田兆元在研究神话叙事的谱系时也提及图像的问题，提出将语言文字叙事、仪式行为叙事和景观图像叙事这三种神话叙事形态组合在一起，形成神话叙事的谱系（形式与结构谱系），则是对于神话结构形式的立体考察，并认为神话资源的现代转化其实就是形式的转化。[①]田的谱系学思想从历史与神话的研究出发，延伸到当代个案的研究：游红霞与其合作的《朝圣旅游的景观生产与景观叙事——以普陀山南海观音露天大佛为例》、其学生余红艳的《景观生产与景观叙事——以"白蛇传"为中心》等文章都是对当下景观图像叙事的相关研究，这些研究关注到景观图像是神话的重要叙事形态之一，对于我们认识民俗和神话的整体性具有重要的启发意义。

另外，田兆元、唐睿、毕旭玲合编的《中华创世神话人物图像谱系》于2020年12月由上海人民出版社出版，是当前关于神话图像的最新成果。该书将中华创世神话中盘古、伏羲、女娲等十二位最为重要的神话人物图像加以搜集整理，时间跨越古今，图像资料翔实，为神话图像研究提供了丰富的图像资料，具有重大的参考价值。但是，全书以图像资料为主，是一部古今神话图像的资料合集，对于图像并未做深入的分析和研究，是一部通俗性描述类的图像合集。

王倩是近些年对神话图像理论进行较多思考的学者，在其专著《神话学文明起源路径研究》中，她具体介绍了神话图像研究的核心问题，梳理了不同学者对于图像与文本关系的探讨，认为"神话学对图像与文本的探讨是借助于神话的内容和形象而进行的，并没有将问题拓展到本体论层面。不可否认的是，多半学者的话题依然停留在源与流的认识论层面，其间伴随着对二者叙述视角差异的探讨"。[②]但她只是总结出研究现状，并未对图像与文本的关系做进一步

[①] 田兆元. 神话的三种叙事形态与神话资源转化 [J]. 长江大学学报（社会科学版）, 2019, 42 (01): 9-11.
[②] 王倩. 神话学文明起源路径研究 [M]. 北京: 中国社会科学出版社, 2015: 32.

探讨。此外，文章还探讨了神话图像的意义和情境、图像的神圣性、神话图像与王权象征、神话图像与意识形态等问题，并对神话的范畴及存在样态进行了界定，她认为"在性质上，神话图像具有实在性与象征性双重属性，神话图像是神话的一种存在样态，它以可视化的形式讲述史前的神话"。[1]她从神话的范畴来定义神话，将认识论意义下的神话概念转换为存在论范畴内的神话现象，认为神话存在着口传神话、仪式神话、图像神话与文本神话四类，具体如下表所示。

表1-2 神话存在样态与认知方式对照[2]

认知方式	存在方式	符号学叙述类型	神话存在样态
言说	语言	口传叙述	口传神话
表演	仪式	仪式叙述	仪式神话
观看	图像	图像叙述	图像神话
书写	文本	文字叙述	文本神话

她的这种认识使得神话存在样态清晰化，神话的范畴也较为直观，但笔者认为若是只关心存在论向度的神话现象，而脱离认识论意义上的神话概念，也难以认识到神话的本质，需要二者紧密结合。王倩的神话图像研究是目前神话学界较有理论深度的研究，她直接去思考关于神话图像的许多理论问题，颇有见地。但是，她在援引各种神话图像作为论据时，主要以希腊神话及瓶画图像为主，较少涉及国内的神话图像，缺乏对本土神话图像的探讨。另外，她的研究受"四重证据法"及西方考古学家的影响较深，所以较少谈及当下图像，仍旧是对历史神话图像的理论思考。

王青于2019年出版的专著《中国神话的图像学研究》[3]系国家社科基金项目"中国神话的图像学研究"的结项成果，也是神话图像研究最新的成果。

---

[1] 王倩.神话学文明起源路径研究[M].北京：中国社会科学出版社，2015：27.
[2] 表格来源：王倩.神话学文明起源路径研究[M].北京：中国社会科学出版社，2015：70.
[3] 王青.中国神话的图像学研究[M].北京：科学出版社，2019.

该书对相关的中国神话图像进行分类，区分出太阳神话、月亮神话、昆仑蓬莱神话及"泗水捞鼎"传说的各种图像，并通过与文献进行对比，探寻了图像的不同表达，以及不同地域"泗水捞鼎"图像的变异等，为神话图像研究提供了翔实的资料。该书在前言部分提出从"图像证史"到"图像即史"，认为神话图像是独立的神话主体，指出潘诺夫斯基的图像学理论在研究考古图像时的缺陷，倡导建立自足的图像解读方法，对我国的神话图像研究有很大的启发。但其内容以神话图像分类、演变及与文献比较为主，并未能深入从图像学角度对中国神话图像进行具体的分析与阐释，对日月神话图像的阐释也并未超越刘惠萍的深度。另外，书中划分的四大类神话传说也并未能涵盖书名里"中国神话"的范畴，当然该书是以考古图像为中心，未涉及当代的神话图像研究，相比于"中国神话的图像学研究"的提法，该书内容还需进一步扩充与深入研究。

孟令法在其硕士毕业论文《畲族图腾星宿考——关于盘瓠形象传统认识的原型批评》（2013）的设计中已经开始关注到图像，但他是从星宿信仰与图腾崇拜的角度去分析盘瓠形象，利用图像作为文献的旁证。在此基础上，近年来他的研究开始关注图像叙事，尤其是着重探讨图像叙事与口述、文本、仪式等的关系，先后发表了《口述、图文与仪式：盘瓠神话的畲族演绎》（2017）、《口头传统与图像叙事的交互指涉——以浙南畲族长联和"功德歌"演述为例》（2018）、《人生仪礼的口头演述和图像描绘——以浙南畲族盘瓠神话、史诗〈高皇歌〉及祖图长联为例》（2019）等文章，以畲族神话的个案探讨了图像叙事与口头演述之间的交互指涉关系，并提出其中间需要媒介的引导。

目前神话学界对神话图像与文本、口头的关系探讨较为缺乏，尤其是少数民族地区的神话图像更为缺乏。孟令法的研究承袭了上文巴莫曲布嫫1999年对神话图像与仪式的研究，进一步在仪式中观察图像、口头与文本各自发挥的功能及其它们之间的复杂关系，对我们探讨图文关系这一经典命题具有启发意义。但是，孟令法的研究对象都是依托仪式而进行，图像作为仪式的一部分，容易与口头等其他形式发生互动，但我国神话图像资源丰富，很多图像都只是空间性的存在，没有仪式作为依托，在此情况下，图像与文本及口头传唱的关系变得无比复杂，孟令法的研究在此便不具备普遍性。

除以上所罗列的对神话历史图像的研究之外，杨利慧将对神话图像的关注转至当下，她所主持的2018年度国家社会科学基金重大项目"中国神话资源的创造性转化与当代神话学的体系构建"正在试图对神话资源在当代图像艺术中的转化做进一步的探索，并已取得一部分成果。如孙正国的《激活认同：神话资源现代转化的关键路径》（2019）、《武汉大禹神话园群雕叙事伦理研究》（2020）等文，对神话资源现代转化的三种范式——"文学范式""景观范式""影像范式"进行探讨，以武汉大禹神话园群雕为个案对神话雕塑的叙事伦理进行了讨论。王均霞在《朝向普通人日常生活实践的神话图像叙事研究——以手工艺为中心的考察》（2021）[①]一文中，从普通人的日常生活实践及其艺术表达入手来研究手工艺中的神话叙事，为神话研究提供了一个从微观的、普通人的日常生活实践视角理解神话的可能性，为神话图像叙事研究提供了一种新视角，对本书聚焦于女娲图像的生活实践具有重要的启发意义。这些成果是目前神话学界关注当下神话图像少有的研究成果，很多关于当代图像转化与神话的具体问题，如转化的本质、模式等还有待进一步研究。

进入21世纪以来，西方艺术家们开始关注到古典神话与当代艺术的关系，探讨神话在古代艺术与当代艺术中的不同展现，这对我们探讨当下神话图像的转化具有启发意义。如美国艺术学家伊莎贝尔·洛琳·华莱士（Isabelle Loring Wallace）与珍妮·赫什（Jennie Hirsh）合著的《当代艺术与古典神话》（*Contemporary Art and Classical Myth*，2011）[②]一书讨论了当代艺术与古典神话主题的密切关系，该书是由十四篇原创论文组成的论文集，探索并在很大程度

---

① 王均霞.朝向普通人日常生活实践的神话图像叙事研究——以手工艺为中心的考察[J].广西民族大学学报（哲学社会科学版），2021 (01): 93-99.

② Isabelle Loring Wallace, Jennie Hirsh (ed.). *Contemporary Art and Classical Myth*[M].Farnham; Burlington, VT: Ashgate, 2011.

上建立了当代艺术与古典神话的多面交叉，汇集了众多研究方法。书中一些文章专注于单一作品，因为它们与特定的神话有关，而另一些文章采用更广泛的方法，呼吁神话可以成为当代艺术的主流趋势。英国学者高居翰（James Cahill）的著作《飞得离太阳过近：从古典到当代艺术中的神话传说》（*Flying Too Close to the Sun: Myths in Art from Classical to Contemporary*，2018）[①]，该书介绍了古典神话如何随着时间的推移激发艺术，将古代、现代和当代艺术家的神话风格艺术品联合起来，书里共12个主题章节，选择了200多件以希腊和罗马神话为主题的艺术作品，以新旧并列的形式呈现，对比了过去与现在，突出了神话与艺术之间的关系。二者都是近十年来的新成果，对我们探讨当下图像与古代神话之间的关联提供了借鉴。

综观21世纪神话学领域对神话图像的研究，相较于20世纪，研究范围更加广阔，开始探讨图像的意义、图文关系、图像在当下的转化等问题。在研究方法上，更突出了跨学科的特点，四重证据法、考古学与民俗学相结合等，都是在前人的基础上进一步的探索。随着研究范围与方法的进步，研究的深度也逐渐加强。但是，关于神话图像的研究仍主要集中于历史，对当代的研究几乎是空白状态。另外，论及研究方法和研究范式，仅仅是注意到并提倡跨学科的研究是远远不够的，如何真正进行跨学科研究才是进一步要探索的关键。

二、女娲神话及图像研究综述

关于女娲神话的研究自古至今绵延不断，杨利慧早在1994年的《女娲神话研究史略》一文中便详细梳理过，将1994年之前的女娲神话研究分为四个时期，周代—晚清，主要是女娲神话的搜集、记录时期；五四运动后至抗战爆发前，是女娲神话的科学研究初步展开时期；抗战爆发后到1949年之前，是女娲神话研究史上的一个高峰，搜集、记录与科学研究工作都取得了令人瞩目的成绩；

[①] Cahil, James. *Flying Too Close to the Sun: Myths in Art from Classical to Contemporary*. London: Phaidon Press, 2018.

1949年之后，尤其是新时期以来，女娲神话研究进一步向前发展。[①]此文梳理较为全面，在此不再赘述，本书将重点梳理20世纪末至21世纪初关于女娲神话的研究，从而观望女娲图像研究在女娲神话研究中的位置。

20世纪末至21世纪初的女娲神话研究，杨利慧的研究较有代表性。1994年，杨利慧博士毕业论文《女娲的神话与信仰》[②]首次将女娲神话研究的目光转向当时的社会，结合民俗学田野调查的方法，深入民间，将现代口承神话文本、古代文献、考古资料与民间信仰相结合，探讨了女娲的"始母神"神格、女娲神话的发展与演变、古代与当代的女娲信仰、神话与信仰的功能等问题，是现当代以来首部关于女娲神话与信仰研究的专著。在博士论文的基础上，杨利慧的博士后出站报告《女娲溯源——女娲信仰起源地的再推测》（1997），集中精力回答了女娲起源地的问题，对女娲神话起源"南方说"的经典主张提出了挑战，结合考古图像等材料，佐证了"北方说"的合理性，并进一步提出"西北说"的新推断。

进入21世纪，杨利慧利用民俗学方法研究女娲神话，借用西方表演理论，探讨女娲神话的叙事研究，其《民间叙事的表演——以兄妹婚神话的口头表演为例，兼谈中国民间叙事研究的方法问题》（2004）[③]一文，便是这方面的代表性成果。从2000年至2010年这十年间，杨利慧带领自己的学生致力于"现代口承神话的民族志研究"，对河南淮阳、重庆走马镇、陕西安康、山西洪洞等地的女娲神话及大禹神话等进行深入的田野调查，并于2011年出版了《现代口承神话的民族志研究——以四个汉族社区为个案》[④]，深入探讨了女娲神话在当下社区中的传承、变异以及表演。同时，她在此期间还与研究生张成福完成了《中国神话

---

① 杨利慧.女娲神话研究史略[J].北京师范大学学报（社会科学版），1994(01)：96-106.
② 杨利慧.女娲的神话与信仰[M].北京：中国社会科学出版社，1997.
③ 杨利慧.民间叙事的表演（上）——以兄妹婚神话的口头表演为例，兼谈中国民间叙事研究的方法问题[J].励耘学刊（文学卷），2005(01)：186-199.
④ 杨利慧，张霞等.现代口承神话的民族志研究——以四个汉族社区为个案[M].西安：陕西师范大学出版社，2011.

母题索引》(2013)[①],为后来他人对女娲神话的母题研究奠定了基础。在用民俗学的方法研究女娲神话的过程中,杨利慧注意到了神话在现实生活尤其是技术世界中的存在,2011年,开始主持"当代中国的神话传承——以遗产旅游和电子传媒的考察为中心"课题的研究,其文章《遗产旅游语境中的神话主义——以导游词底本与导游的叙事表演为中心》,以河北涉县娲皇宫的导游为田野对象,系统阐释了她提出的"神话主义"概念,将女娲神话的研究视野首次转向了当下的遗产旅游领域。在此之后,她着力于"神话主义"的研究,关注神话资源在当代社会的创造性转化,也逐渐关注到神话在当代图像中的转化,由她主持的2018年度国家社会科学基金重大项目"中国神话资源的创造性转化与当代神话学的体系构建"正在对这部分进行探索。

杨利慧的研究在整个女娲神话研究中起着引领作用,除她之外,近二十年来也有其他学者不断涉足女娲神话研究的领域,仍旧是围绕女娲信仰、文学叙事、神话流变及文化意义、女娲形象等方面的研究,下文将其简要列之。

其一,关于女娲信仰的研究。李祥林的著作《女娲神话及信仰的考察和研究》(2018)[②]是他近些年来女娲神话研究成果的一个合集,是通过田野调查和文献阅读的方法来研究女娲信仰,对女娲神话从生存的土壤、戏剧、食俗、行业神、羌族口头遗产、海峡两岸等碎片化的角度去研究,资料较为翔实,但是书中对以往的女娲神话研究甚少提及,而且问题探讨较为零散,相比于学术研究,该著作更像是一本文化通识的合集。另外,还有一些关于女娲信仰民族志研究的硕士论文,如张珍珍的《山西赵城镇侯村祭女娲仪式研究》(2017)、张叶露的《山西黎城县的女娲信仰研究》(2019)等,对各地域的女娲信仰做了细致的民族志研究。其他关于女娲信仰的期刊文章也大多是围绕传统的女娲信仰演变、功能、文化内涵等方面进行研究,如陈丁漫的《女娲神话与当代地方信仰及民俗》(2011)、许仲举与谢伟峰合写的《汉代陕北地区女娲崇拜的形成及其原因探析》(2015)等,基本是以地方性的女娲信仰为考察对象,针对某一地

---

① 杨利慧,张成福.中国神话母题索引[M].西安:陕西师范大学出版社,2013.
② 李祥林.女娲神话及信仰的考察和研究[M].成都:巴蜀书社,2018.

区的女娲信仰进行简要分析，总体上理论分析的力度稍显薄弱。

其二，从文学叙事角度进行的研究。对女娲神话的叙事研究一直以来都未曾离开过文学专业的视线，21世纪初从这个角度进行的研究主要集中于母题研究、民间叙事、文学叙事等方面。如王宪昭的《论伏羲女娲神话母题的传承与演变》（2015）[1]详细分析了伏羲女娲神话母题的基本构成、传承与演变的规律、影响因素等。郑月的硕士论文《山、陕、豫女娲神话的民间叙事研究》（2016）[2]，通过田野调查的方法，围绕独立神和并列神两条线，从口头叙事、行为叙事以及神话的传承几个方面论述了山西、陕西及河南女娲神话的叙事特点。另外，还有众多文章是从文学叙述的角度考察女娲神话，探求女娲神话的文学结构、古代文人对女娲神话的叙述以及女娲神话的母题在后世文学中的流变及特点等，如李浩的《女娲神话的结构研究》（2012）、唐海宏的《唐人对女娲神话书写考述》（2015）、简东的《女娲神话中"补天石"意象的后世流变与衍生》（2018）等。

其三，对女娲神话的流变及文化精神的阐释。这部分的研究在21世纪以来的女娲神话研究中所占比重较大，众多学者仍旧从神话的流变以及女娲神话所蕴含的文化精神去审视女娲神话。对女娲神话的流变研究如宁胜克的《中原女娲神话的流布及相关习俗》（2004）、段宗社的《论女娲神话的流变》（2009）、徐凤的《甘肃伏羲女娲神话扩布之探源》（2016）等文章，皆是从神话的产生、流变、扩布等方面进行的探讨。另外一部分，是在探讨神话流变的同时重申女娲神话的文化意义，尤其是所体现出来的时代精神与时代意义，如王金寿的《关于女娲补天神话文化的思考》（2000）、李军的《论民族精神在女娲形象中的孕育》（2009）、殷满堂的《女娲神话的象征意义及其当下启示》（2009）等，肯定了女娲神话蕴含的文化精神，重新将女娲精神与时代精神并置，探讨女娲神话在当下中华民族的发展与强大过程中所起到的重要精神作用。

---

[1] 王宪昭. 论伏羲女娲神话母题的传承与演变 [J]. 中原文化研究, 2015, 3 (05): 109–116.
[2] 郑月. 山、陕、豫女娲神话的民间叙事研究 [D]. 山西大学, 2016.

其四，对女娲形象的研究。可以大致分为两部分：一部分是利用文献记载和留世文学作品等文字来分析女娲形象，另一部分是通过考古图像来分析。利用文献记载来分析女娲形象的文章，如韩鼎的《女娲"人首蛇身"形象的结构分析》（2010）[①]，通过古籍中对女娲记载的分析，重新审视了女娲半人半兽的形象，并具体结合女娲神话分析了"人首蛇身"的来源和内涵，以及"蛇身"在女娲神话及神格中的重要意义；又如芦婷的硕士论文《先唐文学中的女娲形象及其文学史意义》（2015）[②]通过分析研读先唐留存的各种与女娲有关的文学作品，梳理出女娲不同的形象特征。

对女娲形象的研究另外一部分则是利用考古图像，也即本书所说的女娲图像来研究，除上文神话图像研究中所述的历史考证研究之外，21世纪以来利用图像去研究女娲形象的研究者仍旧以考古学和艺术考古学专业为主，主要是对各地出土的女娲伏羲神话图像的搜集和整理，按年代大致可分为对史前出土的彩陶、先秦楚帛书、汉画像、隋唐壁画等的研究。

针对史前彩陶图像中女娲神话的研究，有刘范弟、何惠的《蛙（蟾蜍）与女娲》（2010）、康妍妍的《从女娲神话看蛙纹彩陶》（2011）、王志翔的硕士论文《陇右彩陶纹饰与氏族先祖神话研究》（2017）等，探讨了女娲神话与史前文化的关系。对楚帛书女娲神话的研究有刘玉堂、吴成国的《楚帛书女娲形象钩沉——兼谈女娲与庸国》（2010）、刘亚虎的《伏羲女娲、楚帛书与南方民族洪水神话》（2010）等。

对汉画像中女娲神话的研究成果较为丰富。过文英的中国古典文献学博士论文《论汉墓绘画中的伏羲女娲神话》（2008）[③]是引用率非常高的一篇论文，该文以研究汉墓绘画中的伏羲女娲神话为目的，引用汉代墓葬帛画、壁画、石刻画像中的相关图像材料，通过对图像分布特点、形象特征的系统分析，归纳出伏羲女娲画像的基本图像志，并对其具体细节做了图像学阐释，将其置于汉

[①] 韩鼎.女娲"人首蛇身"形象的结构分析[J].广西民族研究，2010(01)：62-66.
[②] 芦婷.先唐文学中的女娲形象及其文学史意义[D].西北师范大学，2015.
[③] 过文英.论汉墓绘画中的伏羲女娲神话[D].浙江大学，2007.

代的社会、历史、文化背景中，揭示图像所蕴含的时代文化内涵。此外，该文还探讨了伏羲女娲画像的特殊艺术功能，以及图像对于伏羲女娲神话研究的意义。该论文对伏羲女娲的考古图像的搜集整理十分翔实，分析也较为深入，对神话图像研究具有积极的借鉴意义。朱存明近年来持续关注汉画像的意义研究，利用艺术学及图像学理论方法对汉画像中的神话图像意义进行解读，其《汉画像的象征世界》（2005）[①]一书就在大量的考古图像资料的基础上，对汉代画像艺术进行美学探讨，该书选取汉画像这一特定研究对象，从总体图式与意象出发探讨其象征意义，其中也包含了对女娲神话图像的解读，为本书研究提供了资料。

对隋唐壁画中的女娲神话研究，主要集中于新疆出土的人首蛇身交尾图，文章均为硕士论文，如王晓玲的《吐鲁番阿斯塔那古墓人首蛇身交尾图像研究》（2017）、薄刃锋的《吐鲁番出土伏羲女娲图的哲学观念探析》（2017）等，为本书研究历史时期女娲神话图像提供了借鉴。

另外，还有一部分关于女娲神话图像搜集的整体性研究，如熊良智、王志翔的《论神话文图传统——以女娲神话的图像书写为例》（2020）一文，考察了女娲身形、女娲之名、女娲之肠等神话文本与彩陶、画像石等载体上的相关神话图像，认为神话图像亦是中国神话传承的一种重要方式，同时指出："对女娲神话的文图传统进行考证，有助于我们更加深入地认识女娲神话，重新思考早期神话的起源演变与传承传播，对今日的神话研究具有重要意义。"[②]唐睿的《女娲图像的历史演变与当代建构》（2020）[③]也是近期关于女娲图像流变的研究文章，她在讨论历史演变的基础上对当下图像的建构进行了描述，梳理了女娲图像、塑像、影视形象等。该文内容翔实，资料丰富，但未将女娲形象与女娲图像进行区分，而是混为一谈，仅通过对女娲形象的梳理便得出当代女娲图像叙事元素缺失

---

① 朱存明.汉画像的象征世界[M].北京：人民文学出版社，2005.
② 熊良智，王志翔.论神话文图传统——以女娲神话的图像书写为例[J].西北师大学报（社会科学版），2020 (2): 27–35.
③ 唐睿.女娲图像的历史演变与当代建构[J].贵州大学学报（艺术版），2020 (2).

的结论，多少有些失当，因而此文的结论仍需进一步探讨。除此之外，其他一些学位论文与期刊文章也从整体上对女娲的图像进行研究，如王晰的硕士论文《甘肃考古发现的伏羲女娲图像整理研究》（2015）、辛也的硕士论文《北方三省伏羲女娲题材汉画像石研究》（2016）、李丹阳的文章《伏羲女娲形象流变考》（2011）等，也都对女娲神话图像进行了搜集和浅层次的分析，为本书提供了大量的图像资料。

综观女娲神话的研究历程，可以看出近20年来图像研究在女娲神话研究中所占的位置极轻，而且多为考古学与艺术考古学专业的研究，神话学视角的研究较少。女娲神话的研究除杨利慧等转向当下之外，大多数仍旧是承袭旧的研究传统，集中于对信仰、民间叙事、流变、文化内涵等问题的探讨，近20年来并未有重大突破。

从以上学术史梳理中，我们可以发现与本研究相关的学术研究有以下几个问题：

1.女娲神话研究中的图像研究相对缺乏。女娲神话研究是神话学研究的重要组成部分，自周代始，古人就开始对女娲神话进行搜集和记录，"五四运动"后，对女娲神话的科学研究逐步开展，直至当下未曾断绝。在这长时段的研究历程中，女娲神话研究从基础的搜集、记录、整理工作，逐步深入到对其流变、信仰、叙事、文化内涵等的科学研究。然而，丰硕的研究成果主要集中于书面与口头的研究，对女娲图像的研究则较为缺乏。从时间上看，20世纪上半叶，考古出土的女娲图像引起学者对图像的关注，随后图像研究才逐步进入神话学的领域，相对于书面文本研究来说，图像研究开始的时间较晚；从数量上来说，根据书面和口头文本对女娲神话的信仰、源流、叙事等进行研究的成果较为丰富，已出版有专门的著述及众多的硕博论文，研究也较为系统和全面，而从图像出发的研究数量相对较少，且多为其他不同学科对女娲图像的解读，良莠不齐，学术价值也相对较弱。

2.历史图像与当代图像研究的不平衡。无论是女娲神话图像的研究还是整个神话学对神话图像的研究，都主要集中于对历史图像的研究，尤其着重于数量丰富的汉画像，导致了神话图像研究中历史与当代的严重不平衡。上述学术史的梳理中，只有屈指可数的几篇文章论及当下的女娲神话图像，其余均是围绕历史图像。而当代社会女娲神话图像丰富，传统的艺术图像与新型的电子媒介相结合，使得神话的展现更加多样。女娲神话图像的快速发展，与学术研究的乏力形成鲜明对比，需要引起学术界的关注和研究。杨利慧在谈到中国神话学的当代转向时，指出神话学应该从"向后看"转到"朝向当下"。[①]无论是从研究对象还是研究目的上，"朝向当下"的旨趣都需要我们对当下的女娲图像予以关注，并对其反映的当代问题给予回复。

3.主体研究明显不足。神话图像的相关研究迄今主要集中在图像自身的特性，围绕图像本身进行解读，而忽略了图像在真实生活中的存在，缺乏图像与人们实践活动的关系的探讨。"民俗主体"是民俗学研究的经典议题，民俗学研究不断强调加强对民俗主体的关注，正如黄龙光所说："既然人是民俗的主体，外显、活泼的民俗事象是人这个民俗主体创演、运作、传承的直接结果，我们就应该从民俗事象入手，在我们的研究中对这个核心的主体给予积极全面的关注。"[②]神话图像研究也应如此，不仅要探讨图像本身，更要关注神话图像背后的主体实践活动，使神话图像回归到当下的现实生活之中。

本书将立足当下，聚焦女娲图像，结合历史与田野调查资料，探寻图像与人们种种实践活动之间的关系，尝试突破旧有的研究传统，推进女娲神话研究。

第二节 研究内容与价值

通过对国内外女娲图像及神话图像的学术史梳理和对研究现状的分析，本

---

① 杨利慧.现代口承神话的传承与变迁——对四个汉民族社区民族志研究的总结[J].青海社会科学，2011(1)：190.

② 黄龙光.从民与俗谈对民俗主体的关注[J].云南民族大学学报（哲学社会科学版），2008 (04)：18.

书的研究目标开始明晰：以女娲图像为研究对象，通过将其放置于当代人的社会实践活动中，来考察和分析当代女娲图像的生产、构成及接受，进而对当代神话图像的内在属性和外在发展动力做出探讨。

一、研究内容

本书以河北邯郸地区的女娲图像为考察对象，从图像场域的理论视角出发，对当代女娲图像的构成场域、生产场域、接受场域三个部分进行系统研究，进而探讨当代女娲图像形成与发展的内在属性和外在动力。文中采用文献研究法、田野调查法、问卷调查法来进行研究，目的是丰富并拓展神话学图像研究，立足当下，观照主体，推动神话学的进一步发展。本书的研究思路如下：

第一章梳理了女娲图像的历史渊源。通过对历史图像的爬梳，总结女娲形象与构图自古至今的发展路径，探寻女娲图像内容与意义的发展演变规律。在历史发展过程中，女娲形象经历了人首蛇身的经典化、至尊圣母的神化及女性形象的俗化三条路径，而构图由偶像型与叙事型两种图像构成，当代的女娲图像依旧遵循历史的演变规律。在厘清历史的基础上，接下来的三章转入当下，对女娲图像在当代的存在形态展开集中探讨。

第二章、第三章与第四章是本书的主要内容，以图像场域为理论视角，分别从图像的构成、生产及接受三个场域来展开论述。第二章探讨了当代女娲图像的视觉构成特点，当代女娲图像沿袭历史，由偶像型与叙事型两类图式构成，两类图式的图像特征各不相同。这一章分析了不同图式中女娲形象、图像叙事本质及模式等构成性特征，从图像自身来观察其内在的特征。

第三章从图像的生产场域讨论了当代女娲图像的生产。不同图像的生产方式与生产核心各不相同：神像注重"灵性"的生产，而故事图像讲求故事的绘制，这两种图像又通过视觉技术得以广泛地复制与展示。所以，这一章聚焦于图像的生产，细致考察了当代不同生产者是如何生产女娲图像的，以及技术的发展对女娲图像生产的影响。

第四章聚焦于接受场域，讨论了当下各种接受者是如何接受女娲图像的。

信众、观者、受众作为不同的接受主体，通过不同的方式来接受图像：信众以敬拜等信仰活动接受神像；观者经历感知、理解、想象、反思等心理历程来完成对故事图像的观看；受众则在体验过程中完成对虚拟景观的接受。因此，这一章围绕不同主体，从"心灵之眼""肉体之眼""机械之眼"三种接受方式出发，具体分析了接受者对图像的接受活动及过程，并且对视觉技术发展所引起的接受者身份与行为的变化进行探讨。

结论部分总结前文，从人们围绕神话图像所进行的各种实践活动中总结当代女娲图像的内在属性与外在动力，并结合其他神话图像，将研究视野从女娲图像扩充到神话图像。当代神话图像具有信仰性与叙事性两种不同的属性，这两种属性是神话图像的内在属性，也是区别于其他艺术图像的根本属性。视觉技术的发展是当代神话图像发展的外在动力，不仅丰富了图像的展示方式，而且改变了人们对图像的实践行为。内在属性与外在动力共同推动当代神话图像向前发展。文章最后对图像场域的理论视角进行思考，认为其为神话图像研究提供了一个优越的理论视角和可操作的范式，它倡导在人们的实践生活中分析图像的特征及传播，使神话图像从具体的图像走向广阔的社会生活之中，这也符合民俗学关注民众日常生活的旨趣。

二、研究价值

本书是我国神话学领域少有的考察当代神话图像的研究成果，也是以图像场域为理论视角，对当代神话图像背后的实践活动进行研究的初次尝试，选题和研究方法上具有一定的创新意义。本书选择当代的女娲神话图像作为研究对象，在图像场域视角下，分析人们的实践行为，探究当代女娲神话图像的内在属性与外在动力，充实了当前较为薄弱的神话图像研究领域。本书的研究价值主要表现在以下三个方面：

首先，改善女娲神话图像研究薄弱的现状，进一步充实神话学体系中的图像研究。本书以图像为研究对象，在梳理历史图像的基础上聚焦当代，总结女娲图像的历史演变规律，展现当代女娲图像的真实存在形态。本书突破神话学书面与口头研究的有限范畴,对图像进行补充研究。

关于女娲神话的研究长期以书面与口头文本为主,近年来仍旧是围绕女娲信仰、文学叙事、神话流变及文化意义等方面的研究,难有实质性的推进。研究者们忽略了图像在女娲神话研究中的重要价值,除书面与口头文本之外,图像也是神话的重要表现方式,面对的亦是广大的普通大众,所有人都可以通过观看女娲图像来了解神话。因此,图像是神话研究不可或缺的部分。本研究的首要意义便是丰富女娲神话研究领域的图像研究,助力图像研究成为神话学学科体系建设中的重要部分。

其次,打破神话图像研究中历史与当代的不平衡,助推神话学"朝向当下"的步伐。不平衡的图像研究现状是神话学"朝向当下"的绊脚石,也难以促进神话学学科的全面发展。本书并未以学界惯常研究的历史图像为中心,而是将重点聚焦于当代,研究视角是朝向当下的。本书从图像场域的理论视角出发,考察当代社会人们围绕女娲图像所进行的实践活动,以此来探求当代女娲图像的内在属性与外在动力,研究目的也是朝向当下的。

由于当代神话图像研究较为匮乏,研究成果琐碎且分散,难以从整体上把握当下的神话图像,导致许多重要问题未被提及。例如,目前尚未有研究成果就特定的神话图像在当下的生产、接受、表现形式等方面进行实地调查与分析,对当代图像与历史演变规律进行融合探索,分析当下人们围绕神话图像的各种活动以及对神话图像的态度。目前神话图像的研究成果大多数仍是对历史图像不断进行新的阐释,难以涉足当代神话图像研究的基本问题,更难以注意到现代技术对于神话图像及人们行为的影响。然而,这些问题却是神话图像研究的重要内容,应当得到足够的重视。因此,本书立足当下,对上述当代神话图像的基本问题进行补充和研究,对于神话学"朝向当下"的理论研究具有重要的推动意义。

最后,弥补神话图像研究中对主体的忽略,响应民俗学神话学关注主体的号召。现有的神话图像研究中,大多是以图像本身的特性为中心,探究图像的艺术特征、图像意义等,而图像特征及意义的生成是由人的活动赋予的,因此,

"以图像为中心"的研究范式缺乏对图像主体的关注,难以接近图像的本质。由于神话图像与人们的生活紧密联系,本书采用田野作业的方法,从人们对神话图像的实践活动出发,来探索女娲图像在当代社会存在与发展的内在机制。本书不把神话图像单一地视为一种客观的物质艺术,分析其艺术形式、特点等,而是将其融入当代的生活情境中,来探讨与民众行为之间的关系,了解当下人们对神话图像的态度,让其成为有温度有生命的神话图像。神话学与民俗学紧密相连,也可以是一门关注民众日常生活的学科。因此,本书研究的另一重要价值就是关注神话图像背后的主体实践,从过去"以图像为中心"的研究范式转向通过田野研究关注主体活动的动态研究。

第三节 理论视角与方法

图像本身是一种视觉艺术,关于神话图像的探讨是一门跨学科的研究。本书在借鉴图像学及传播学研究的基础上,以图像场域为理论视角,结合民间文学的学科特性,采用田野作业为主的研究方法,关注图像背后的主体活动。

一、理论视角

本书积极汲取图像学与传播学的晚近学术成果,特别借鉴了南京大学新闻传播学院教授韩丛耀的"图像传媒意义场域"理论,根据本书的研究目的及研究对象的特点,提出了"图像场域"这一理论视角,并将其划分为构成场域、生产场域和接受场域。构成场域是指由图像本身的视觉图式、表现风格等构成的场域,从这个场域出发可以阐释视觉图像的构成性特点;生产场域是指围绕图像生产所形成的场域,其中包含生产主体、生产活动以及它们之间的关系;接受场域是指由接受者和图像组成的场域,通过这一场域主要探索接受者的接受方式、效果和感知。

韩丛耀近年来集中于新闻传媒、视觉传播、图像文化等方向的研究,先后出版了《图像:一种后符号学的再发现》《图像:主题与构成》《视觉文化探析》

等相关著作，他在潘诺夫斯基图像学的分析方法之下延伸出图像传播的意义场域。他认为场域即吉利恩·罗斯（Gillian Rose）所说的地点（sites），方法论上指视觉对象物现在的地点或者场域，指出图像意义在三个场域被制造出来，即图像的生产技术场域、自身构成场域与社会传播场域。① 吉利恩·罗斯认为众多"地点"之所以不同，是因为"每一个'地点'都是由环境的、经济的、社会的、政治的以及文化的过程所构成的一组特殊的相互关系"。② 因此，此处所说的图像场域并不是简单的地理空间，而是图像所处的与其紧密相关的环境、文化、社会等之间构成的关系空间，如生产场域并不仅仅指生产的地理空间，而是图像生产者、生产环境、生产技术等之间构成的关系网络空间。

韩丛耀认为图像意义是图像学研究的核心，在解读图像意义之前，他提出了图像存在的三种形态，即技术性形态、构成性形态、社会性形态，而这三种形态在图像的生产场域、自身构成场域、传播场域中皆可出现。他在《图像传播媒体的意义场域研究》一文中详细论述了他的图像意义场域思想：

> 图像媒体生产场域的物质生产形态、视觉技术形态和文化经济形态分析揭示图像因生产材料、生产技术及生产环境的不同而生发的意义；图像媒体自身场域的媒材技术形态、视觉构成形态和社会审美形态揭示图像因媒体形态、构成形式及审美方式不同而生发的意义；图像媒体传播场域的装置论述形态、展示空间形态和观看效果形态揭示图像因论述的装置、展示的空间及受众的观看而生发的意义。③

韩丛耀的图像传媒意义场域研究方法从图像所在的三个场域去解读图像的意义，为本书对神话图像的研究提供了可以直接借鉴的理论视角和操作规范。

---

① 韩丛耀.中华图像文化史·图像论卷[M].北京：中国摄影出版社，2017：429.
② Rose, Gillian, *Feminism and Geography : The Limits of Geographical Knowledge*. Cambridge : Polity Press, 1993：41.
③ 韩丛耀.图像传播媒体的意义场域研究[J].当代传播，2017（05）：17.

神话图像虽然属于图像的范畴，但同时也是神话的一种展现形态，与人们的日常生活实践紧密相连，而韩丛耀的场域研究方法是基于图像学与新闻传播学的范畴，注重图像自身的三种形态在各自场域中的存在，并不以人们的活动为考察重点。因此，本书直接借鉴图像意义场域为本书的研究视角，但内容与操作上以围绕神话图像的主体活动为考察中心，并不探究图像的各种形态，而是以生产者和接受者的行为活动为场域中的主要研究内容，并因此将韩丛耀所说的"传播场域"改为"接受场域"，以突出接受者为主体的思想。

因此，本书所说的"图像场域"并非直接引用图像学或传播学中的概念，而是针对本书的研究目的及研究对象的特点，借鉴相关研究成果融合而成。女娲图像是极具民间特色的图像，与人的活动紧密相关，这一特点需要我们关注到图像背后的生产者、接受者以及他们的实践活动，图像存在的不同场域为此提供了理论视角。

另外，罗兰·巴特（Roland Barthes）对摄影本质的考察也为"图像场域"提供了依据，他认为："一张照片是三种活动（或三种感情，或三种意图）的对象：实施，承受，观看。实施者是摄影师。观看者是我们这些人，是我们这些在报纸、书籍、档案和相册里翻阅照片的人。而被拍摄的人或物，则是目标和对象。"[1]罗兰·巴特提到的三种活动对象，分别对应的是影像的制作者、影像本身和观看影像的人，[2]他注意到从这三个方面出发可以探索摄影的本质。这个视角与本书所提的"图像场域"具有相通性，本书的"图像场域"视角也是聚焦于生产者、图像本身和接受者，来对女娲图像的本质进行考察。

综上所述，本书的"图像场域"视角是指图像的构成场域、生产场域与接受场域，文章将在三个场域中分别考察人们围绕女娲图像所进行的各项实践活动，探寻女娲图像的生产过程与接受方式等基本问题，从而探究当代女娲图像的内在属性与外在动力。

---

[1] 〔法〕罗兰·巴特著；赵克非译. 明室——摄影纵横谈 [M]. 北京：文化艺术出版社，2003: 13.
[2] 王林生. 图像与观者——论约翰·伯格的艺术理论与意义 [M]. 北京：中国文联出版社，2015: 81.

二、研究方法

（一）田野作业法

田野作业法是民俗学研究的根本方法，本书采用这一方法来研究当代的女娲神话图像。通过实地调查，对河北邯郸当下存在的女娲神话图像进行搜集和整理，以此材料作为本书的研究对象。除获取图像资料外，本书主要采用访谈法对图像的生产者与受众进行访谈，了解图像背后的真实活动。①

需要说明的，因为新冠肺炎疫情影响，2020年上半年无法按计划亲赴邯郸开展田野调查，其后也因疫情原因，娲皇宫及邯郸方特游客稀疏，因此难以做到深入的民族志式的田野研究。为深化对当地图像主体及其活动的了解，本书通过两个方法来弥补不可抗力所造成的材料不足：第一，与当地人通过微信、电话、网络视频等方式进行交流，如笔者多次通过微信视频与景区工作人员郝小玲、当地居民石小梅等沟通，他们热情回应，为本书的调查提供了极大的帮助。第二，采用网络民族志的方法，对存在于网络空间中的游客笔记进行大量搜集，如"新浪博客""携程旅游""涉县吧"等网站。网络空间的游记一般是游客自己所写，是其旅游之后的真实感受，与面对面的访谈相比，游记的写作受他人（尤其是调查者）影响较小，相对较为真实，可以成为了解游客感知的重要材料。通过网络游记分析游客的各种行为及态度，解决了因游客稀疏所带来的论据薄弱的问题。

在此还需要对田野的整体调查历程做些说明。本书的调查可分为前期、中期、后期三个阶段，具体如表1-3所示。

前期为探索阶段。2019年5月20日，笔者为完成研究生随堂作业，首次对山东济南的方特女娲补天项目进行考察，了解女娲补天神话在虚拟景观中的展现，亲身体验多种民间文学在高科技下的转化程度，为后期选题及田野调查奠定了基础。在博士论文正式开题和决定田野点之前，笔者偏向于做历史图像的梳理，

---

① 为保护受访者隐私，本书所出现的姓名均为处理后的化名。

对多地的女娲神话图像进行了考察，2019年12月16—29日，考察了山西霍州贾村娲皇庙的清代壁画《母仪天下》及《开天立极》图，并第一次对河北涉县娲皇宫进行调查，理清了娲皇宫的历史遗留图像与新建造的图像。2019年1月6日正式开题后，因自身对历史把控力有限，将题目方向转向当代，以庙宇空间、日常生活空间及娱乐空间的图像为个案，也即三个田野调查点。

中期为田野调查的主要阶段。2020年上半年因疫情原因无法进行田野调查，疫情稍微缓解后，笔者于2020年6月10—12日对家乡山西省运城市河津市连柏村高禖庙进行调查，考察了大殿塑像及庙会时娘娘回娘家的小神像。疫情情况好转以后，笔者又于7月1—17日第二次考察了河北省涉县娲皇宫，访问了景区工作人员王主任、陈局长、樊姐及图像背后的设计者苏老师、王老师等，并对附近多位村民进行访谈，在周边村落及县城发放问卷。之后几天同时对山西省阳泉市平定县伏羲女娲的"盘合"剪纸作品、河北省邯郸市方特国色春秋的女娲补天娱乐项目也进行了相关考察。至此，前期阶段的调查结束，获得大量的资料，但笔者在整理后发现前期的调查因选择的田野点过多导致思绪混乱，对问题的分析无法集中，图像分类不清多有交叉。理清所有材料之后，发现河北邯郸地区的图像较为齐全，尤其集中于涉县娲皇宫及方特的虚拟景观，因此针对这一田野点还可以继续深挖，于是2020年9月中旬至11月，对涉县地区进行第三次深入调查，围绕娲皇宫景区及周边村落，全方位细致了解图像的存在状态，通过访谈了解景区游客及参观者的态度，观察普通村民围绕神话图像的活动。

后期为田野调查的补充阶段。作者于2021年3月23日至27日对娲皇宫进行第四次调查，此次调查主要对文章中的细节信息进行核对，并对相关材料做进一步的补充。

综上所述，作者先后前往河北邯郸地区调研四次，访谈人数20余人，录音资料约28小时，照片230余张，发放问卷共210份。

表 1-3　田野调查情况统计表

阶段	调查时间	调查地点	调查内容
前期	2019年5月20日	山东省济南方特东方神画	虚拟景观中神话的表现形式
中期	2019年12月16—29日	河北涉县、山西霍州	娲皇宫存留图像、霍州娲皇庙清代壁画
	2020年6月10—12日	山西省运城市河津市（家乡）	高禖庙的女娲塑像及庙会时娘娘回娘家的小神像
	2020年7月1—17日	河北涉县、邯郸方特、山西阳泉	①访问了景区工作人员薛主任、程局长及图像背后的设计者苏老师、王老师，并对附近多位村民进行访谈；②在周边村落及县城发放问卷；③对山西省阳泉市女娲神话剪纸作品、邯郸市方特女娲补天娱乐项目也进行了相关考察
	2020年9月14日—11月16日	河北涉县娲皇宫及周边	围绕娲皇宫景区及周边村落进行深入调查，全方位细致了解图像的存在状态，了解景区游客及参观者的态度，观察普通村民与神话图像相关的活动
后期	2021年3月23—27日	河北涉县娲皇宫	对文章中的材料进行最终核对，再次补充相关细节

（二）文献研究法

本书研究的起点是历史上的女娲神话图像梳理，大量的文献资料分析必不可少。本书所依的文献主要来源于古代文献以及田野中搜集到的地方资料。无论是历史图像，还是当下的图像都需要文献材料来佐证，对文献进行搜索、整理和分析，是本书研究的基本方法。

（三）问卷调查法

为在疫情期间提高调查效率，本书配合采用了问卷调查法。考虑到年长者不易操作，以及被调查者对信息泄露等方面的担忧等问题，笔者没有采用在线问卷，而采用了纸质版问卷，逐一发放。为方便统计，共设计110份问卷，在涉县地区及邯郸方特乐园进行发放，分别收回有效问卷104份与97份，收集整理后采用SPSS20.0分析软件对问卷进行统计分析。

第四节　田野点及相关术语阐释

一、河北省邯郸地区的女娲文化及图像

邯郸地区位于河北省南端，晋冀鲁豫四省的交界处。8000年前，新石器早期的磁山文化在这里孕育，邯郸地区西依太行山脉，在涉县所在的中皇山段，坐落着我国历史悠久、规模最大的奉祀女娲的娲皇宫古建筑群，是邯郸地区女娲文化的核心区域，也是本书最为核心的田野点。另外，在邯郸市周边，坐落着2019年开园的方特"国色春秋"主题乐园，乐园以邯郸地域文化为核心展示内容，结合高科技形式建设，本书重点以园中的女娲文化展示为调查对象。可以说，本书的田野点主要围绕邯郸地区的两个核心，一是涉县娲皇宫，二是邯郸方特乐园的女娲补天项目，二者都是邯郸地区女娲文化的代表，拥有大量女娲图像。

（一）涉县娲皇宫及其图像

娲皇宫，民间也称"奶奶顶"，位于河北省邯郸市涉县城西10公里处的索堡镇唐王峧中皇山上，是神话传说中女娲炼石补天、抟土造人的地方，它是全国现存的20多处女娲古迹中规模最大、时间最早的祭祀女娲的古建筑群，有"华夏第一祖庙"之称。[1]

据《娲皇宫碑志》记载，汉文帝年间（前180—前157），中皇山古洞前就建有娲皇庙三楹；北齐时期，文宣帝高洋在山下建离宫，初开三石室，雕数尊神

---

[1] 杨荣国，王矿清. 中国涉县女娲祭祀文化[M]. 石家庄：河北人民出版社，2013：77.

像。后经历代焚毁,现仅留石窟与摩崖刻经。[①]后世对娲皇宫的修葺、续建、重建从未间断过,现存的古建筑多为明清时期修建。自1976年始,县文物保管所开始对娲皇宫建筑进行维修,1996年娲皇宫被列为全国重点文物保护单位,此后得到了持续修复和扩建。2003年9月,首届"中国·邯郸·涉县女娲文化节开幕式暨公祭女娲大典"在中皇山下举行,标志着该地旅游业开始快速发展;2004年被评为国家AAAA级旅游景区;2006年,涉县被中国文联、中国民协命名为"中国女娲文化之乡",并挂牌成立了"中国女娲文化研究中心","女娲祭典"被列入首批国家级非物质文化遗产;2012年娲皇宫景区被列为国家级风景名胜区;2015年被评为国家AAAAA级旅游景区。

图1-1 娲皇宫景区

[①] 杨荣国,王矿清.中国涉县女娲祭祀文化[M].石家庄:河北人民出版社,2013:82-83.

在20多年的时间里，娲皇宫完成了从民间寺庙到AAAAA级旅游景区的蜕变，如今的娲皇宫景区占地面积5平方公里，由入口服务区、补天园文化体验区、补天湖综合服务区、核心保护区、补天谷文化观光区五部分组成。入口服务区由停车场、游客中心、纪念品店、检票处、观光车服务等组成；补天园文化体验区有母系氏族文化园、女娲功德园和女娲文化馆；补天湖综合服务区由补天湖、水岸商界、滨水长廊组成；核心保护区是娲皇宫的主要区域，分山上、山下两部分，山下主要有牌坊广场、朝元宫、停骖宫、广生宫、补天广场，山上有娲皇阁、梳妆楼、迎爽楼、钟鼓楼、六角亭、木牌坊、皮疡王庙、水池房及山门等大小12座建筑，是景区的主体建筑群；补天谷文化观光区设有补天台、补天峰、酌觞池、龙吟涧、北齐石刻博物馆等。据景区介绍，五大区是根据金、木、水、火、土五行安排，入口区为金，补天园为土，补天湖为水，娲皇宫为火（香火），补天谷为木，体现了景区规划设计的自然五行观念。

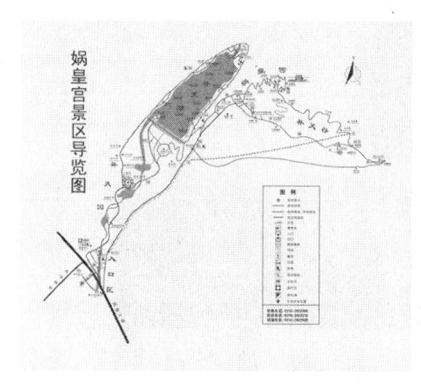

图1-2　娲皇宫五大分区图　　　图1-3　娲皇宫2018年庙会上社

每年农历三月初一至十八，娲皇宫都要举行盛大的庙会，是时全国各地的香客云集于此，川流不息，男女老少，各怀虔诚，祈禳还愿，拜谒始祖。当地民间则以"摆社"的形式祭祀女娲，每年二月二十七（大健）或二月二十六（小健）日，当地的七道社分别组织人员，多则上千人，少则几百人，全部身着古装，抬着三牲太牢、时果三珍、馒首干果等祭品，手执金瓜钺斧朝天镫、祭旗、功德旗、黄龙旗等，浩浩荡荡，将圣母从歇马殿请回香劳①所在的村，在村中摆放贡品，焚香祭拜，搭台唱戏三天，于三月初一上午将圣母送回歇马殿。凡圣母经过的村庄，都要在村口置香案、摆祭品，恭敬迎送。另外，自2003年以来，每年9月，在娲皇宫补天广场举行由政府或管理处主办的公祭大典，采用我国古代最高规格的祭礼，一般分敬奏祭乐、击鼓鸣钟、鸣礼炮、恭读祭文、敬献花篮、行鞠躬礼、乐舞告祭等过程。

娲皇宫所保存的女娲图像数量繁多，种类多样。据笔者统计，景区内关于女娲的图像多达20余处（具体如表1-4），其中神像与雕塑10余尊，壁画彩绘10余幅，纪念品、装饰绘画等丰富多彩，充实着园内的女娲文化与神话氛围。

表1-4　娲皇宫女娲图像统计表

景区分区	图像所在地	图像
入口服务区	检票口	女娲补天、斩黑龙彩绘
补天园文化体验区	功德园	九大功绩图
核心保护区	补天广场	女娲像、底座浮雕
	停骖宫歇马殿	娲皇圣母、碧霞元君、紫霞元君、轿子小塑像、《女娲出宫图》壁画、《女娲回宫图》壁画
	广生宫子孙殿	广生圣母像、眼光奶奶像、忌风奶奶像、水痘奶奶像、糠疮奶奶像、送子爷爷像、催生奶奶像、保姆像、奶姆像、《百子嬉戏图》壁画
	梳妆楼	圣母梳妆像、碧霞元君卧像

---

① 也称"大香劳""座社的"，负责摆社所需的米粮。当香劳者必须是村里富裕户，一年更换一次。

续表

景区分区	图像所在地		图像
核心保护区	娲皇阁	拜殿	圣母金身像、九天玄女像
		清虚阁	女娲持壶像、女娲伐纣壁画
		造化阁	女娲托人像、女娲造人、制笙簧、斩黑龙、教耕稼壁画
		补天阁	女娲托石像、女娲炼石补天壁画
	文创产品展示厅		女娲小雕塑、剪纸、钥匙扣、补天石、娲娃等
补天谷文化观光区			黑龙雕塑

如表1-4所示，娲皇宫景区的女娲神话图像分布各处，因娲皇宫依山而建，其庙宇建筑并不像传统的佛教道教寺院有严格的建制规格，因而图像的分布也就显得较为散乱。将表中的图像对照图1-2的功能分区，大致可以明晰娲皇宫图像的所在位置及总体格局。

（二）邯郸方特主题乐园及女娲补天项目

邯郸方特"国色春秋"主题乐园，简称"邯郸方特"，位于邯郸市漳河生态科技园区，与涉县相距约100公里。2015年，邯郸市政府与深圳华强集团合作，建设以弘扬邯郸成语文化为主题、以邯郸十大文化脉系为核心展示内容，结合高科技展现形式的主题乐园，于2019年正式开园营业。该主题乐园总投资30亿元，将成语文化、神话文化、传统艺术文化等多种文化主题与高科技手段相结合，通过互动体验的方式来促进文化的传播，展现邯郸特色的地域文化。

邯郸方特的体验项目包含有疯狂成语、黄粱一梦、牛郎织女、女娲补天、九州神韵、孟姜女、百发百中等大型室内主题项目，飞龙在天、乘风破浪等室外项目以及民俗小镇、节庆广场等几大主题区域。其中女娲补天项目是体验女娲文化的互动式项目，体验内容以游客协助女娲保护五彩石前往不周山祭坛补天为主线索展开，途中与共工、祝融争斗，经历山崖陡壁等危险地段，面临上

图 1-4　邯郸方特及女娲补天项目外景

古神龟及黑龙等重重阻碍，最后在女娲的帮助下，游客保护五彩石获得胜利，女娲则利用五彩石将天补好，世界重新变得光彩亮丽。这种呈现女娲神话的方式是近十年之内出现的新型高科技方式，完全以视觉电子图像为展现核心，配以声、光、动感等效果，力图将现实与虚幻世界相混融，使人沉浸其中。

综上所述，河北邯郸地区女娲图像繁多，它们并不是供人欣赏的艺术作品，而是人们众多实践活动的基础。本书将以此为考察对象，探究图像的构成特征及其背后的主体活动，进一步探索女娲图像在当代发展的内在机制。

二、主要概念界定

神话：神话的界定有多种，本书采用杨利慧《神话与神话学》一书中的说法，即："神话是有关神祇、始祖、文化英雄或神圣动物及其活动的叙事，它解释宇宙、人类（包括神祇与特定族群）和文化的最初起源，以及现时世界秩序的最初奠定。"[1]本书将"神话是一种叙事"作为研究基础。

神话图像：神话学者王倩在《神话图像阐释的规约》一文中描述了神话图像的性质，即："神话图像是神话的一种存在样态，它以可视化的形式讲述了史前的神话……神话图像在属性上兼具图像与神话双重性质：其一，它是一种形态比较特殊的图像，反映了既定历史时期人们的思维和感知方式；其二，神话

---

[1]　杨利慧. 神话与神话学[M]. 北京：北京师范大学出版社，2009: 5.

图像又是神话的一种样态，它以视觉符号的形式表现了神话故事情节。"[1]参照上述论述，将神话图像界定为以神话为内容的图像，是神话的视觉表现形式，主要包括神话雕塑、绘画、壁画、民间工艺品等种类。神话图像的内容一般由各个神话要素构成，要素之间具有张力关系，随着历史情境的改变其组合结构也会发生相应改变。[2]

女娲图像：女娲图像是指以女娲及其神话为内容的所有图像。本书按照图像内容的不同将女娲图像分为偶像型与叙事型两种。偶像型图像主要指神像，以女娲形象为图像的中心，一般正面危坐，眼神低垂，观者可以与其视线交汇。神像作为一种图像，其意义不只在于自身，还依赖于画外观者的存在。事实上，这种图像是一种"开放性"的构图，以一个假设的画外观者或膜拜者为前提，以神像与这个观者或膜拜者的直接交流为目的。[3]叙事图像，即通俗意义上的"故事画"，以展现女娲神话为主要内容，画面中人物多为侧脸，人处于行动的状态之中。与神像的偶像型画面不同，叙事图像是自足和内向的，其内容的表现仅仅依赖于画面内的图像，观看这种图像的人只是一个观者，而非参与者。[4]

图像场域：图像场域是指图像的构成场域、生产场域和接受场域。构成场域是指由图像本身的视觉图式、表现风格等构成的场域，从这个场域出发可以阐释视觉图像的构成性特点；生产场域是指围绕图像生产所形成的场域，其中包含生产主体、生产活动以及它们之间的关系；接受场域是指由接受者和图像组成的场域，通过这一场域主要探索接受者的接受方式、效果和感知。各个场域中的主体及其实践活动各不相同。

信仰性：信仰性主要指人们将图像作为神灵的依托，对其产生敬拜、供奉等信仰心理和行为，从而赋予图像的一种性质。图像的信仰性以人的信仰心理为基础，他们相信有超自然的世界与力量（神祇、魔鬼等）存在，将其具象为

---

[1] 王倩.神话学文明起源路径研究[M].北京：中国社会科学出版社，2015：27.
[2] 王怀义.论神话图像的本体价值[J].民族艺术，2016（01）：122-126.
[3] 〔美〕巫鸿.武梁祠：中国古代画像艺术的思想性[M].北京：生活·读书·新知三联书店，2006：133.
[4] 〔美〕巫鸿.武梁祠：中国古代画像艺术的思想性[M].北京：生活·读书·新知三联书店，2006：133-134.

图像，并围绕其产生一系列的宗教或巫术等活动。因此，图像的信仰性由人的实践活动所赋予，依赖于人们围绕图像所产生的信仰心理和行为。

叙事性：本书的叙事性是指图像具有呈现神话的一种性质，它通过画面对故事情节加以展现，是叙事型图像的基本属性。图像通过在空间中凝结故事的瞬间来达到叙事的目的，瞬间的主题及其丰富程度决定其叙事的程度。与信仰性不同，叙事性讲求图像所传达的故事内容，一般不会引起人们的敬拜行为。

第一章　古今神画：女娲图像的历史流变

知古方可论今。神话之所以生生不息，主要原因在于人们对它的传承从未间断。图像也是其传承的方式之一，若要讨论当代的女娲图像，自然不可避免要对其历史上的流变进行了解。女娲图像在历史的长河中不断发展，其图像内容、文化内涵及功能也随之而变，各自都打上了每个时代所特有的烙印。

第一节　图像内容的演变

女娲图像繁多，自古至今，其展现的内容在历史进程中呈现出不同的发展态势，无论是女娲自身的形象还是整体构图，都有着各自不同的发展规律。女娲形象是以女娲的形状样貌为主，经历了从兽形到人兽共体再至全然人形的演变过程；整体构图是将女娲形象与其他元素适当地组织起来，构成一幅完整的画面。在发展变化中，演化出"偶像式构图"与"叙事式构图"两类。形象与构图是女娲图像的"点"与"面"，二者相辅相成，共同推动了女娲图像内容的发展演变。

一、女娲形象的演化路径

早在20世纪70年代，苏联汉学家李福清（Boris Lyvovich Riftin）就在《人类始祖伏羲女娲的肖像描绘》一文中探讨过女娲形象的演变，文中大量援引历代的造型艺术与古文献资料，论证了神话人物肖像从兽形到人兽同形再至完全人形的可能性。[①]之后，李福清在《中国神话论——袁珂〈中国古代神话〉俄译本再

---

① 〔苏〕李福清. 中国神话故事论集 [M]. 马昌仪编. 北京：中国民间文艺出版社，1988：17-76.

版·后记》一文中再次强调:"总的发展倾向是从带有图腾信仰印记的可怖的兽形怪物,向半人半兽过渡,就像公元初年石雕上所刻人身蛇(龙)尾的伏羲女娲,随后向全人形的英雄,甚至实实在在的历史人物演变——这就是中国远古神话形象的发展途径。"①李氏的这一结论影响深远,至今仍被反复论证,如李丹阳的《伏羲女娲形象流变考》②、肖朝晖的《浅谈女娲形象从神性到人性的演变》③等文章,皆是通过梳理历朝历代的女娲图像,得出与李氏相似的结论。

20世纪70年代至今,已五十余载,关于女娲形象的演变研究并未有实质性的推进。第一,当下的研究仍是在反复论证同一个论点,在结论的基础上对每一阶段的具体时代及特征等缺乏进一步的探讨;第二,当下研究所用的材料除增添个别图像之外,其余与李氏所用材料几近相同,在材料上也未有推进;第三,研究中对一些图像的分析出现偏差,如李丹阳④、唐睿⑤对《洛神赋图》中女娲形象的误读等,需要给予纠正。因此,下文将在旧有研究的基础之上,进一步完善李氏结论,从兽形、人兽同体、全然人形三个发展阶段重新对女娲形象的演变进行梳理,对李氏所缺乏的兽形以及全然人形阶段的图像材料予以补充,并对当下研究中的一些图像误读予以纠正。

(一)兽形阶段

兽形阶段可以追溯至女娲形象的初期。文献及图像资料中对早期的女娲形象均未有明确的记录,因而学术界对该阶段的女娲形象争议不断。李福清在论述伏羲女娲的肖像时也没有详细介绍女娲兽形形象的具体情况,只是认为"作为动物(出自动物世界的图腾)同时又是人的某些特征的总和,文化英雄的形象被模式化了,而在最初阶段,也许是纯粹的兽形。"⑥也就是说,女娲形象在

---

① 〔苏〕李福清.中国神话故事论集[M].马昌仪编.北京:中国民间文艺出版社,1988:99.
② 李丹阳.伏羲女娲形象流变考[J].故宫博物院院刊,2011(02):140-155+161.
③ 肖朝晖.浅谈女娲形象从神性到人性的演变[J].散文百家(新语文活页),2016(01):173-174.
④ 李丹阳.伏羲女娲形象流变考[J].故宫博物院院刊,2011(02):140-155+161.
⑤ 唐睿.女娲图像的历史演变及当代建构[J].贵州大学学报(艺术版),2020(02):82-91.
⑥ 〔苏〕李福清.中国神话故事论集[M].马昌仪编.北京:中国民间文艺出版社,1988:17.

具有了人类特征的人兽同体阶段之前，存在纯粹兽形的可能性。

李福清在分析了伏羲兽形形象的显著特征之后，援引了三个早期文献中对女娲形象的记载，即"蛇身，牛首，宣发"①，"蛇身，牛首，虎鼻"②，"女娲牛首，蛇身，宣发，玄中，一日七十化"③，这三处记载都是将多种动物特征集于一身，进行折中与综合，说明了女娲形象具有兽形的特征。李氏指出其中的"宣发"能够作为兽人同形的标志，因为在描写动物时是不使用"发"这个字，他认为"古书中对伏羲和女娲的描写都按照同一个刻板公式进行，其原因在于二者在传说中的血缘关系，很可能女娲的形象发生了从兽形向兽人形的演变"。④李福清对西汉及其之后的女娲图像进行了细致分析，重点论述了兽人形的女娲形象与图腾观念的关系，简略介绍了人兽同体向全然人形的转变，唯独没有对兽形阶段进行阐释。如果按照李福清的推测，那么女娲形象是从何时开始从兽形演变为兽人形（人兽同体），兽形又具备什么样的外貌特征，便是需要进一步探讨的问题。

正如苏联艺术理论家P. B.金扎洛夫（P. B. Kinzhalov）所说："一则神话可以在文献中找到若干不同的说法，和造型艺术所反映的，常常是不一致的。"⑤女娲形象在早期文献中的记录，与其在图像中的反映也是不一致的。目前出土的考古资料中并没有发现文献中所记载的集"蛇身、牛首、宣发"于一身的女娲图像，也没有明确是女娲的兽形图像出现。另外，兽形与人兽同体常常伴随发生，这就导致兽形向人兽同体演变的分界点难以把握。据目前的图像资料可知，在长沙马王堆汉墓出土的帛画中最早出现了人首蛇身像，为西汉时期遗存。而在西汉之前，女娲的形象作为谜团被学术界不断讨论，讨论所围绕的图像资料多为抽象的兽形图案。因此，本书将"人首蛇身"图像出现的西汉时期作为女娲形象由兽形转向人兽同体的大致分界点，将史前至西汉作为兽形阶段的时间分期，以方便下文讨论。

史前到西汉的女娲形象缺乏明确的图像资料，《山海经》《楚辞·天问》等文献

---

① （宋）罗泌.路史四十七卷[M]//清文渊阁四库全书·卷十一后纪二.上海：上海古籍出版社，1987：一.
② （宋）罗泌.路史四十七卷[M]//清文渊阁四库全书·卷十一后纪二.上海：上海古籍出版社，1987：一.
③ （清）蒋骥.山带阁注楚辞[M].上海：上海中华书局，1962：93.
④ 〔苏〕李福清.中国神话故事论集[M].马昌仪编.北京：中国民间文艺出版社，1988：27-28.
⑤ 〔苏〕李福清.中国神话故事论集[M].马昌仪编.北京：中国民间文艺出版社，1988：72.

第一章　古今神画：女娲图像的历史流变　/　53

记载也是含糊不清，目前学术界关于该阶段早期的探讨主要围绕着蛙纹（何新）[①]、鲵鱼纹（杨利慧）[②]、龙蛇纹（闻一多）[③]等图案进行，这些图案年代较早，多出现于母系氏族社会时期，图案简洁，是对某种动物形象的抽象。蛙纹与鲵鱼纹主要出现于彩陶器具上，最具代表性的是甘肃省天水市师赵村遗址出土的两件蛙纹彩陶盆（图2-1），以及甘谷县西坪乡出土的鲵鱼纹彩陶瓶（图2-2），而龙蛇纹多出现于先秦时期的青铜器、玉器上（图2-3），数量较多。

图 2-1　天水师赵村出土蛙纹彩陶盆

图 2-2　甘肃出土鲵鱼纹彩陶瓶　　　2-3　河南殷墟出土蛇（龙）形器图像

[①] 何新．诸神的起源[M]．北京：民主与建设出版社，2018: 53.
[②] 杨利慧．女娲溯源——女娲信仰起源地的再推测[M]．北京：北京师范大学出版社，1999: 97.
[③] 闻一多．伏羲考[M]．上海：上海古籍出版社，2009.

我们试图通过图像资料来总结出一些以上图像的特征，借以推测女娲的兽形形象。第一，外形多为生活于水洼之地的两栖或爬行动物，外表光滑。蛙、鲵鱼都属于两栖动物，生活在潮湿的水洼之地；蛇为爬行动物，多喜阴暗潮湿。第二，图像腹部多细密网格，可能与生殖繁衍有关。彩陶器具上的细密网格明显，尤其是在图像的腹部，以此来表示蛙与鲵鱼强盛的繁殖能力，而龙蛇相交也多与繁衍生育相关。第三，开始出现将人面与兽形结合的图像。图2-1右侧的彩陶盆为人面蛙纹的图案，表明先民已经将人与动物的某些特质相联系，来表达某些意愿。

除以上早期的图像之外，先秦时期出现了类似于人首蛇身、兽首蛇身的图像，如长沙东郊子弹库楚墓出土楚帛书上的兽首蛇身（图2-4）、战国曾侯乙墓漆器上的人首蛇身（图2-5）等，两幅图的显著特征是相交的蛇尾，有学者猜测这两幅图分别是后世伏羲女娲图像的蓝本或滥觞，如刘文锁[1]、郭德维[2]通过后世图像的特征来反推先秦时期的图像，证据虽然略有不足，但猜测也存在一定的合理性。先秦出土的图像与后世的人首蛇身像在外形特征上相似，也许就是女娲形象从兽形向人兽同体的过渡阶段。

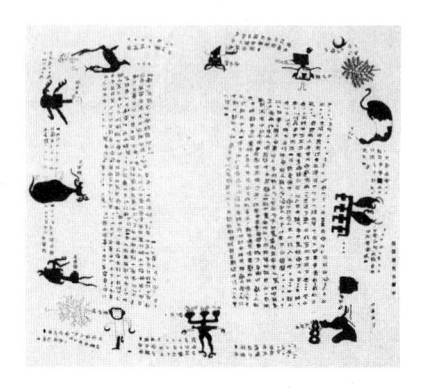

图2-4 长沙子弹库战国楚帛书   图2-5 战国曾侯乙墓漆器图像

---

[1] 刘文锁.伏羲女娲图考[J].艺术史研究.2006 (8): 20.
[2] 郭德维.曾侯乙墓中漆箱上日月和伏羲、女娲图像试释[J].江汉考古.1981 (1): 97-101+116.

（二）人兽共体阶段

人兽共体的形象是远古时代对神话人物外貌最常见的描写方式，即所谓身首肢体不一致的描写法。那些始祖的面孔和身体各部分，通常被描写为：主要部位是人形，然后自上而下，依次被赋予其他各种动物的相应的肢体。[1]女娲最具代表性的形象是人首蛇身，上半身为人形，下半身为蛇尾，这一形象自汉代始，便被作为女娲的经典形象固定下来，传衍至今。因此，人兽共体是女娲形象历时最长的阶段，具有上千年的历史记忆。

1972年湖南长沙马王堆一号汉墓出土的西汉"T"形帛画，顶部正中为人首蛇身像（图2-6右图上），身穿蓝色衣袍，头披长发，衣袍之下为红色的蛇身。关于该人首蛇身像的身份，学界众说纷纭，郭沫若以为很可能是最早的女娲形象[2]，此外还有伏羲说（钟敬文[3]）、烛龙说（安志敏[4]）、日神羲和说（周士琦[5]）等观点。李福清[6]、过文英[7]通过对比其他汉壁画中的女娲图像，从服饰、发饰等细节方面进行分析，在郭沫若推测的基础上进一步得出马王堆帛画中的人首蛇身像为女娲的结论。本书赞同二者的结论，将该形象视为女娲人兽共体单身形象的开端。

图 2-6 湖南长沙马王堆汉墓"T"形帛画

---

[1] 〔苏〕李福清. 中国神话故事论集 [M]. 马昌仪编. 北京：中国民间文艺出版社，1988：74.
[2] 郭沫若. 桃都、女娲、加陵 [J]. 文物.1973 (1)：3.
[3] 钟敬文. 马王堆汉墓帛画的神话史意义 [A] // 钟敬文民间文学论集 [C]. 上海：上海文艺出版社，1982：126-128.
[4] 安志敏. 长沙新发现的西汉帛画试探 [J]. 考古，1973 (01)：43-53.
[5] 周士琦. 马王堆汉墓帛画日月神话起源考 [A] // 中华文史论丛第 2 辑 [C]. 上海：上海古籍出版社，1979.
[6] 〔苏〕李福清. 中国神话故事论集 [M]. 马昌仪编. 北京：中国民间文艺出版社，1988：70.
[7] 过文英. 论汉墓绘画中的伏羲女娲神话 [D]. 浙江大学人文学院，2007：28.

西汉中后期，人首蛇身像集中出现于河南地区的墓葬壁画中，这些壁画或出现于墓室脊顶，或绘于横梁，画面颜色鲜艳，女娲与伏羲以对偶神的形象出现，分别位列两幅图中，此时还未交尾，具有代表性的如洛阳卜千秋墓壁画（西汉中后期）、洛阳浅井头墓室壁画（成帝至王莽之间）、洛阳烧沟61号汉墓壁画（西汉晚期）等。

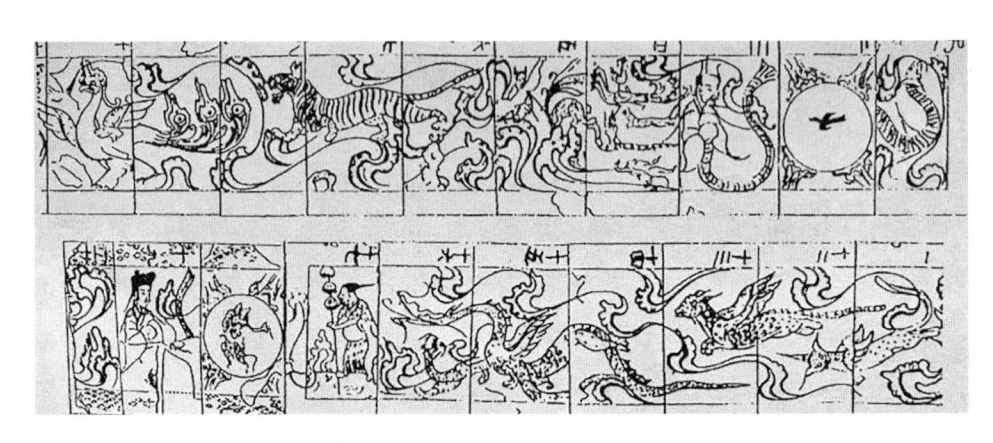

图 2-7　洛阳卜千秋墓壁画主室脊顶壁画线摹图

图 2-8　洛阳卜千秋墓壁画伏羲、女娲局部（西汉）

东汉时期是人首蛇身像的爆发期，数量增多，内容更加丰富，且分布地区广泛，遍布于山东、江苏、河南、四川、陕西等地，如河南南阳画像石、山东嘉祥武梁祠汉画像、四川新津崖墓石函画像等。与西汉的墓葬壁画不同，东汉时期人首蛇身像的艺术表现形式主要为石刻画像，刻制于墓壁、棺椁、祠堂等处，画面内容较为灵活，伏羲、女娲对偶出现，手持表征之物，或交尾，或不交尾，抑或由巨人托起。需要强调的是，在山东嘉祥武梁祠后石室的画像（图2-10）中首次出现了"伏戲"的榜题，是认定图像身份的关键信息，但却未出现关于女娲的榜题。李福清认为："艺术家绘制了伏羲和女娲，但在题词中只提到男始祖，不可排除，在这一点上有对女娲持轻慢态度的儒家影响的传统。"[①]而钟敬文根据这一点认为"指出伏牺另一边人物是女娲的，是后人根据后起传说的推测"。[②]这两种观点都有失偏颇，因为东汉后期的石棺画像上也出现了女娲的题词，在四川简阳鬼头山的石棺画像上，第一次同时出现了关于伏羲女娲的榜题（图2-11），画像右侧一人上方榜题"伏希"，左侧一人上方榜题为"女媧"，这幅图像的发掘可以说明与伏羲相对的另一边的形象是女娲。

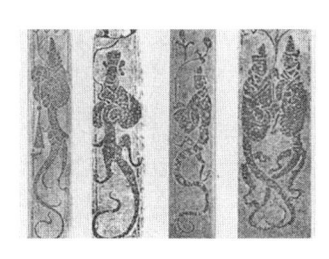

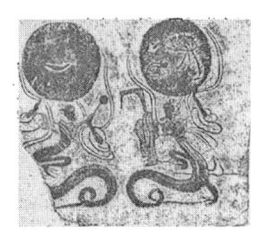

图2-9 东汉画像石的伏羲女娲像
（左：河南南阳出土画像石；中：山东嘉祥武氏祠左石室画像石；右：四川成都市郊出土画像砖）

---

① 〔苏〕李福清. 中国神话故事论集 [M]. 马昌仪编. 北京：中国民间文艺出版社，1988: 33.
② 〔苏〕李福清. 中国神话故事论集 [M]. 马昌仪编. 北京：中国民间文艺出版社，1988: 6.

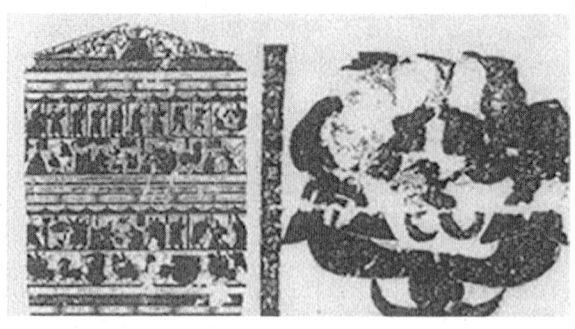

图 2-10 武梁祠后石室画像　　　　　　图 2-11 简阳鬼头山石棺画像

　　魏晋南北朝至隋唐是人首蛇身像的渐变期，这一时期的图像在以下几个方面发生了变化：首先，数量相比汉代大幅度减少，大部分仍旧绘制于墓葬中，但受佛教的影响，在石窟等宗教场所也出现了人首蛇身的形象，如敦煌莫高窟的人首蛇身像；其次，在地域分布上集中于东北和西北地区，中原地区几近消失，如高句丽五盔坟墓葬壁画（图2-12）发掘于吉林，隋唐时期的阿斯塔那墓伏羲女娲帛画在新疆出土；最后，艺术表现形式由石刻画像渐变为彩色壁画、绘画或帛画，女娲形象在延续汉代的基础上有所变化，人形（人脸）的特征更加明显和细腻，动作姿态更加灵活。

图 2-12 魏晋南北朝与隋唐的伏羲女娲图
（左：吉林高句丽壁五盔坟墓葬画；中：敦煌莫高窟第9窟壁画；右：阿斯塔那76号墓伏羲女娲帛画）

　　另外，除墓葬及宗教场所的画像之外，东晋的绘画作品《洛神赋图》中也有女娲的形象，绘画中的女娲（图2-13）是人首兽身，上半身为仙女的外貌，

图 2-13　宋摹本《洛神赋图》中的女娲形象
（左图：北京故宫博物院藏本；右图：辽宁博物馆藏本）

直至腰身，下半身为兽腿，具体是哪种兽类，还需进一步考证。当下的不少研究对此处的女娲形象产生误读，认为女娲在此图中是类似于仙女或仕女的人形形象，如李丹阳的《伏羲女娲形象流变考》一文即认为："顾恺之传世作品《洛神赋图》中，女娲和画卷中的诸多仙人一样'气若幽兰，华容婀娜'，宛然是一位神性十足的女性形象。"[①]又如唐睿在《女娲图像的历史演变及当代建构》一文中提到："《洛神赋图》……女娲则为魏晋仕女打扮，头绾双髻，交领深衣，凌波而立，姿态绰约。这说明魏晋绘画中的女娲被塑造成歌舞仕女的形象，反映了士众崇尚娱乐的时代特征。"[②]曹植的《洛神赋》中写道："屏翳收风，川后静波。冯夷鸣鼓，女娲清歌……"女娲在此是负责清歌的神仙，而在顾恺之的画作中，却被画为人首兽身的形象，说明至少在东晋时期，女娲还未脱离人兽共体的特征，结合同时代的墓葬艺术，可以推断女娲形象在东晋时期还未实现全

---

① 李丹阳. 伏羲女娲形象流变考 [J]. 故宫博物院院刊，2011 (02): 152.
② 唐睿. 女娲图像的历史演变及当代建构 [J]. 贵州大学学报（艺术版），2020, 34 (02): 82-91.

然人形的转变。

隋唐之后，伏羲女娲的墓葬图像基本消失，壁画、画像石等不再出现，在河南、四川、江苏却频频出土了人首蛇身俑（图2-14）。学术界关于其是否为伏羲女娲，一直存在争议，《南唐二陵发掘简略报告》中首次提出了人首蛇身俑是伏羲女娲的说法，认为"人首蛇身的伏羲女娲像，在汉画中很普遍，这里做成俑，更有辟除不祥的意思"。① 另外，刘红森、李玉荣也认为人首蛇身俑与汉画像石相比"两者制作与刻划方式虽大不相同，但殊途同归，显现了历史长河广为传播的同一题材"，② 即伏羲女娲的神话题材。这些人首蛇身俑体积较小，形象简洁而抽象，两个人首共用一条蛇身，有的互相缠绕，也许就是前朝伏羲女娲图像的余响。

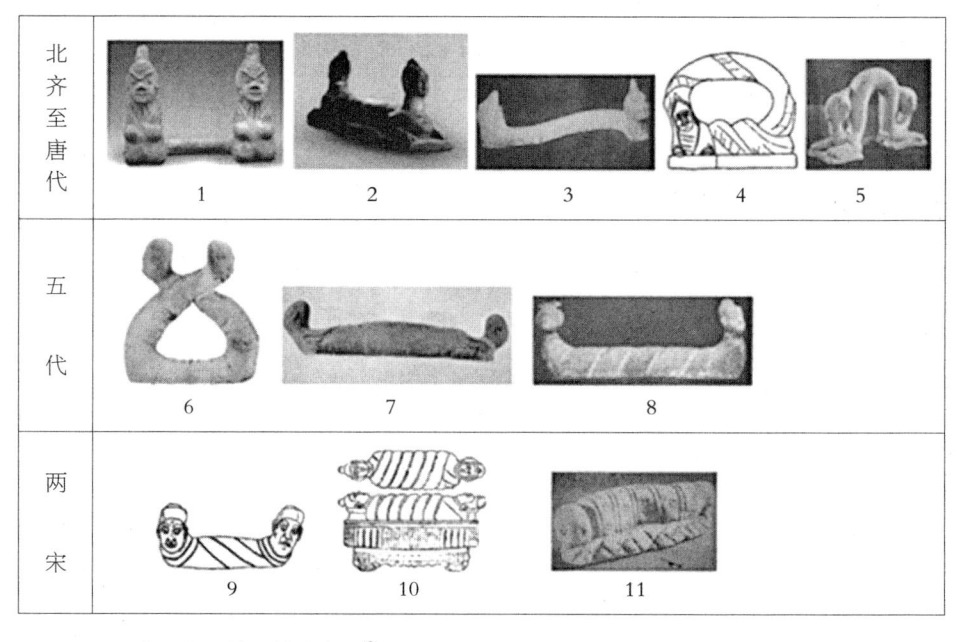

北齐至唐代	1	2	3	4	5
五代	6	7	8		
两宋	9	10	11		

图 2-14 北齐至宋代的人首蛇身俑③

---

① 曾昭燏，张彬. 南唐二陵发掘简略报告 [J]. 文物参考资料，1951 (07): 129-163.
② 刘洪淼，李玉荣. 巩义市出土唐代人首蛇身交尾俑 [J]. 中原文物，1998 (01): 3-5.
③ 图片来源：王琼：《双人首蛇身俑考》，文物鉴定与鉴赏，2019 年 11 月，第 13 页。

（三）完全人形

女娲人兽共体的形象经历了漫长的历史发展，自明代始，女娲图像从地下转为地上，墓葬中再未发现关于女娲的图像，反而在庙宇中多有遗存，造像、壁画是明清女娲形象的主要依托，如山西霍州娲皇庙的《母仪天下图》与《开天立极图》（图2-15），女娲位居图像中央，凤冠霞帔，妆容精致，侍从侍奉左右，俨然是至尊圣母的形象。此外，女娲的形象还被绘制于小说绣像、艺术绘画以及年画中，如明代小说《封神演义》中的女娲娘娘绣像（图2-16）、清末任伯年的《女娲炼石图》（图2-17）以及清末民初顺兴画店彩印年画《女娲娘娘》（图2-18）等，这些图像都赋予了女娲女性的形象。这一阶段女娲已经完全人形化，很少与伏羲以对偶神的形式出现，但是，仍有人首蛇身交尾这一经典图像被用于其他功能，如明代的瓷瓶上的交尾图（图2-19），仍是延续了经典的伏羲女娲交尾图的画像，而清初萧云在《离骚图》中绘制的女娲（图2-20）也是经典的人首蛇身形象。

图 2-15 山西霍州娲皇庙壁画《万世母仪图》与《开天立极图》

图 2-16 女娲娘娘绣像　　图 2-17 任伯年《女娲炼石图》

图 2-18　彩印年画《女娲娘娘》

图 2-19　明代伏羲女娲交尾瓷瓶　　图 2-20　清代萧云从《离骚图》中的女娲图

到封建社会末期，女娲的形象逐渐完成了从人兽共体到全然人形的转变，女娲从半人半兽的可怖样貌转而为和蔼亲善的女性形象。然而，全然人形的形象也包括两种不同的类型，其一是至尊的圣母形象，如上述娲皇庙及年画中的形象，附和人们心目中的女神形象，端庄而不失和善，一般被用于庙宇等信仰空间；其二是一般的仕女形象，神人同形，如小说绣像、绘画作品中所常见，此类形象没有固定的风格样貌，常常由创作者根据需要进行绘制，因而创作的空间更大，展现方式也更为灵活多变。需要说明的是，完全人形出现的时间是根据目前的图像材料推测，并非定论，因为汉代王充在《论衡·顺鼓篇》中曾提到："俗图画女娲之象为妇人之形，又其号曰'女'。仲舒之意，殆谓女娲古妇人帝王者也。"[1]从王充的论述中可以看出在汉代的俗图中，已经将女娲画为妇

---

[1] （汉）王充: 论衡卷十五, 百子全书下册 [M]. 杭州: 浙江古籍出版社, 1998: 1009.

人之形，但具体是上半身为妇人还是全然的妇人，我们不得而知。如果王充所说妇人形象为全然人形的妇女形象，那么圣母形象可能自古存在，而非在封建社会末期才出现。因此，女娲形象的演变并非一定如李福清所述，也存在另一种可能性，那就是兽形、人兽共体与完全人形同时出现，并传衍至今。当然，这种可能性还需要我们挖掘出更多的图像材料才足以论证。

至此，我们便可以将女娲形象的演变历程绘制成简图，从而总结出女娲形象历史演变的特点及其规律，观照当下女娲形象存在的样态。

表 2-1　女娲形象历史演变图（郝瑞琳　绘）

年代	女娲图像（示意图）
仰韶文化庙底沟类型	
马家窑文化	
春秋战国	
西汉	

续表

年代	女娲图像（示意图）
东汉	河南
	山东
	四川
	陕西

续表

年代	女娲图像（示意图）
魏晋南北朝	
隋唐	
五代	
宋	
明	
清	

由上表我们可以再一次论证李福清的论点。从纵向上看，女娲形象的演变存在着从兽形至人兽共体再至全然人形的演变历程；从横向上来说，每个时代

的形象各具特色，相互杂糅，也会存在两种或三种形象并存的局面。因此，这种演变并不是简单的线性演变，而是不断传衍、多元共存的过程。反观当下，随着艺术手段及科技的进步，女娲被各种艺术形式所表现，但其形象仍旧遵循着历史发展的轨迹。当下的女娲形象可以分为三类，而这三类恰好属于女娲形象演变的三条不同路径，这三条路径在清代已经萌芽，当代发展特征更为明显，下文一并进行讨论。

第一，人首蛇身的经典化路径。人首蛇身是女娲人兽共体的经典形象，历时时间长，且有文献记载作为支撑，这一形象被作为女娲的经典形象被固定下来，被历朝历代采用。当代的女娲图像也多使用这一形象，如方特女娲补天项目中的女娲、深圳蛇口的景观雕塑以及各类剪纸泥塑等民间工艺。数量丰富，形式多样。

第二，至尊圣母的神化路径。女娲的始祖母神格是民间女娲信仰的基础，因而在民间宗教中，女娲常常以端庄的圣母形象出现。此类形象体态雍容，服装配饰等精美华丽，动作姿态简单，一般为站像或坐像。多存在于当代女娲庙宇中，如河北涉县娲皇宫、河南太昊陵以及各地娲皇庙中的各类神像、壁画等。此类形象是历史演化的结果，也是当代女娲信仰的神灵形象，风格模式相对固定。

第三，女性形象的俗化路径。女娲作为神话人物，经常被创作者作为素材所利用，该路径中的形象与前二者不同，女娲多为普通的女性样貌，服饰着装较为简单，多为复古的风格，动作姿态灵活丰富，主要定格在神话中的某一动作情节中。此类形象创新具有较强的灵活性，因而在当代女娲图像中最为多样，如涉县娲皇宫的女娲斩黑龙彩绘、1985年动画短片《女娲补天》以及电子游戏《王者荣耀》中的女娲形象等都是美貌的女性形象，服饰动作等随创作者的意愿与目的而设，各不相同。

这三条路径是女娲形象历史演变的路径，是当代女娲神话资源图像化的基础背景，也是女娲形象未来继续传衍的方向。本书的考察中心河北邯郸地区的女娲图像也是这历史演变过程中的一环，其中涉县娲皇宫的女娲形象以圣母神像为中心，造人、补天、斩黑龙的女性形象丰富多样，而在方特虚拟景观中人首蛇身的经典形象与俗化形象交替出现，灵活互变。

二、整体构图的渐变

女娲形象是女娲图像的中心，是画面中的关键之"点"，若要对女娲图像进行全面考察，图像的"面"，即整体图像的构图是必须要考虑的。构图是艺术家为了表现作品的主题思想和美感效果，在一定的空间，安排和处理人、物的关系和位置，把个别或局部的形象组成艺术的整体。[①]构图是创作者安排画面，突出主题和思想内容的重要方式，巫鸿在《武梁祠：中国古代画像艺术的思想性》一书中，将武梁祠汉画像的构图模式分为"偶像型构图"与"情节型构图"，这两类构图模式对我们分析女娲图像具有重要的借鉴意义。偶像型构图是指画面以对称式设计，视觉中心为一主神，两边配以向中心移动的神人异兽，主神正面危坐，其他神人与动物均被表现为侧面。情节型构图通常是非对称的，主要的人物总是被描绘成侧面或四分之三侧面，而且总是处于行动的状态中，这种图像一般以表现某个故事情节或生活中的状态为主题，因此可以称作是叙事性的。[②]上文已将女娲形象的三条演变路径进行总结，下文将以上三种形象放置于两大类构图中来进行分析。

人首蛇身的经典形象是女娲图像的核心内容，将这一形象还原至其所在图像的整体构图中，可以发现这一形象在两类构图中分三种情况出现。其一，女娲（或与伏羲）的人首蛇身形象以主神身份位于图像的视觉中心，两侧的附属图像有日月、规矩等，属偶像型构图。马王堆汉墓出土帛画中的人首蛇身像（图2-6）是典型的代表，女娲端坐于帛画顶端的正中，两侧配以日月，下方有神兽，形成众星捧月的格局。此类构图形式突出女娲的主神地位，图像元素往往带有一定的符号性。其二，女娲人首蛇身以其他神祇的身份位列于情节型构图中，巫鸿认为洛阳卜千秋壁画（图2-7）中西王母位列中央，两侧伏羲女娲两

---

① 辞海编辑委员会. 辞海[Z]. 上海：上海辞书出版社, 1980: 289.
② 巫鸿. 武梁祠：中国古代画像艺术的思想性[M]. 北京：生活·读书·新知三联书店, 2006: 133.

位神祇与死者夫妇、神兽等一同向西王母仙境进发，伏羲女娲为四分之三侧脸，处于行动的状态中。[1]另外，山东孝堂山祠的山墙锐顶部分（图2-21）的图像也具有同样的特征，伏羲女娲是西王母的陪衬，与其他神祇一同处于

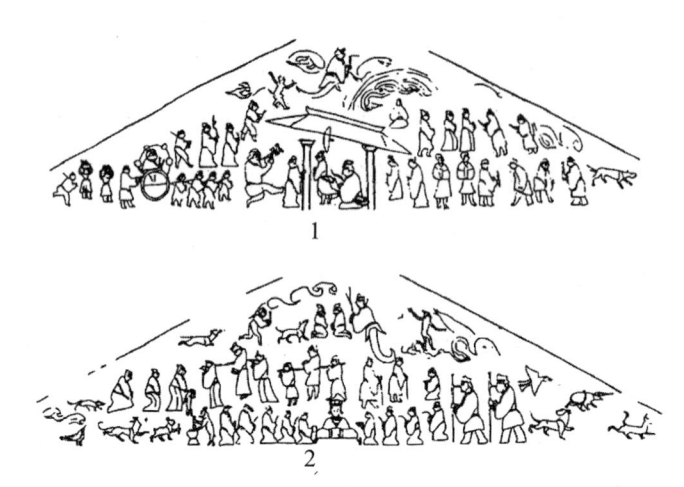

图 2-21 孝堂山祠堂伏羲女娲画像

动态之中。此类构图从西王母角度说是偶像型构图，而从伏羲女娲的角度来看属于情节型构图。其三，女娲以人首蛇身的形象与其他元素一起表现某个神话，构成情节型图像，如清代萧云从的《离骚图》中的女娲补天（图2-20），女娲人首蛇身，置身于烈焰之中，双手托石，意欲补天，展现了女娲补天的情节，具有叙事性。总之，人首蛇身的形象在早期发展阶段偶尔存在于偶像型图像中，其余绝大部分出现于情节型构图中，当代众多的图像也是采用这一构图方式来展现女娲神话，如深圳蛇口女娲补天的景观雕塑（图2-22）等。

女娲至尊圣母的神化形象只存在于偶像型构图中，这种构图形式体现了宗教艺术表现神像最常见的特点，女娲圣母作为正面的主神，侍从侍奉左右，朝拜者位列于下方。如河北涉县娲皇宫大殿中的女娲神像，正面危坐，与周围环境共同构成偶像型的图像。巫鸿认为偶像型构图是开放式的，因为主神正面危

---

[1] 巫鸿.武梁祠：中国古代画像艺术的思想性[M].北京：生活·读书·新知三联书店，2006：113+134.

坐，无视左右侍从而是直视观者或朝拜者，观者的目光被导引到画面中心，直面主神，可以直接进行交流。所以，偶像型图像本身不再是封闭和内向的，画中的主神也不仅仅存在于图像的内部世界。他指出："偶像式图像的意义不但在于其自身，而且还依赖于画外观者的存在。事实上，这种'开放性'的构图以一个假设的画外观者或膜拜者为前提，以神像与这个观者或膜拜者的直接交流为目的。"[①]至迟在清代，偶像型图像已成为女娲神像的主流，传袭至当代，神像仍旧旨在与朝拜者发生交流，成为女娲图像的主要构成部分。

  俗化的女性形象多出现于叙事型图像中，一般以女娲的神话为主题。叙事型构图以图像的叙事主体为中心，构图的布局安排围绕情节展开，女娲形象多为侧面，姿态灵活，处于行动的状态中，与补天石、黑龙、人物等其他元素互动，共同完成一系列的动作呈现。由于人们对情节的理解不同，对人物形象的塑造不同，自由发挥的余地也就大得多。[②]女娲以女性形象出现的叙事型图像在封建社会后期至当代表现突出，艺术形式多样，出现于雕塑、绘画乃至动画片中，如山西霍州娲皇庙群雕、河北涉县娲皇宫壁画、20世纪80年代的《女娲补天》连环画及动画短片等等。以山西霍州娲皇庙的群雕为例，整个群雕展现了女娲补天、造人、斩黑龙、断鳌足、置婚姻等叙事情节，图2-23展现了其中的斩黑龙与造人的段落。在斩黑龙的图像中，女娲英姿飒爽，正以勇猛的姿态斩杀黑龙，百姓在地面上观望助威；而在造人的图像中，女娲身着朴素，在河边捏造泥人，用柳条甩泥人，并与所造的孩子们亲切交谈。这两幅图的构图通过安排女娲与其他元素的动作来布局画面，将神话以视觉的形式表达出来，其中的人物均为侧面，并不与观者进行交流。与偶像型构图的画面不同，叙事型构图是自足和内向的，其内容的表现仅仅依赖于画面内的图像，观看这种图像的人只是一个观者，而非参与者。[③]

---

① 巫鸿.武梁祠：中国古代画像艺术的思想性[M].北京：生活·读书·新知三联书店，2006：133.
② 刘宗超.汉代造型艺术及其精神[M].北京：人民出版社，2006：108.
③ 巫鸿.武梁祠：中国古代画像艺术的思想性[M].北京：生活·读书·新知三联书店，2006：133-134.

图 2-22 深圳蛇口女娲补天雕塑

图 2-23 山西霍州娲皇庙偏殿"女娲斩黑龙"（上图）及"女娲造人"雕塑（下图）

总而言之，在历史发展过程中，三种女娲形象混合出现于偶像型与情节型两类构图之中。在封建社会，尤其是在女娲形象人兽共体的长期阶段，这两类构图形式混合并存，到封建后期直至当代，完全人形的多种形象出现，构图演变的两条路径也逐渐明晰：一种是以神像为代表的偶像型构图，神像为至尊圣母的形象；另一种是以表现故事为内容的情节型构图，女娲形象可以是人首蛇身或女性形象中的任意一种或组合。这两类构图是讨论当代图像的重要基础。需要说明的是，这里的情节型构图强调叙事性，神话也是一种叙事，因"情节"仅是叙事性文学作品内容构成的要素之一，并不能表达叙事的内涵，为突出女娲图像中此类构图的叙事特性，本书用"叙事型图像"来替代"情节型图像"以方便讨论。

　　人物形象与整体构图是理解图像内容的两个关键方面，形象突出人物特点，构图重点展现图像主题，二者缺一不可。因此，我们在探讨当代女娲图像时要全面把握，如若只关注其中一个方面，便会有失偏颇。唐睿在《女娲图像的历史演变及当代建构》一文中认为："长久以来，大量的图像、塑像、影像在民众心目中塑造出来的女娲造型，主要强调了其创世、造人、补天的功绩……女娲制笙簧、置婚姻、斩黑龙等元素在女娲图像的发展中逐渐被忽略，当代女娲图像的建构应适当将这些元素恢复起来，丰富女娲图像的多元叙事。"[1]该文着重探讨了女娲形象在历史与当下的存在形态，并未对女娲图像尤其是叙事型图像进行全面考察，以"点"概"面"——以"点"的演变得出当代整体图像叙事中元素缺失的结论，在逻辑上多少有些失当。创世、补天、造人、制笙簧、置婚姻、斩黑龙等是女娲神话图像的叙事情节或者说是主题，而非女娲图像的元素。在叙事型图像中，女娲形象与其他元素都服务于情节，为了呈现叙事内容而被布排，因此不同主题伴随着与之相匹配的元素，如制笙簧的叙事需要女娲形象与笙簧相互构图。

　　就当代而言，女娲神话是叙事型图像的主题来源，创世、补天与造人是女娲神话的经典叙事，图像展现相对丰富，其他叙事在图像中的呈现就相对较少，在这点上，神话图像与口头、文字的传承相一致。但只要女娲图像中制笙簧、斩黑龙等叙事内容存在，与之相匹配的图像元素自然就不会缺失，如上文所举山西霍州娲皇庙中的斩黑龙图像，其中自然不会缺少黑龙的元素。女娲图像的研究很容易将形象与图像混淆，这与女娲图像的历史特殊性相关，历史图像中所展现的内容与当代完全不同，很少呈现我们熟知的神话，而是提供了与书面文献大相径庭的神话异说，[2]这些异说到目前也不为人所详知。总的来说，历史上的女娲图像更具神秘与象征的意义，而当代的女娲图像则偏重故事的呈现，

---

[1] 唐睿.女娲图像的历史演变及当代建构[J].贵州大学学报（艺术版），2020 (02): 82-91.
[2] 〔苏〕李福清.中国神话故事论集[M].马昌仪编.北京：中国民间文艺出版社，1988: 72.

这是我们研究当代女娲图像必须要关注的一点。

第二节　图像意义的转变

女娲图像的内容不断演变，其意义的重心也随之发生转变，由代表"神"的象征意义转变为传达"神话"内容和精神的意义。早期的女娲图像以神灵为展现核心，女娲在图像中是天界或仙界的神灵，具有一定的象征意义；历史发展后期直至当代的图像以呈现女娲神话为主要目的，女娲在图像中是神话叙事的主人公，与其他元素一起表达神话，传达精神。因而，女娲图像的意义重心经历了由"神"入"话"的转变，从神灵天界的象征转化为神话意蕴的传达。

一、神灵天界的象征

西汉至唐宋的女娲图像大量出现于墓室或祠堂的壁画、画像石、画像砖上，这些画像被用来装饰墓室，为死去的人提供居处空间。因此，它们并不是一种自由创作的艺术，而是紧紧地围绕着当时社会的丧葬制度，表现当时人的信仰和宇宙观，同时要迎合世俗大众的需求与喜好，反映当时的流行观念与思想文化。[1]这些画像处于封闭的墓葬中，并非供人观赏的作品，而是死者的私密空间，具有独特的象征意义。李陈广将伏羲女娲像的人首蛇身称为形象主体，把人首蛇身与手中所执的各种附属物的组合称之为形象系统。[2]为方便讨论，下文将从形象主体和形象系统这两个方面进行具体分析。

（一）形象主体的意义

女娲人首蛇身的图像出现于墓葬之中，并非仅仅是普通的装饰，它是古时

---

[1] 刘惠萍. 图像与神话：日月神话研究 [M]. 西安：陕西师范大学出版社，2019: 164.
[2] 李陈广. 汉画伏羲女娲的形象特征及其意义 [J]. 中原文物，1992 (01): 34.

人们神仙信仰、神祇崇拜的表现和外化，具有特殊的功能和含义。在历史图像中，女娲经常与伏羲对偶出现，相对或者交尾，人首蛇身二尾相交的伏羲、女娲画像是远古的龙蛇图腾崇拜、男女两性生殖崇拜以及祖先崇拜观念相互融合的产物，在汉代阴阳五行、谶纬思想盛行的社会背景下，它又是内含着阴阳哲学思想的神话图式。①下文从人首蛇身的形体特征以及所在位置来分析女娲图像特有的象征意义及功能。

其一，从女娲的形体上来看。女娲的基本特征是人首蛇身或蛇尾，这在各时代各地区存在一致性，不同地区的图像在细节上略有不同，如山东地区的蛇尾无足、四川地区的人首人身蛇尾以及河南地区的多数有足等，但人首蛇身这一典型形态没有大的差别。②蛇身的设置并不仅仅是画匠的艺术创作，更是原始的图腾崇拜、生殖崇拜的反映。女娲是夏民族的祖先，而夏民族的图腾是龙或蛇，因而女娲的蛇或龙的身子，是她隶属于图腾祖先世界的标志。③我国历史早期出土了大量的蛇身或龙身的图案，如红山文化遗址出土的C形玉龙、先秦时期曾侯乙墓漆器上的图案、河南黄君孟夫妇墓出土人首蛇身玉饰等等，说明在远古时代是存在龙蛇图腾崇拜的，而女娲图像将蛇身与人首相连，可能是龙蛇崇拜的遗绪。苏联宗教学家契斯诺夫在研究印支及毗邻地区的古代宗教时指出"蛇跟土和水是结合在一起的……蛇的崇拜最先……跟母系氏族时期所特有的对始祖母的崇拜有关"。④始母神是人类的祖先，也是女娲的基本神格，其神格的实质内蕴是繁衍、滋生。⑤原始时期人们将对生殖的崇拜和信仰寄托于女娲身上，西汉之后女娲与伏羲对偶出现，蛇尾相互交缠，如上文表2-1中的众多交尾图，闻一多认为这是交配、性交的象征，这一观点得到学术界一致认可。除了二者直接交尾的图像模式，还有一类较为特殊的图像，是伏羲女娲结合之比拟的间接的描绘，图像中间有一巨人同时怀抱或手举伏羲女娲，如洛阳偃师新莽墓伏羲女娲

---

① 牛天伟，金爱秀.汉画神灵图像考述[M].开封：河南大学出版社，2009：5.
② 李陈广.汉画伏羲女娲的形象特征及其意义[J].中原文物，1992(01)：34.
③ 〔苏〕李福清.中国神话故事论集[M].马昌仪编.北京：中国民间文艺出版社，1988：28.
④ 〔苏〕李福清.中国神话故事论集[M].马昌仪编.北京：中国民间文艺出版社，1988：28.
⑤ 杨利慧.女娲的神话与信仰[M].北京：中国社会科学出版社，1997：68.

图（图2-24）、河南南阳出土的画像石（图2-25）等，这是有一位神人作为交合的"媒介"，通过一种外力欲使其交尾，因此也应该归入交尾图像的范畴。①

图 2-24 洛阳偃师新莽墓的伏羲女娲图像 　　　图 2-25 河南南阳画像石的伏羲女娲图像

无论是直接交尾还是间接交合，都是生殖崇拜的象征，伏羲女娲作为人类的始祖通过这样的方式创造人类，这为我们了解古代中国人是如何想象自己的祖先提供了材料，因而此类图像不仅代表了古时人们两性生殖崇拜的思想，也反映出祖先崇拜的观念。在山东嘉祥武梁祠后石室表现古帝王的画像中，伏羲女娲交尾作为后世帝王的始祖被放置于图像的开端（图2-10），画像中两位人类初祖中间有一小人悬挂其间，巫鸿认为这是表现由女娲和伏羲所体现的阴、阳两种宇宙力量的结合而生的初始人类②，随后的祝融、神农、颛顼等帝王在图像中皆表现为人类样貌，这就表明在汉代的思想观念中，伏羲和女娲是人类的祖先，人们将其作为人文的始祖进行崇拜。

在古代图像中，伏羲和女娲并不都是以交尾的姿态出现，还有并肩或相对而立的形态，二者蛇尾并不相交。西汉壁画墓中的图像伏羲女娲各在画面的一端，东汉的画像石中出现交尾的形态，此后两种姿态并存。伏羲和女娲在性别

---

① 牛天伟，金爱秀.汉画神灵图像考述[M].开封：河南大学出版社，2009: 11.
② 巫鸿.武梁祠：中国古代画像艺术的思想性[M].北京：生活·读书·新知三联书店，2006: 247-248.

上代表男、女，在汉代阴阳五行观念的盛行下，自然蕴含有阴、阳的象征意义，二者并立或交尾反映了汉代阴阳调和的思想意识。因而，历史上的女娲图像是图腾崇拜、生殖崇拜、祖先崇拜以及阴阳思想融合的产物。

其二，从形象主体所在的位置来看，可以分为两个方面：一方面是女娲在图像中的位置；另一方面则是整体图像所在的位置，如墓壁、墓顶、棺椁顶等。综观历史图像，女娲人首蛇身在构图中的位置分为两种：一种是位于图像侧面，与其他神兽一起构成画面，如洛阳卜千秋墓室壁画、山东孝堂山祠堂画像等，此类图像一般以西王母或东王公为主神，女娲在此是次神的身份，与祥瑞、灵异等一起组成天界或者仙界；另一种是女娲单独或者与伏羲共同组成画面，位于图像的中心位置，如马王堆汉墓帛画、新疆阿斯塔那墓葬的唐代帛画等，女娲或与伏羲的主神身份在图像中被放大。无论在图像中位于何处，女娲与伏羲都是神界的主要神灵，这一身份特征是稳固不变的。此外，除女娲所在的局部之外，图像其他部分还表现了现实的生活场景，如汉画像中的"车马出行""宴饮舞乐"等，昭示了人对现实的关注和对自我的肯定[①]，马王堆帛画中还描画了地狱的场景，呈现出"天、地、人"的画面格局，而女娲则代表着神灵与天界。

另一方面是整体图像所在的位置，女娲图像主要绘制于墓壁、墓顶、棺椁等密闭而黑暗的空间，具有神秘的象征意义。墓葬绘画是人对自己死后世界的想象，汉时人们认为天上是神仙居所，人死后可以升仙，正如刘惠萍所说，"两汉时期人们认知中的天的内容已有所改变，有逐渐由物理性的天空转变为神仙所居之天上世界的倾向"。[①]也就是说，汉画像中女娲与祥瑞、异兽等构成了人们想象中的仙界，它们极具动态，似在飞升，引领墓主人升仙。有的图中女娲与伏羲相对而立，或位于墓室甬道两侧，或被绘制于墓门两侧，具有引魂导向的功能，从而建立一种从人间走向仙界的理想图式。隋唐时期新疆的伏羲女娲图绘制在墓室顶或棺盖上，伏羲女娲周身围绕星河，是对"天"的象征性模拟，呈现出"天在上，地在下，人居其中"的情景，墓主人通过模拟现实的天地来

---

① 杜少虎.拙笔妙彩——洛阳汉墓壁画研究[M].郑州：河南美术出版社，2004：28.
② 刘惠萍.图像与神话：日月神话研究[M].西安：陕西师范大学出版社，2019：183.

将黑暗的墓室转化为光明的宇宙。

(二)形象系统的特殊含义

形象系统主要是指围绕着人首蛇身的各种附属物，它们是伏羲和女娲造型肖像的固定的特点，如日月、规矩、仙草等（表2-1）。这些附属物或为手持之物，或为怀抱之物，也有直接绘制于伏羲女娲一侧的，已经成为伏羲女娲身份的象征。汉画像中的伏羲女娲图像最为丰富，李陈广将其中的表征之物分为三大类，即规矩型、日月型及芝草型，它们在各地呈现出地域性差异的特征，山东地区以规矩型为主，河南地区以芝草型为主，四川地区以日月型为主。[①]另外，四川地区的图像中也有手持乐器的表征出现。除汉画像之外，其他时代的表征也包含在以上分类中。下文将从日月、规矩、芝草、乐器四个方面来对女娲图像的意义作进一步的探讨。

首先，日与月是较早出现于女娲图像中的附属物，伏羲女娲或双手高举，或捧于胸前，或立于一旁。西汉早期的马王堆汉墓中就已经出现了女娲两侧伴有日月的帛画，东汉时期各个区域的汉画像中伏羲女娲都与日月出现，尤以四川与河南南阳为众，这里的日月与伏羲女娲一同构成天界或仙界，是天的象征。从汉代的丧葬习俗来看，伏羲女娲代表着男女两性，日月与二者形象对应出现，日为阳，月为阴，符合当时普遍流行的阴阳观念。因而女娲图像中的日月具有双重象征意义，正如刘惠萍所说："汉代墓室中的日、月画像，除了可作为墓室中天空以及神仙世界的象征外，也被赋予了调和阴阳的功能与意义。"[②]伏羲女娲图像中日、月的题材一直延续至隋唐时期，其间东北、西北地区频频出现此类题材的图像。

其次，在伏羲女娲的手持之物中，规矩的形象是较为多见的，其中山东的汉画像中最多，隋唐的墓葬中仍有出现。规矩是可以绘制方圆的工具，古人有天圆地方的概念，将规和矩执于伏羲女娲之手表明他们是规天矩地、创造万物

[①] 李陈广.汉画伏羲女娲的形象特征及其意义[J].中原文物，1992(01)：34.
[②] 刘惠萍.图像与神话：日月神话研究[M].西安：陕西师范大学出版社，2019：182.

的始祖神。[①]杨利慧通过分析古文献与现代民间口耳传承的神话材料，指出女娲的神格除了始母神之外，最突出的就是文化英雄神格[②]，女娲补天、置神祺等功绩，对人类世界有着突出的贡献，为人类秩序的形成奠定了基础。在图像表现中女娲及其配偶手持规矩，掌握世界秩序，与古文献及民间口传神话相呼应，进一步突出了其文化英雄的神格。

再次，在河南地区的汉画像中伏羲女娲手持芝草（图2-9）。芝草，即灵芝，《说文》曰："芝，神草也。"[③]王充《论衡·验符篇》曰："芝草一年三华，食之令人眉寿庆世，盖仙人之所食。"[④]在汉代人的观念中，灵芝是仙人所食的一种具有神力的仙草，可以延年益寿，长生不老，它之所以能出现在伏羲女娲的图像中，是因为其长生的独特属性。长生、升仙是汉代的重要思想观念，南阳地区的画匠将此观念凝结于芝草上，赋予伏羲女娲长生庇护的功能。

最后，女娲图像的形象系统中还有一种特殊情况，即手持之物为乐器，此类图像在四川、河南、山东都有出现，以四川数量最多。由于各种版本的四川画像石和画像砖图录以及一些介绍四川汉画像的文章多把伏羲、女娲手中所执的乐器错误解读为"规矩"，因此掩盖了画像的真实内涵。[⑤]如图2-9右图（见第57页），四川成都市郊出土的画像砖中女娲手持鼗鼓，伏羲手执排箫，而非规矩。而在其他的汉代宴会舞乐图中，乐师手中所拿乐器便是鼗鼓与排箫，说明这两种乐器是现实生活中的真实乐器。汉代画匠将民间流传的伏羲女娲发明乐器的神话作为素材，以现实生活中的乐器为道具，进行艺术的再创作。[⑥]此处伏羲女娲手持乐器代表着他们是音乐创造之神，凸显了其文化英雄的神格。

女娲图像的形象主体及形象系统具有程式化的特征，随着时间的推移，核心要素人首蛇身、日月、规矩较为稳固，其他如蛇身交缠、兽爪、芝草、乐器

---

① 李陈广.汉画伏羲女娲的形象特征及其意义[J].中原文物,1992(01):35.
② 杨利慧.女娲的神话与信仰[M].北京：中国社会科学出版社,1997:29.
③ （汉）许慎.说文解字[M].北京：中华书局,1963:21+15.
④ 黄晖.论衡校释[M].北京：中华书局,1990:1214.
⑤ 牛天伟,金爱秀.汉画神灵图像考述[M].开封：河南大学出版社,2009:32.
⑥ 牛天伟,金爱秀.汉画神灵图像考述[M].开封：河南大学出版社,2009:39.

等变化灵活,不同时代不同地域呈现出不同的特征。虽然图像的细节不断发生变化,但是其意义不断传承与流布。历史女娲图像具有典型的象征意义,神灵与天界是其象征的核心,反映了古代人对待生死的态度与生命观念。围绕神灵与天界,女娲及其配偶被赋予众多的神性,如创造万物、规天矩地、调和阴阳、延年益寿等。可以说,女娲图像及其图中的每个元素都有特定的象征意义,其意义与功能的重心不是简单地再现神话传说,而是凸显神性,强调神性与人们思想观念之间的紧密联系。

二、神话意蕴的传达

反观历史发展的后期,女娲图像已经不存在于私密的地下空间,而是被现实生活中的各种艺术形式所展现,既存在着偶像型构图的神像,又充满各种叙事型的故事图像。偶像型图像仍旧是神灵的象征,是对不可见物的具象化,图像内容相对固定。与之相比,叙事型图像则灵活多变,成为当代女娲图像的主要组成部分。因此,在当代叙事型图像中,女娲是神话的主人公,其神性由故事赋予,神灵天界的象征意义逐渐淡化,图像的意义依附于神话。也就是说,当代女娲图像的意义更多取决于"神话"而非"神",神话的意义便是女娲图像所蕴含的意义。为适应当代社会发展的语境,神话不断被改编和重塑,图像成为传达女娲神话意义的视觉方式,被用于宣传神话文化、普及神话知识和传达神话精神。

第一,宣传神话文化。当代女娲图像最基本的意义和功能是对神话文化的宣传,如旅游景区中的各种女娲图像、电子媒介对女娲神话的图像化等,这与当下的社会背景紧密相关。十八大以来,习近平总书记在多个场合谈到中国传统文化,表达了对传统文化及思想价值体系的认同和尊崇,并强调我们要重视"文化自信"。在这种国家意识形态的倡导下,传统文化被大力挖掘,重新复兴。女娲神话作为优秀传统文化的组成部分,被大力宣传和弘扬,图像展示也呈现出更加丰富多彩的局面。可以说,国家意识形态赋予了女娲图像存在的合理性,为女娲图像的发展提供了保障,与此同时,女娲图像可以以简单易懂的方式弘扬神话文化，帮助宣传传统文化，二者存在一种功能性的互动关系。

第二，普及神话知识。图像是人们传情达意、沟通交流的工具，人类早期根据大自然的物象特征来刻画成符号，以记录当时的情况，后来才慢慢演化成文字。人们对事物的认知首先是视觉的，进而才是意识的，图像因而成为最简单的交流书写方式，正如瓦尔特所说："图画（像）能够超越各个民族之间、各代人之间的界限和理解能力。在图画（像）中，各个民族之间、所有孩子与父母之间、外地人与本地人之间的种种直接理解可能性都会聚在了一起。"[1]图像的主要功能在于传播信息，它以直观简洁的形象承载信息，让信息易于识别和记忆。女娲图像直观简洁，人人都可以透过它看到神话，尤其是没有文字阅读能力的人，因而它是讲故事的重要方式，是普及女娲神话的重要媒介。在女娲图像叙事中，图像其实就是在呈现神话，在形成完整的"讲述"，它在被看的过程中产生表达，完成观者视觉经验到思维过程的构建。人们观看图像，在思维意识中完成对神话内容的认知，对于无文字辨识能力的观者来说更是如此。因此，女娲图像更容易将女娲神话普及到大众之间。

第三，传达神话精神。"一幅画所说的话，何止千言万语。"[2]女娲图像画面虽简洁，却传达出无数的信息，在基本的故事描绘背后隐含着无数的内涵与意蕴，包含着人们从中所能领悟到的精神和思想。创造者在绘制女娲图像时已将要传达的核心精神融汇其中，留待观者品读。女娲神话解释了宇宙、人类和文化的最初起源以及现有世界秩序的最初奠定，其中蕴含着丰富的宇宙观、世界观以及人生观，人类需要的一切美好精神和品格似乎都可以从中找到。当代社会，人们不断从女娲神话中寻求能够满足自己心理需求的部分，不断对其加工再利用，形成当下百花齐放的图像表现形态，如方特主题公园的女娲补天项目就抓住了女娲补天神话中的勇敢精神，而涉县娲皇宫景区的女娲图像则偏重女娲造人的创世精神等。孙正国在《激活认同：神话资源现代转化的关键路径》中指出："神话资源的转化实践中，神话资源本身所特有的历史内涵与民族品格

---

[1] 〔德〕瓦尔特·舒里安. 作为经验的艺术 [M]. 罗悌伦译. 长沙：湖南美术出版社，2005: 269.
[2] 〔英〕彼得·伯克. 图像证史 [M]. 杨豫译. 北京：北京大学出版社，2018: 1.

不断地被开掘出来，无论作为文学文本、文化景观还是影像艺术，神话资源都折射出特定文化传统的精神脉络。"①女娲图像通过视觉方式将神话的精神传达至观者，宣传正能量，不断提升民族品格。

在以上的历史发展背景下，本书的田野考察对象河北邯郸地区娲皇宫景区与方特国色春秋主题乐园应运而生，二者均以女娲神话文化为根基，发展旅游，促进传统文化的复兴。自2003年以来，涉县大力支持娲皇宫发展旅游，景区为建设需要填充了各种与女娲相关的图像，这些图像在内容上延续了历史女娲图像的两种构图模式，即偶像型与叙事型，偶像型图像以神像为典型，其余故事壁画及方特的女娲补天项目等则属于叙事型图像。而女娲的形象也遵循了历史发展的轨迹，人首蛇身、至尊圣母与普通女性的形象在景区和主题乐园都有体现。

河北邯郸地区的女娲图像兼具女娲信仰的深厚积淀与旅游发展的当代特色，其背后的主体活动丰富多样，造就了图像意义与功能的复杂多元。所有历史都是当代史②，我们无法呈现历史图像与当时人们之间的真实活动，只能猜测图像背后所代表的意义。但是，对于当代女娲图像来说，我们可以在熟知历史背景的基础上考察当代人们的真实活动，从而探寻女娲图像在当代社会的内容、功能与社会价值。

小　结

女娲文化与图像源远流长，在历史发展过程中，图像的内容与意义不断传承，造就了当代丰富多样的女娲图像形态。

首先，图像内容在发展过程中呈现出不同的发展路径。图像内容包含形象主体与整体构图，在分析女娲图像时缺一不可。女娲形象作为图像的主体经历

---

① 孙正国. 激活认同：神话资源现代转化的关键路径 [J]. 长江大学学报（社科版），2019 (1): 19-22.
② 黄修己. 中国新文学史编纂史 [M]. 北京：北京大学出版社，1995: 495.

了从兽形至人兽共体再至完全人形的转变,这种演变并不是简单的线性演变,而是实现多元共存的过程。在这个过程中,女娲形象逐渐演化出人首蛇身的经典化路径、至尊圣母的神化路径以及女性形象的俗化路径。女娲图像的整体构图存在偶像型与叙事型两类,偶像型图像以主神为核心,可以与观者交流,神像是其典型代表。而叙事型图像以故事叙事为主,重在表达主题。三种形象主体与两种构图是历史演变的结果,不断传承至今,是探讨当代图像的重要基础。

其次,女娲图像的意义重心不断由神灵天界的象征渐变为神话意义的传达。早期的女娲图像多出现于墓葬中,人首蛇身及其形象系统都有特殊的含义,共同代表着神灵天界,注重神性的象征意义;到封建末期图像由地下墓葬转为地上空间,种类丰富,除神像的象征意义之外,其余叙事型的图像重在表达神话的意义,强调神话所蕴含的文化内涵。图像的意义是图像所处时代人们思想观念的反映,也是当代女娲图像存在的关键前提。

最后,女娲图像的历史流变是研究当代图像的重要基础。女娲图像并非当代独有的现象,而是数千年女娲历史传统在当代的结晶。本书的考察重心——河北邯郸的涉县娲皇宫和方特主题乐园中,女娲图像丰富,它们都大体遵循了历史图像演变的基本规律,并在此基础上不断发展创新。借古观今,从历史背景出发考察当代人们围绕图像所进行的真实活动,有利于我们更深刻地了解女娲图像在当代社会的呈现及其意义。

第二章 神像与叙事：分析当代女娲图像构成的一个视角

在当代社会，女娲图像虽呈现出丰富多彩的样态，但依旧可以归属于偶像型与叙事型两类，二者的核心内容与表现形式各不相同，本章将从图像的构成场域出发来对其进行解读。图像构成场域阐释的是视觉图像的构成性特点，也可以通俗地解释为其风格、样态、样式、主题等，强调视觉图式、表现风格等形式构图与视觉构成。[1]视觉特点是图像构成的第一要素，是分析图像意义和属性的重要前提。偶像型图式是开放性的构图，注重主神的形象及象征意义，而叙事型图式则以叙事为核心，二者相得益彰，共同组成了当下的女娲图像。

第一节 娲皇宫神像的基本特征

河北涉县娲皇宫是我国规模最大的奉祀女娲的古建筑群，历史悠久，女娲文化丰富，其中图像是展示其内涵的重要方式。娲皇宫内女娲图像多达20余处（详细内容见表1-4），种类繁多，但依旧遵循了历史演变的规律，按照图像内容可以将其分为两类：第一类是神像，功能是供人们朝拜，这也是娲皇宫中数量最多的女娲图像；第二类是故事图画，如壁画、墙体彩绘等，其内容是展现女娲的各种神话。

---

[1] 韩丛耀.中华图像文化史·图像论卷[M].北京：中国摄影出版社，2017:448.

神像是偶像型图式的典型代表，是女娲图像特有的构成形式。神像以主神的形象为视觉中心，开放性的构图为特点，讲求图像与观者的沟通，它与其他视觉艺术不同，一般出现在宗教场合，不可避免带有宗教美术的意味。在娲皇宫地区，女娲神像同一而又多元——因女娲被赋予多种神格（既是人类的始祖神也是文化英雄），也就造就了多种不同的形象。因此，神像虽然一般被塑造为至尊圣母的形象，但却同时具有多样化的特征，以手持之物的差异来作为相互区分的象征符号。

一、开放式构图

涉县娲皇宫是女娲信仰的圣地，女娲在当地被称为"娲皇圣母"，普通百姓则亲切地称呼为"奶奶"，因此，娲皇宫中的神像多被命名为"娲皇圣母像"或"奶奶像"。神像是娲皇宫女娲图像中数量最多的类型，神像及其侍从像多达10余尊，主要分布于各个大殿，供人跪拜。因人们祈愿的需求不同，各个大殿的神像样貌与功能也不尽相同，它们分别掌管不同的事物，都是娲皇圣母的分身，以不同的手持之物来区分。这些神像是人们与神灵沟通的媒介，具有开放式构图与同一而多元的显著特点。

第一，神像以女娲形象为视觉中心，与周围环境共同形成开放式的构图。所谓开放式构图，即图像画面不是封闭和内向的，作为主神的女娲形象不仅仅存在于图像的内部世界，还与画外的观者共同存在于同一时空，图像内外并没有明显的画框界线。这种开放式的构图摒弃了图像的叙事性，使主题去除了时间性，其旨趣并不在于表现某一故事，而是以画外观者或膜拜者与神像直接交流为目的，为朝拜者提供了内省和冥想的焦点。当形象没有故事背景时，图像的主题就成为一个没有叙事特点的肖像，因而能进入到与朝拜者共有的现在时环境中。换言之，神像作为朝拜的焦点，担任的是人与神性的媒介角色，成为朝拜过程中的重要部分。[①]

[①] 崇秀全. 耶稣图像的象征艺术研究——以意大利12—15世纪被钉十字架耶稣图像为例[M]. 杭州：浙江大学出版社，2011: 56.

开放式构图是娲皇宫女娲神像的典型特征，它并不展现时间性的叙事，仅仅是正面危坐，视线落于朝拜者所在之处，与朝拜者总是处于同一时空中，直接交流与沟通。如娲皇宫歇马殿的娲皇圣母像，正面端坐于歇马殿正中，眼皮低垂，视线落于门槛之内，朝拜者进入门槛，跪拜抬头即可与神像眼神相遇，产生直接的交流。另外，开放式的构图由视觉中心与周围环境共同构成，女娲神像位于中心位置，直面观者，而在神像两侧的墙壁上，一般绘有关于主神的叙事型图像，用来宣扬主神的功绩，与神像共同构成庙宇的信仰空间，如绘制于歇马殿两侧墙壁的圣母回宫壁画。但是，叙事型图像在此起陪衬神像的作用，它以讲述故事为核心，人物多侧面且处于运动的状态，用画框将画内与画外空间相分隔，并不会打乱神像与观者的空间秩序，反而会在观者观看结束后再次将其目光吸引于神像之上，以此来凸显神像的中心地位。

第二，神像以女娲形象为焦点，呈现出同一多元的显著特征。娲皇宫神像数量丰富，如表3-1（见第85页），这些神像的本体同为女娲，却具有多样性的特征。首先，从姿态上来说，奶奶神像以坐式为主，兼有单腿盘坐与站立式。大殿正中一般供奉的为坐式，以显尊贵，单腿盘坐与站立式的一般位于大殿左右两侧，或是较为僻静的楼阁。其次，手持之物多样，所有神像几乎都有手持之物，各不相同，这些物件代表特定的含义。最后，神像的功能多元，除生育、补天等基本功能外，不同的神像还被赋予了各种治疗疾病的功能。这些多样性造就了神像的多种形象，每种形象都寄托了人们对神灵女娲的想象及对生活的愿景。

女娲形象延续历史图像中至尊圣母的神化路径，端庄严肃，面部慈祥，眼皮低垂，正面危坐于大殿之中，人们对女娲神灵的想象，被匠师赋予形体，塑成神像。神灵是不可见的，在信众心中却又无处不在，它可以是同一、无形且遍在，但也可以经由形体化与地域化而与特定人群、地域结合而产生不同的样貌。[①]娲皇宫的女娲神像以求子功能为核心，围绕求子生发出多种保护孩童的神像，同

---

① 林玮嫔.台湾汉人的神像：谈神如何具象 [J].台湾人类学刊，2003 (02): 142.

时，其他的文化英雄神格也造就了多种不同形象的神像，充分体现了神像同一多元的特征。

表 3-1　娲皇宫神像情况统计表

神像	供奉地	材质及制作方式	姿态	手持之物	功能
娲皇圣母像	停骖宫歇马店	泥塑	坐式	笏板	全能
广生圣母像	广生宫子孙殿	泥塑	坐式	小人	送子
眼光奶奶像		泥塑	坐式	眼睛	保护眼睛
忌风奶奶像		泥塑	坐式	持瓶握柳	防中风
水痘奶奶像		泥塑	坐式	水痘	防水痘
糠疮奶奶像		泥塑	坐式	糠疮	防疮
送子爷爷像		泥塑	站立式	书卷、小人	送子记录
催生奶奶像		泥塑	坐式	无	顺利生产
保姆像		泥塑	单腿盘坐	怀抱小孩	照顾小孩
奶姆像		泥塑	单腿盘坐	怀抱小孩	奶水正常
圣母金身像	娲皇阁拜殿	玻璃钢	坐式	无	全能
圣母持壶像	清虚阁	玻璃钢	坐式	托盘持壶	护佑善德
圣母托人像	造化阁	玻璃钢	坐式	小人	生育
圣母托石像	补天阁	玻璃钢	坐式	补天石	全能
圣母梳妆像	梳妆楼	玻璃钢	单腿盘坐	梳篦	全能

二、多样的象征符号

女娲神像是借助造型艺术形式来表达神灵依托的象征艺术，正如基督教的圣像一样，其艺术兴趣并不在于感性的规范、感性的模仿和感性的形式，却在于超越肉身、通向彼岸的可能性。[①]开放式的构图拒绝将朝拜者与神灵隔离，而是为二者之间的相互联系提供了途径。因此，神像代表的是一种超验的存在，直指经验背后的不可见之物，为其象征意义提供了充分的空间。正如法国神话学家韦尔南（Jean Pierre Vernant）对神像的论述："……作为象征，神像……所建立的关系并不是一种外在的相似性，而是……本质上的、品质上的、价值上的，……通过在异质的种种因素之间建立一种暗在的相同性，让精神得到理解。"[②]这种暗在的相同性就是神像与不可见神灵之间的象征关系，娲皇宫不同的神像象征拥有不同能力的女娲神灵，而手持之物成为特殊的象征符号。

神像手持之物是不同神灵的身份象征，杨利慧在《女娲的神话与信仰》一书中指出："中国的民间信仰是十分混杂的。诸神之间地位、职司大多不明，……，神像的外表（尤指女神）看来也几乎没有什么区别。"[③]她认为在这样的信仰行为背景中，诸神间的性格、面貌、神职等往往彼此含混模糊，并提出"适时地讲述神话，就常能将这些含混加以区分"。神话的讲述固然是对神像进行区分的重要方式，但仅就图像而言，民间将神话或日常生活观念凝聚为具体的物件，放置于不同的神像手中，也可以此区分不同的神灵，明确同一神灵的不同职司，从而为信仰行为提供具体的依托。

黑格尔在《美学》中指出："象征首先是一

图 3-1 补天广场女娲像

---

① 〔英〕鲍桑葵.美学史[M].张今译.北京：商务印书馆，1985：150.
② 〔英〕韦尔南.神话与政治之间[M].余中先译.北京：生活·读书·新知三联书店，2001：369.
③ 杨利慧.女娲的神话与信仰[M].北京：中国社会科学出版社，1997：173.

第二章　神像与叙事：分析当代女娲图像构成的一个视角 / 87

种符号。不过在单纯的符号里，意义和它的表现的联系是一种完全任意构成的拼凑。这里的表现，即感性事物或形象，很少让人直就它本身来看，而更多地是使人想起一种本来外在于它的内容意义。"① 女娲神像中的手持之物虽然只是一个具体的物件，却超越了物件本身的含义，成为一个具有象征性的符号。这些符号并不能直接描绘所要象征的事物本身，但却与事物本身之间有着相似性，一般能让观者在正常观看的条件下轻易获得理解。例如，娲皇宫补天广场的女娲像手托的五彩石，象征女娲炼石补天的伟大功绩，温婉沉静的面容代表中华民族礼让谦和、不卑不亢的精神，脖颈项链是由五彩神石串成，隐含炼石补天的神话等。

娲皇宫大殿的神像手持之物丰富，同样也具有不同的象征意义。表3-1汇总了娲皇宫现有的女娲神像，按照手持之物的不同可以分为四类，其一是手托神话之物，如造人神话中的小人、补天神话中的补天石等；其二是手托病种，如水痘、眼睛、糠疮等；其三是手持笏板或手中无物，双手被衣袖遮盖；其四是手拿梳篦，做梳妆打扮的姿势。从这四类可以看出，女娲神像的象征符号来自神话、日常生活以及道教传统，寄托着民间大众多样的生活愿望与神话观念，充分体现了民间大众的生活智慧。

（一）以神话为基础

娲皇宫是以女娲文化为主题的旅游景区，女娲神话被充分挖掘，神话中的核心元素被加以提炼，抟土造人、炼石补天、创造万物等故事被凝结于具体的物件中，如"小孩"、补天石等，这些物件或为神话中的元素，或为从故事中衍生出的物件，成为象征女娲某一功绩的实体符号，置于神像手中，代表不同的含义。

抟土造人是娲皇宫最为核心的神话，与之相关的求子习俗尤为炽盛，"小孩"是独具代表性的象征符号。娲皇宫中女娲手托小孩的神像有两处，一处是广生宫的广生圣母像，另一处是娲皇阁造化阁中的圣母托人像。位于山下的广生宫大殿正中供奉广生圣母，人们认为女娲可以掌管婚姻与生育，又将她称为

---

① 〔德〕黑格尔. 美学 [M]. 朱光潜译. 北京：商务印书馆，1979: 10.

广生圣母，俗称"送子奶奶"。广生圣母端坐于子孙殿正中，凤冠霞帔，雍容端庄，双手托一小孩，寓意"送子"。据当地文化专家介绍，广生圣母原本是《封神演义》中周文王姬昌的妻子，曾生九十九子，加上捡来的雷震子，共一百个，姜太公据此封她为广生圣母，掌管生育之事。[①] 民众并不知晓文献来源，将娲皇宫中的神像都视为"奶奶"，女娲也掌管生育，故而广生圣母也就成为女娲的另一分身，主要掌管"送子"。广生宫是山下民众活动最多的地方，"坐夜""求子""开锁"等活动都在广生圣母像前。另一处则是娲皇阁二楼造化阁中的神像，与造化万物的阁楼名称相匹配，供奉的女娲像手托小人，象征送子于人间，造化人类的蕴涵，同时也凸显了女娲抟土造人的功绩，满足民众求子的信仰需求。

炼石补天是女娲的另一重要神话，景区的多处景观皆是以"补天"命名，如补天园、补天湖、补天广场等，重在弘扬女娲炼石补天的故事和文化。神像中也存在以补天石为手持之物，以此来代表补天的神话，象征补天的文化英雄神格。如娲皇宫补天阁的神像（图3-4左图），端坐于大殿中央，右手托补天石，寓意补天，该神像与补天阁名称也互相呼应，共同来表现女娲补天的神话，因补天是女娲的主要功劳业绩，加之补天阁位于娲皇宫最高处，人们还会在此求取功名与事业。另外，娲皇宫还有关于女娲九大功绩的神话，除造人与补天外，还包含别男女、置婚姻、制笙簧、教耕稼、斩黑龙、断鳌足、造万物，这些神话元素众多，用神像的象征符号难以全部展现。但是，这七大功绩都呈现了女娲管理人间、护佑众生的功劳，遂将这一重要功绩凝结于一壶一盘之上，具有深刻的象征含义。

> 娲皇宫阁楼分别是造化阁、清虚阁、补天阁，对应的是女娲造人、别男女分阴阳以及补天的功绩。这个是清虚阁里边的女娲像，她左手托盘，右手持壶，表示女娲分阴阳别男女的意思。为什么用盘与壶呢？这个盘是一个方盘，而壶的底部是圆的，两个在一起就表示天圆地方，又因为天是乾，地是

---

① 杨荣国，王矿清. 中国涉县女娲祭祀文化 [M]. 石家庄：河北人民出版社，2013：80.

第二章　神像与叙事：分析当代女娲图像构成的一个视角　/ 89

图 3-2　广生宫子孙殿广生圣母像

图 3-3　造化阁女娲托人像

坤，盘与壶一起放在女娲手上就代表手掌乾坤，表现女娲管理天下的功能。另外，圆与方表示天与地，乾与坤，也就有阴阳之分的意思，男女又对应阳和阴，也用来表示女娲别男女、分阴阳的功绩。总的来说，盘子也象征将祥福遍布人间，水壶则表示用甘霖造福众生，也有这么一个寓意吧。[①]

清虚阁中的女娲像左手托盘，右手持壶，表现女娲分阴阳、别男女以及管理人间的伟大功绩，手中所持的盘与壶是女娲功绩及护佑大众的隐喻。这与"小孩""补天石"不同，并非直接来自神话的元素，而是综合女娲功绩与传统文化中的意蕴，归纳出其统一特征，凝结于某种具体物件之上，这个具体的物件与其象征的意义之间存在一种暗在的相同性。因此，盘与壶在此含义丰富，既表现女娲别男女的功绩，又代表女娲管理人间的神职功能，还带有降祥福洒甘霖的美好寓意。

---

① 访谈对象：郝小玲；访谈人：孙伟伟；访谈时间：2020 年 9 月 22 日；访谈地点：娲皇宫清虚阁。

图 3-4　补天阁与清虚阁中的女娲像

娲皇宫神像的象征符号充分吸收了人们熟知的神话故事元素，融合了文化与信仰两个层面的意义，既是神话的典型标记，也是民间信仰的有形载体。第一，景区挖掘女娲神话，以"小孩"来表示抟土造人的故事，用"补天石"代表炼石补天的神话，宣扬女娲造人及补天的功绩，这是对女娲文化的彰显，采用"以部分见整体"的方式，用故事核心元素来象征神话文化，传达背后的精神。所以，手持之物是神话文化的象征，具有弘扬文化的现实价值。第二，女娲神格是民间信仰的重要依托，始祖母与文化英雄是女娲比较突出的两种神格，其中始母神是女娲神格的基点和中心，其实质内蕴是繁衍、滋生。[①]在娲皇宫中展现力度最强的也是女娲的始祖母神格，神像虽以手持之物相互区分，但每一尊都具有掌管生育的功能，上面四幅图的神像面前皆有求子所用的塑料娃娃，可以说始祖母神格凭附于所有神像之中。但是，女娲神像同一而又多元，除始祖母神格贯穿始终之外，还有文化英雄神格的显现，手持之物是区分文化英雄神格的重要标记，也是辨识神灵功能的关键。

（二）从日常生活中撷取元素

娲皇宫神像不仅以神话为基础，还从日常生活中撷取元素，凝聚了民间大

---

① 杨利慧. 女娲的神话与信仰 [M]. 北京：中国社会科学出版社，1997: 29-68.

第二章 神像与叙事：分析当代女娲图像构成的一个视角 / 91

众的朴素愿望。在我国传统观念中，从出生到成年是人生的重要阶段，孩童身体抵抗力较弱，易受疾病的侵扰，所以孩童的健康成长成为广大民众的共同愿望，人们不仅通过各种人生礼仪来让孩童摆脱疾病，也将这一愿望寄托于神灵的护佑，希望神灵可以庇护孩童，让其健康成人。娲皇宫在民间求子风俗的基础上，也衍化出育儿护子的信仰，进而产生了众多关于摆脱疾病的女娲神像。这些神像主要被供奉于广生宫子孙殿，殿内以上文所述的广生圣母像为中心，两侧供奉多位手托病种的奶奶神像，每一个病种代表一种疾病，这些奶奶像便成为护佑孩童的神灵，既可以治疗不同的疾病，也可以保护孩童不受此种疾病的叨扰。

在广生圣母像左边是眼光奶奶和忌风奶奶（图3-5），眼光奶奶面部圆润，双手在胸前捧一只大眼睛，表明她负责护佑孩童的眼睛明亮，治疗眼疾；忌风奶奶则较为清瘦，面部表情凝重，双手持瓶握柳，负责护佑孩童避免中风，治疗风火感冒及头痛。右边依次为水痘奶奶和糠疮奶奶（图3-6），水痘奶奶手托水痘，负责防止孩童感染水痘；糠疮奶奶手托糠疮，负责治疗与预防糠疮。眼疾、中风、水痘、糠疮这四种都是婴幼儿易患的疾病，民间对幼儿的成长及疾病十分重视，在医疗不发达的时代，人们相信神灵，通过向神灵祈福来护佑孩童不受病魔困扰，但神灵职司繁多，难以具体区分各种疾病，人们便在此塑造了众多专门负责呵护幼儿治疗疾病的奶奶像。

图3-5 子孙殿眼光奶奶像、忌风奶奶像

图 3-6 子孙殿水痘奶奶像、糠疮奶奶像

图 3-7 子孙殿保姆像与奶姆像

此外，在大殿两侧还有四尊塑像，分别是保姆、奶姆、催生奶奶与送子爷爷。保姆与奶姆（图3-7）位列大殿左右两侧，表情和蔼，单腿盘坐，保姆怀抱一小儿，膝下两小儿嬉戏，寓意保姆负责看护孩童；奶姆则怀抱一幼儿，用衣物遮挡，正在喂奶，保佑孩子有充足的奶水。在保姆与奶姆两侧分别站立着送

子爷爷和催生奶奶（图3-8），送子爷爷手中拿书，负责登记信众所许愿望，怀揽包袱奉广生圣母之命将小孩送往各家各户；催生奶奶则是民间的接生婆，护佑孕妇顺利分娩。

图 3-8 子孙殿催生奶奶像与送子爷爷像

广生宫子孙殿塑像群是极具民间特色的神像群，是在求子的基础上衍生出的护子神像，这些神像富有生活气息，与民众日常紧密贴合，表明了民间女娲神像的塑造不只是艺术的生产，还是日常生活的凝聚。这些神像虽被命名为不同的"奶奶"，但都是娲皇圣母，因而同一个神灵却具有多样的功能。神灵只有一个，但人们对生育和孩子健康的愿望却是多样的，为了能将具体的愿望有所依托，人们塑造了不同功能的神像，也可以说，人们创造了无数女娲的分身，来负责不同的职司。

除供奉与孩童成长相关的神像外，人们还会将日常生活行为灌注于神像身上。在娲皇阁旁边的梳妆楼，一楼供奉送子观音，二楼则为圣母梳妆像和碧霞元君躺卧像，在造像的旁边还有梳妆所用的镜子及用品。梳妆楼的神像与其他大殿庄严的神像不同，女娲单腿盘坐，未穿鞋袜，正在梳妆，表情也较为轻松，而碧霞元君左侧躺卧，单手撑头，似在睡觉。景区工作人员称，梳妆楼为女娲炼石补天后的休息之所，碧霞元君因补天而劳累，躺卧于此小憩。梳妆楼是人们为女娲休息专门建立的，此处的女娲像不受过多人的朝拜，人们怜惜女娲炼石补天后的过度劳累，因而很少在此朝拜吵闹，还为碧霞元君盖上绸缎，以防着凉。梳妆打扮、躺卧休息都是日常生活中人们劳累之后的真实行为，将人类的行为活动掺入神像之中，使得神像具有世俗生活的气息，其中神像手拿的梳篦及其动作姿势都是世俗生活的象征，代表女娲正在梳妆休息。

图3-9 梳妆楼女娲梳妆像与碧霞元君躺卧像

另外，人们想象神灵有时要下山巡游，便塑造了便于出行的小神像及小凤辇，也是将民间生活赋予神像的表现。在歇马殿右前方的角落，放置着娲皇圣母的小像与轿子（图3-10），神像为鎏金材质，轿子为木质，仿造大殿的建筑形式而制，红漆明柱，抱厦出廊，轿门右侧有韦驮小像，上面装饰着众多的灯笼及红绸子大红花，圣母端坐其中，神情和蔼慈祥。这尊小像和轿子是民间祭祀"上社"活动时，迎神和送神所请的神像。"上社"是当地每年对娲皇圣母的隆重祭礼，现共有七大社，唐王峧社"上社"所迎送的神便是停骖宫的小神像，又称"下山老奶奶"。相传该小神像在"文革"时期被唐王峧高家庄的村民藏于家中加以保护，改革开放后才放置于歇马殿，供奉至今。

每年农历二月二十七，由担任主持的村子把小神像用本村的凤辇请回村里，搭台唱三天大戏，沿途路过的村庄也都要摆上供品，以示迎接；到三月初一上午，再摆开大社将小神像送回停骖宫，本村只留神位，并负责上香供奉一年。这尊小像与大殿庞大的神像不同，它体积小，方便活动，神灵依附于小像便可以下山巡游，到村落中接受朝拜，并去各村各户护佑大众。此处的小神像象征神灵如人一般具有出行的需要，是神灵具象化的重要表现。

图 3-10　歇马殿圣母小像与凤辇

（三）吸收其他宗教的养分

除以神话为基础与撷取日常生活元素之外，女娲神像也受到其他宗教的影响，从佛教、道教等宗教元素中吸收养分，为我所用，形成民间信仰与其他宗教相互掺杂的特色。中国的神灵世界，是驳杂繁冗的大杂烩。[1]娲皇宫供奉的神像除了女娲，还有佛教中的弥勒佛、千手千眼观音、四大菩萨，道教中的紫霞

---

[1]　杨利慧. 女娲的神话与信仰 [M]. 北京：中国社会科学出版社，1997: 112.

元君、碧霞元君、吕洞宾、王灵官等，以及民间信仰的三官、华佗等神祇，这些神祇队伍庞杂，谱系也含糊混乱。杨利慧在论及我国的民间信仰时谈到：

> 中国的民间信仰是颇为驳杂的，其中既有来源不同的本土各种原始巫术与宗教的遗留，也有来源于儒（有些学者将儒学也称为儒教）、释、道及其他宗教体系的神灵和观念。但从未有过一种占绝对主导地位的宗教。杂学旁收、兼容并蓄，形成了中国民间信仰中庞大的神灵队伍和驳杂的信仰观念。女娲神话在后世的流传中，往往不免受到民间信仰中各种宗教因素的影响，在人物形象、内容和表现形式上都发生了一定的改变。①

正如杨利慧所说，我国民间信仰中神灵是庞杂的，各种神像经常混杂出现于同一庙宇之中。同样，这种现象也映射到娲皇宫的神像上，受佛教、道教等的影响，女娲神灵的身份游移不定，其神像与其他宗教的神像被供奉于同一楼阁，甚至同一大殿之中，手持之物也受道教神像中法器的影响，手拿笏板，以显示其神灵身份与职司。

第一，纳入其他宗教的神灵，与女娲神像并置。娲皇宫的梳妆楼一楼供奉送子观音，二楼为女娲梳妆像与碧霞元君躺卧像，在一座阁楼中，供奉了不同宗教信仰中的神祇。观音是佛教中的神灵，碧霞元君则是道教中的神祇，女娲则是民间信仰中的始祖母，三者虽属不同的宗教，却都具有掌管生育、繁衍的职能，在形象上也颇为相似，人们并不对其谱系进行明确区分，而是以实用需求出发，将与娲皇圣母功能相似的神灵放置于同一个阁楼，统一视它们为"送子娘娘"。另外，在停骖宫中，碧霞元君与紫霞元君像位列娲皇圣母两侧（图3-11），与圣母相比，两位元君面部较为清秀，衣着也相对简单。关于碧霞元君、紫霞元君与女娲的关系，当地的神话说，两位女神在女娲补天过程中立下汗马功劳，而且因女娲抟土造成的人不懂欢乐和爱情，紫霞元君便从南方取来一笙，碧霞元君从北方取来一簧，女娲把簧纳入笙中，做成笙簧，轻轻一吹，发出乐声，人们听后便知

---

① 杨利慧. 女娲的神话与信仰 [M]. 北京：中国社会科学出版社，1997: 114.

道了欢乐和爱情。①民间根据这类神话将道教人物融进女娲神话，并将两位元君供奉于圣母两侧。无论是从实用需求出发，还是根据当地神话，娲皇宫中的神像始终以女娲为核心，其他宗教中的神灵只是因各种原因而被纳入其中，或是与女娲有相似的功能，抑或是与女娲在传说故事中有关，它们仅仅起到丰富和陪衬女娲神像的作用，并不会引起女娲神灵地位的变动。

图 3-11　停骖宫歇马殿的娲皇圣母像（中）与紫霞元君（左）、碧霞元君像（右）

第二，女娲神像的手持之物吸收道教神像塑造的传统。与上文所述的手持之物不同，停骖宫的娲皇圣母像手持笏板（图3-11中图）。笏板，又称朝板、圭简，是古代大臣面见君王时手持之物，曹国舅成仙之前为朝廷大臣，其法器便是笏板。笏板在道教中是斋醮的法器，起人神沟通的作用，上面一般刻有符文或符箓图案，多为木制或象牙制，其中用玉或金做成的多为天神用物，道教中众多神像都是手持笏板的形象。上图中，娲皇圣母端坐其中，凤冠霞帔，雍容华贵，身披百姓还愿所献的绸缎，手中持笏板。笏板上刻画有道教的图案，说明民间神像的塑造吸纳了道教的元素，将笏板放置于神像手中，代表娲皇圣母的身份为天神，可以沟通神界与人界，笏板在此带有威严、庄重且法力无边的意蕴。笏板在此也是身份等级的象征，圣母像两侧的元君像手中并无法器，衣

---

① 杨荣国，王矿清. 中国涉县女娲祭祀文化 [M]. 石家庄：河北人民出版社，2013: 80.

袖遮盖双手，表明二者在身份等级上是从属地位。

女娲信仰在民间分布广泛，河南、山西、甘肃等地皆有供奉女娲的庙宇，涉县娲皇宫所供女娲神像具有独特的地方特色，这种特色表现为显著的生活性与包容性。第一，娲皇宫中的女娲神像充满生活气息。各位治疗疾病的奶奶像，源自现实生活中孩童常染之病，人们祈求神灵的护佑，各种奶奶像作为神明灵性的媒介物，在护佑孩童的愿望下诞生。女娲梳妆像与凤辇中的"下山老奶奶"不同于端坐在大殿中的神像，它们分别是神灵休息与出行的象征，人们将神灵物化，又由物及人，物人不分，将人类的普通生活灌输于神像之中，神灵被赋予神力的同时也接受着世俗生活的元素。第二，娲皇宫神像具有强大的包容性。民间宗教与佛教、道教相融合，梳妆楼中女娲与佛教的送子观音同在，停骖宫中女娲与道教人物紫霞元君、碧霞元君并列，女娲跨足于各个宗教领域，多种信仰在娲皇宫互通交织，共同促成了多元的女娲形象。这些神像既来源于神话，又融入生活，兼容并包，形成独具地域特色的女娲文化。

神像的象征符号具有显著的多样性，这些象征符号是区分神灵身份、职司的重要标志，是民间智慧的结晶。"长期信仰史上的多种文化构成，群众的实用心理以及混沌的民间思维等，在中国民间信仰的存在、发展过程中是相互缠结、综合作用的，其结果便形成了民间神灵信仰的庞杂、含混以及有序之中又相当无序的状态。"[1]虽然在民间信仰中，各种神灵含糊不清，人们在拜神时以实用为主，对神灵的区分不以为意，但民间却自有辨认神灵身份的办法，他们将象征不同含义的物件放置于各种神像上，简单明了地便将神像进行了区分，使得各种神灵在含混、无序中又显得清晰和有序，甚至根据这些物件及含义为神像重新命名，不断明晰各个神灵在其心中的职司与功能。

综上所述，神像作为当代女娲图像构成的一部分，它以开放式的构图为特点，使得朝拜者能直接与其沟通交流。神像将女娲形象作为视觉中心，依旧传承历史上至尊圣母的神化形象，但在发展过程中，形成了多样的面貌，具有同

---

[1] 杨利慧. 女娲的神话与信仰[M]. 北京：中国社会科学出版社，1997: 210-211.

一而多元的特性。不同的女娲神像以手持之物作为区分的象征符号，这些符号来自神话、日常生活与其他宗教，以深厚的神话元素为基础，凝聚民间愿景与日常生活，并从其他宗教中吸取养分，使得女娲神像及其象征符号具有多种不同的象征意义，代表着多种神格，成为辨识神灵不同功能的重要标志。因此，娲皇宫的女娲神像极具地域特色，具有强大的生活性和包容性，寄托着民间大众对生活的美好愿景。

第二节 女娲故事的图像叙事

叙事图式是展示女娲神话的图像，是当代女娲图像的主要构成部分，也是当代神话资源转化中形式最为灵活的图像形式。叙事型图像的表现形式丰富，雕塑、绘画、民间工艺等都可以成为其展现方式。随着技术的发展，图像故事的展示性和体验感越来越强，情节更加丰满细腻。叙事图式强调图像的叙事性，将故事的时间线索放置于空间中加以表达，叙事的模式根据图像所能展示情节的长短而有所差异，与文字叙事之间有着复杂的关系。

一、图像叙事的本质

叙事型图像以展现故事情节为核心，与神像相反，它是闭合式的构图，画内是神话发生的空间，而画外是观者，画框将二者相互隔离。叙事型图像并不追求与观者的交流，而重在呈现故事内容，图像中的人物多为侧面，处于行动的状态之中，如女娲斩黑龙、补天的姿势等。因此，叙事型图像旨在用视觉图像来呈现故事内容。那么图像是如何来完成神话叙事的？下面我们首先对神话图像叙事的本质进行探讨。

要想探究神话图像叙事的本质，需要先认清神话图像的本质。关于神话图像的性质，神话学者王倩指出："作为神话的研究对象之一，神话图像在属性上有两种特征：其一，它是一种形态比较特殊的图像，反映了既定历史时期人们的思维与感知方式；其二，神话图像又是神话的一种样态，它以视觉符号的形式表现了故事情节。这样，神话图像便兼具图像与神话的双重属性。"①神话图像既具有艺术传统上的审美特征，又包含丰富的神话内容，因而它是一种视觉上的神话，不可避免地带有叙事的特征。

神话图像叙事与其他书面和口头上的叙事不同，书面和口头叙事依托于基本的语词，而图像叙事却依托于视觉形象的图像，正如英国艺术学者保罗·克劳瑟（Paul Crowther）所说："一幅画的产生可能是为了表现一个特定的人、一个特定的建筑物或一件特殊的历史事件。但是，从严格的逻辑角度讲，在一幅画表现任何特定的事物、人物或状态之前，它是一种图像。"②因而图像的性质是图像叙事的前提，图像属于美术，在感知方式上首先是视觉的，在存在方式上要占有一定的空间，因此具有造型性、视觉性和空间性的特征。同时，图像又是静态的，只能表现出事物的一个瞬间的状态，而且形象一经完成就固定不变，因此又具有静止性、瞬间性与永固性。这六个特点中，起主导作用的是造型性与静止性，其他特点都是由此生发。造型性是美术的基本特征，这种特征使得图像擅长于刻画事物的外部形态，一切内容都要通过外部形态来表现，具有空间性；静止性又决定了图像只能描述事物的瞬间状态，不能表现运动和情节发展的过程，即使用多幅连续性的画面来表现一个一个情节，能够提供出来的也是这个过程中的某些瞬间。③

图像的造型性和静止性生发了空间性与瞬间性，这两种性质是接近神话图像叙事本质的主要特性。英国哲学家怀特海认为："瞬间性是在一瞬间的所有自然的概念，在这里瞬间被认为是丧失了所有时间扩延的东西。例如，我们在一瞬间想到物质在空间中的分布。"④瞬间是极短的一个时间概念，它必须要凝固于空间中的物质才可被表现，女娲补天的瞬间被创造者捕捉，将其凝固于壁画

---

① 王倩. 神话学文明起源路径研究 [M]. 北京：中国社会科学出版社，2015: 27.
② 〔英〕保罗·克劳瑟. 20 世纪艺术的语言：观念史 [M]. 刘一平等译. 长春：吉林人民出版社，2003: 9.
③ 王宏建. 艺术概论 [M]. 北京：文化艺术出版社，2011: 87.
④ 〔英〕阿尔弗雷德·怀特海. 自然的概念 [M]. 张桂权译. 北京：中国城市出版社，2002: 55.

之中，它以空间的形式永久保存了补天的瞬间。叙事学研究专家龙迪勇在谈及图像叙事的本质时认为："叙事是在时间中相继展开的，它必须占据一定的时间长度，遵循一定的时间进程。要让图像这样一种已经化为空间的时间切片达到叙事的目的，我们必须使它反映或暗示出事件的运动，必须把它重新纳入到时间的进程之中，也就是说，图像叙事首先必须使空间时间化——而这，正是图像叙事的本质。"[1]该描述同样适用于情节型的神话图像，具体来说，神话图像叙事的本质是用图像这一空间展示方式来凝固或表现神话中的某一（些）瞬间，从而为观者提供一种视觉上的瞬间叙事。当然，瞬间的数量可多可少，瞬间的选择与排列决定了叙事的情节与外延。

二、从母题到情节的叙事模式

在明晰神话图像叙事的本质之后，再来探讨神话图像叙事的模式，便可以发现神话图像叙事的模式本质上是神话所凝固瞬间的模式。美国艺术史家马克·D.富勒顿（Mark D. Fullerton）在《希腊艺术》一书中将希腊神话的图像叙事模式分为单一场景叙述、纲要式叙述与循环式叙述。单一场景叙述表现的是某一特定时间点上发生的事情；纲要式叙述也叫综合性叙述，表现的不仅仅是故事中的一个场景，而是把故事各个阶段的很多要素都综合在一起，表现各个时间段一系列事情；循环式叙述就是把一系列情节融合在一起，这种叙述并不是按照时间先后顺序讲述整个事件或故事，但故事中暗含某种顺序，因此欣赏者可以对其理解。[2]

龙迪勇将富勒顿的图像叙事运用到图像的具体分析中，并将图像叙事分为单幅图像叙事与系列图像叙事，单幅图像叙事是指在一幅单独的图像中达到叙事的目的，如绘画、雕塑等，而系列图像叙事是在多幅图像中连续达到叙事目的，如摄影、电影、电视等。他认为单幅图像叙事的理论和模式问题更为基础，只有在解决了这一问题的基础上才能进入到更为复杂的系列图像叙事问题的探

---

[1] 龙迪勇.空间叙事学[M].北京：生活·读书·新知三联书店，2015: 419.
[2] 〔美〕马克·D.富勒顿.希腊艺术[M].李娜，谢瑞贞译.北京：中国建筑工业出版社，2004: 98-101.

讨。他根据各自对时间的处理方式，将单幅图像叙事的模式按照富勒顿的模式进行分类，但并没有对系列图像的叙事模式做细致分析，仅仅指出了系列图像叙事尤其是电影叙事的本质潜藏在镜头的选择与组接之中。[①]龙迪勇对图像叙事模式的分析深刻独到，对图像叙事研究具有重要的引导作用，但其分类仍存在着一些问题，例如他将图像叙事分为单幅图像叙事与系列图像叙事，而在后面的叙事模式讨论中，单幅图像叙事是从时间性的角度具体再划分为三类，而对系列图像叙述的讨论似乎又回到空间性的维度，去探讨各个片段与空间的组接。系列图像是由多个单幅图像组成，从对时间处理的方式上来讲，系列图像叙事表现的是多个瞬间，而单幅图像叙事展现的是单一或较少的瞬间，二者本质仍是一致。从不同维度来区分，如若再对系列图像叙事继续细分，将会与单幅图像叙事的类别划分不在同一层面上，便会容易引起交叉与混乱。

本书认为单幅图像叙事与系列图像叙事本质是一致的，都是将空间时间化，只不过空间类别不同，时间化的程度有别而已，因而将其分别分类讨论是不必要的。具体到神话图像，本书借鉴富勒顿的模式分类，根据神话所凝固瞬间的模式，即对时间的处理，将神话图像叙事分为单一母题叙事、纲要式叙事与情节式叙事三种。

（一）单一母题叙事——凝固叙事的高潮

史蒂斯·汤普森（Stith Thompson）在1946年出版的《民间故事论》中，对母题的内涵做了界说："一个母题是一个故事中最小的、能够持续在传统中的成分。要如此，它就必须具有某种不寻常的和动人的力量。"[②]汤普森还将母题分为三类：第一类是故事中的角色，第二类涉及情节的某种背景，第三类是那些单一的事件（它们囊括了绝大多数母题）。本书所要讲的单一母题叙事使用的是以上汤普森的概念，主要集中于其所描述的第三类母题，即单一的事件。

单一母题叙事是指图像仅以神话母题为展示内容，此类叙事凝固了整个故

---

① 龙迪勇.空间叙事学[M].北京：生活·读书·新知三联书店，2015：426-455.
② 〔美〕史蒂斯·汤普森.世界民间故事分类学[M].郑海等译.上海：上海文艺出版社，1991：499.

事最高潮的一瞬间，而这最高潮的顶点就是神话始终如一的母题，对于女娲神话来说，如补天、造人、斩黑龙等的一瞬。莱辛（Gotthold Ephraim Lessing）在《拉奥孔》中指出，"艺术由于材料的限制，只能把它的全部模仿局限于某一顷刻"，并认为："绘画在它的同时并列的构图里，只能运用动作的某一顷刻，所以就要选择最富于孕育性的那一顷刻，使得前前后后都可以从这一顷刻中得到最清楚的理解。"[①]龙迪勇也持这种观点，认为图像单一场景叙述是"最富于孕育性的时刻"，这一时刻需要让人看出前因与后果，不能到达顶点，到顶就到了止境。这一解释对于大多数图像来说是完全适用的，众多艺术品都是绘制出最耐人寻味且富有孕育性的一瞬间，但具体到女娲神话图像来说，其叙事最有效的表现在于展示故事的高潮，如英国古希腊罗马艺术研究专家苏珊·伍德福德（Susan Woodford）在描述希腊神话图像时认为："最具戏剧性的瞬间捕捉的是动作发展的最高点，即故事的高潮，因此大多数艺术家会选择赫拉克勒斯杀死涅墨亚狮子、奥德修斯刺瞎波吕斐摩斯或者埃阿斯自杀的场景。"[②]

就当下的女娲神话图像来说，单一母题叙事与伍德福德所描述的希腊神话图像一致，是通过瞬间捕捉动作发展的最高点来展现的。前文所述的娲皇宫女娲文化馆前的女娲补天故事圆雕、女娲斩黑龙浮雕、功德园的九大功绩图都是典型的单一母题叙事。女娲补天故事圆雕（图3-12），仅将女娲补天的姿势展示出来，双手托石，正要补天。创作者将女娲补天的神话母题作为展现核心，将补天这一瞬间动作凝固于雕塑中，关于补天的前因后果并未做过多暗示，简单直接地突出要表现的神话。又如九大功绩图（图3-13），九幅图展现了女娲的九大功绩，直接将做出功绩的九个瞬间凝结，以别男女的功绩图为例，女娲在上，一男一女分隔两岸，图像展示了女娲正将男性和女性分隔开来的瞬间，以此来照应"别男女"的母题。

---

① 〔德〕莱辛.拉奥孔[M].朱光潜译.朱光潜全集（第17卷）.合肥：安徽教育出版社，1989：23+94.
② 〔英〕苏珊·伍德福德.古代艺术品中的神话形象.贾磊译.济南：山东画报出版社，2006：29.

图 3-12　女娲补天雕塑　　　　　　　　　　　　图 3-13　女娲别男女浮雕图像

单一母题叙事最大的特点是简洁明了，直述母题，没有过多的情节介绍以及烦琐的细节，观者可以直接领悟其要表达的神话内容，因而此类图像多用于公共空间，甚至成为文化的标志，用于宣传和普及最为基础的神话知识。另外，因单一母题叙事图像较为简单，无法展示故事细节，因而对观者的知识要求较高，观者需具备一定的神话知识，才可一眼看到其要表达的内容。而对于不具备神话知识的观者，此类图像便成为普及文化的媒介，生发出讲述者的语词叙事，如导游对图像故事的讲述等。

（二）纲要式叙事——拼合叙事的元素或情节

神话图像的纲要式叙事是指以母题为中心，把故事发展阶段中的不同元素或情节进行拼合，融合进一幅图像，观者可以从图像中看出神话叙事的纲要和梗概。此类模式与龙迪勇所述的纲要式叙述一致，他提出："纲要式叙述模式的要点在于：在一幅单独的图案中，把故事各个发展阶段中的多个事件要素纲要式地综合在一起，从而让人在意识中完成整个叙事过程。"因而，"此类模式的时间处理要点是：把相继发展的属于不同时段的瞬间提取出来，并通过一定的组合方式，把它们并置在同一空间，表现在同一画幅上。"[①]纲要式叙事以拼合

---

① 龙迪勇. 空间叙事学 [M]. 北京：生活·读书·新知三联书店，2015：439.

第二章 神像与叙事：分析当代女娲图像构成的一个视角 / 105

图 3-14 景区大门的"女娲补天"彩绘

叙事的元素或情节为实现方式，围绕母题，来展现神话的大概内容，观者只可接收故事的梗概，而完整的叙事过程则在其意识中完成。

纲要式叙事内容的拼合有两种：一种是同一神话内各个阶段不同元素或情节的拼合，另一种是不同神话的元素或情节（或不是神话的其他元素）拼合到同一幅图像的叙事中。如娲皇宫补天广场的浮雕（除斩黑龙之外）、景区大门的彩绘皆属于纲要式叙事，其中，景区大门彩绘叙事的拼合为第一种方式，而广场浮雕属于第二种拼合。以景区大门的彩绘壁画（图3-14）为例，该壁画主体以女娲补天图像为中心，其叙事是以补天母题为核心，周围增加了四个火炉、四根柱子以及下方的波浪等元素，火炉是炼石炉，表明女娲炼石的事情，四根柱子即鳌足的撑天

图 3-15 "抟土造人"浮雕

柱，这又是女娲断鳌足的片段，而下方的波浪显示补天之前的洪水滔天。整幅图像将女娲补天这一神话中的各个元素融合，除补天的母题之外，还额外增添了洪水、断鳌足、炼石的过程，勾勒出女娲补天神话的大概情形，观者可以捕捉到这些元素和信息，将其在自己的意识中拼合，继而完成整个神话叙事。又如补天广场的抟土造人浮雕（图3-15），它是融合多个神话中的不同情节和元素，以女娲捏泥人为图像的中心，增添了教耕稼、置婚姻的神话元素，此外，还拼合了并未出现于神话中的制衣裳、教渔猎采摘等元素，构成了以女娲造人为核心、教人类生产生活的叙事内容，其故事梗概相对较为完整，观者可以通过母题和元素识别出整个叙事内容，但这种拼合方式融入了神话之外的其他元素，因而也就在原有女娲造人的神话之上又形成新的叙事。

神话图像的纲要式叙事以母题为中心，母题的瞬间在空间上所占位置明显，比例较大，各个元素多分布于母题周围，用以填充图像。纲要式叙事的图像注重细节，构图较满，画面丰富，也较为美观，多用于解释主要建筑或图像。相较于单一母题叙事来说，这种方式显然对观者的吸引力更大，观者一般难以一眼望定，需要驻足观看，在脑海中将各个要素串联起来才可体会完整的叙事内容。

（三）情节式叙事——追求叙事的整体情节

情节式叙事，即情节完整的叙事模式，图像中叙事的起因、过程及结果齐全，并且有一定的先后顺序，观者可以从图像中看到一个有完整情节的故事。此类图像叙事的模式凝固多个瞬间，或者将多个神话按照先后顺序重新组合成新叙事，一般情节式叙事图像是由两幅或多幅图像组合而成，每幅图讲述各自时间段内的故事，各自有各自的叙事方式，或为单一母题叙事，或为纲要式叙事，组合到一起，形成情节完整的叙事。神话图像叙事的本质决定了其无法达到完整叙事的效果，因而创作者努力完善各个情节，安排好先后顺序，对各阶段的细节元素突出显示，以两幅或多幅的形式来使其叙事情节完整，以追求整个叙事趋向完整的理想状态。龙迪勇所说的系列图像叙事，如故事画、连环画以及电影、电视等都属于情节式叙事，他们之间的不同仅是所取瞬间的数量不同，如电影、电视所取的瞬间大到无可计量，但其仍是情节式的叙事，难以真

第二章　神像与叙事：分析当代女娲图像构成的一个视角　/ 107

正达到如文字般极其细腻的完整叙事。

情节式叙事实现的方式有两类：一是对一个完整的故事拆分，用多个情节先后展示；二是融合不同的神话，将其按顺序排列，组合成新的叙事。娲皇宫中娲皇阁的壁画以及下文要探讨的民间剪纸艺人梁晓的故事剪纸都属于情节式叙事，其中娲皇宫清虚阁的女娲灭纣壁画采用第一种实现方式，造化阁女娲造人壁画、补天阁女娲补天壁画以及梁晓的故事剪纸属于第二种。以清虚阁的女娲灭纣壁画（图3-16）为例，女娲灭纣在《封神演义》的记载中是一个完整的故事，而在此图像叙事中，分为四个画面，第一个画面为纲要式叙事，选择了商纣王率百官看见女娲的瞬间，左上角的题诗为重要的补充元素，此画面交代了叙事的起因；第二幅图像为单一母题叙事，仅描绘了女娲向三个妖精传达命令的瞬间，用这一个瞬间传达了三个妖精下界的过程，并无过多解释的画面；第三幅图为纲要式叙事，以商纣王沉迷酒色、荒淫无道为核心展现，四周配以周武王讨伐、鹿台焚烧等元素，介绍了武王伐纣的故事梗概，并通过焚烧等元素告知了商纣王的结局；第四幅图为单一母题叙事，仅描述了女娲与被人押解的三个妖精交谈的瞬间，呈现了叙事最后的结果。整个图像叙事情节完整，起因、过程及结局都在图像中得以叙事，因而整体趋于完整。

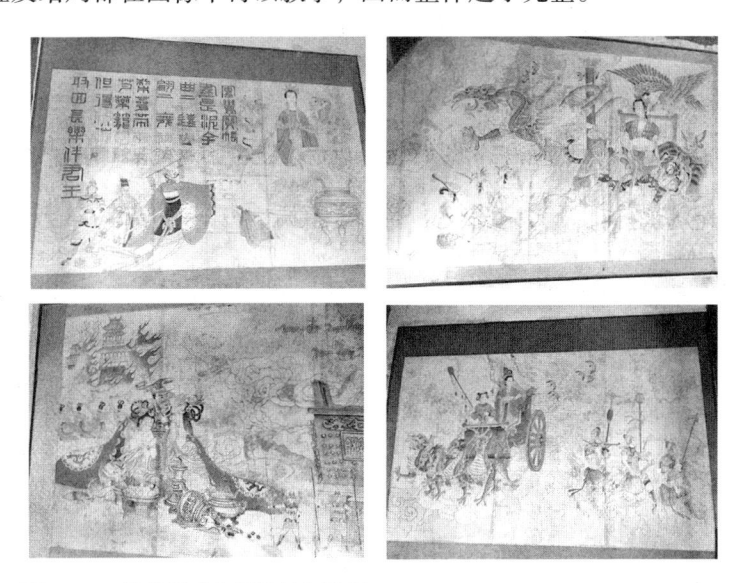

图3-16　清虚阁"女娲灭纣"壁画

又如梁晓的故事剪纸（图3-17），先后融合了洪水、滚磨盘①、造人、补天四个不同的神话，按照先后顺序将其串联成一个情节完整的叙事，第一幅图描述伏羲女娲躲在葫芦里的瞬间，为单一母题叙事，表明起因；第二幅图定格在滚磨盘的瞬间，但创作者用磨盘的行动轨迹及磨盘合在一起来展示其滚下来的动

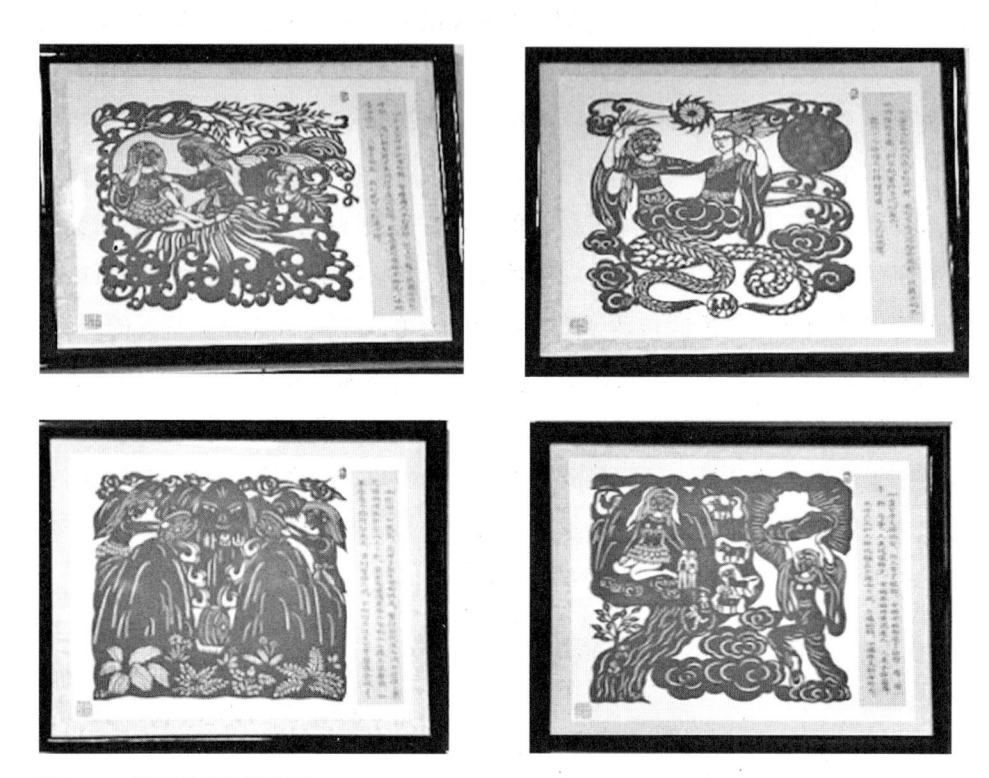

图 3-17 梁晓女娲神话剪纸

态过程，这也是一种对动态叙事的追求，整个也属于单一母题叙事，描述了过程；第三幅图紧接着第二幅图，便是伏羲和女娲结成婚姻，借用人首蛇身交尾图表示二者喜结连理；第四幅图为婚后的造人，创作者并未考虑到前后的矛盾，

---

① 远古传说中，伏羲、女娲兄妹俩在洪水暴发时躲在葫芦里保全了性命，然而世上只剩下兄妹俩，繁衍后代成了问题。他们卜卦，卦象告诉他们分别从两座山的山头各执一扇磨盘往山底滚，如果磨盘合拢，就是天意允许他们结为夫妻，担当起繁衍后代的重任；如果磨盘不合拢，则说明有悖人伦。最后两扇磨盘竟合拢在一起，他们便顺从天意而合婚成亲，繁衍人类。

直接将女娲捏泥人的神话母题再次展现，造人之后又为人补天，增添了补天的神话瞬间，属于纲要式的叙事。四幅图分别取自不同的神话，将起因、过程与结束完整呈现，整体上是一种情节式的叙事。

情节式的叙事较为复杂，其基本特征是情节相对完整，由多幅属于不同叙事模式的图像组成，可以说是前两种叙事模式的组合。情节式叙事最重要的是对情节的选择，要符合情节的主要线索才可前后连贯，共同完成叙事，因而情节式叙事的图像中多是关键事件和瞬间。观者可以通过此类神话图像了解整个神话叙事的过程，只需拼凑各个画面中的元素，而无须询问前因后果，此类图像叙事模式适合对故事情节有兴趣、想要深入了解的观者。

随着现代技术的发展，图像叙事的情节愈加细腻和丰富，空间性与瞬间性之间的矛盾逐渐在缩小，叙事情节的完整性也越来越高。如虚拟景观中的神话图像叙事，它用动态的图像与观者的行动轨迹相跟随，使人时刻处在不断变化的情节之中，大大延长了图像的时间性，使图像叙事的情节趋于完整。虚拟景观的动态展示快速连接了图像所展示的各个瞬间，但并未改变图像凝结瞬间的本质，仍旧是多个瞬间组合而成的情节式叙事。

神话图像叙事的三种模式并不是相互独立的，它们多数情形下相互糅杂，相辅相成。单一母题叙事是最基本，也是最小单元的叙事模式，纲要式叙事在单一母题式的基础上增添元素，而情节式叙事更是二者的结合，离开二者，并不存在单纯意义上的情节式叙事。无论是哪种叙事模式，它们的本质都是定格的瞬间叙事，因而神话图像的叙事并不能达到如文字般完整的叙事，而只能无限接近这一理想状态。

三、图像叙事与文字叙事

罗兰·巴特曾说："对人类来说，似乎任何材料都适宜于叙事：叙事承载物可以是口头或书面的有声语言、是固定的或活动的画面、是手势，以及所有这些材料的有机混合；叙事遍布于神话、传说、寓言、民间故事、小说、史诗、历史、悲剧、正剧、喜剧、哑剧、绘画、彩绘玻璃窗、电影、连环画、社会杂闻、会话。"①可见，叙事的承载物众多，图像、书面与口头都是叙事的基本方式和手段，口头叙事充满灵活性，甚至转瞬即逝，它与图像叙事之间的关系十分复杂，本书还未有证明其关系的充分材料，因而在此先对图像与文字之间的关系稍作讨论。

图像与文字是图像研究的经典议题，当下众多学科对二者进行过探讨，如历史学、艺术学、叙事学等。英国史学家彼得·伯克（Peter Burke）在《图像证史》中强调了图像与文本对于历史研究的价值："尽管文本也可以提供有价值的线索，但图像本身却是认识过去文化中的宗教和政治生活视觉表现之力量的最佳向导……图像如同文本和口述证词一样，也是历史证据的一种重要形式。"②彼得·伯克认为图像是过去文化重要的向导，图像与文字、口述证词一样，都是历史证据的一种形式。德国艺术学家瓦尔特·舒里安（Walter Schurlan）认为："大自然的多样化是更容易安置在图画里而不是在话语里的。……话语有可能比图画真实或更真实，但是，同被现实性大大净化了的话语比较起来，图画中包含的观点具有更丰富的色彩、更丰富的内容，也更鲜艳夺目。"③瓦尔特的"话语"指的语词，即口语与文字，他客观分析了图画与话语各自不同的特点，认为话语更为清晰和真实，而图画包含的观点和内容则更为丰富多彩。我国历史上也有众多关于图文的讨论，如西晋文学家陆机提出"宣物莫大于言，存形莫善于画"④的观点，唐代张彦远在《历代名画记》中写道："记传所以叙其事，不能载其容，赋颂有以咏其美，不能备其象，图画之制，所以兼之也。"⑤古人很早就意识到图与文不同，二者都可以叙述事件，但却呈现出不同的效果，神话图像与文字亦是一样。

神话学者就古代神话图像与文字的产生与历史也有过探讨。1932年，瑞典学

---

① 〔法〕罗兰·巴特．叙事作品结构分析导论 [A] // 张寅德编选．叙述学研究 [C]．北京：中国社会科学出版社，1989：2．
② 〔英〕彼得·伯克．图像证史 [M]．杨豫译．北京：北京大学出版社，2008：9．
③ 〔德〕瓦尔特·舒里安．作为经验的艺术 [M]．罗悌伦译．长沙：湖南美术出版社，2005：268．
④ （唐）张彦远．历代名画记 [M]．沈阳：辽宁教育出版社，2001：2．
⑤ （唐）张彦远．历代名画记 [M]．沈阳：辽宁教育出版社，2001：2．

者马丁·P.尼尔森（Martin P. Nilsson）指出："就希腊神话而言，现有的书写神话最早见于《荷马史诗》，但图像形式的神话在荷马之前早就存在，它最早见于迈锡尼时代的考古遗物上，后者以图像的形式描述了文字叙述的希腊神话中的故事情节。希腊神话的最早形式是迈锡尼时代那些具有叙事意味的图像，它是一种物质性的存在，比文字表述的神话大约早了一千二百年。"[1]尼尔森认为希腊神话的图像形式要比文字形式出现得更早一些，并且猜测这些神话图像可能源自一个更为久远的口头传统。而苏珊·伍德福德也认为口头传颂的神话应该是其最初形式，但这种样态的神话不可能保存下来，最后只能以图像和文本的面目而流传后世。[2]对于神话形式源流的探讨说明图像与文字一样，都是神话古老的表现形式，可能图像较之文字还更久远，从图像到文字，中间似乎经历了极为复杂的过程，那么这两种不同形式所叙事的神话内容有什么样的关系，学者托马斯·H.卡彭特（Thomas H.Carpenter）对希腊历史上的瓶画进行了分析，认为："有时，瓶画表述的神话没有文字可依；有时，瓶画描述的神话与那些文字记载的故事有很大出入；有时，瓶画中的故事场景仅仅是文字故事的简略再现。"[3]卡彭特对图像展示文字故事的现象进行了总结，认为图像是艺术创作者自己创作出来的视觉作品，与文字记载的故事并非有一定的关系，但并未对二者的叙事差别作详细讨论。

叙事学家龙迪勇认为在故事画中，图像是对文字的模仿，他在《图像叙事与文字叙事：故事画中的图像与文本》一文中详细分析了西方艺术史上叙事性图像对叙事文本的模仿，并认为图画是叙述中的叙述，"按照古老的模仿理论，如果说故事画中的文本是对现实生活的模仿的话，那么其图像则是对文本的模仿，即对模仿的再一次模仿——模仿中的模仿；按照叙事学理论，如果说故事画模仿的文本是对现实或想象中发生的事件的叙述的话，那么故事画本身则是对

---

[1] Martin P. Nilsson, *The Mycenaean Origin of Greek Mythology*.Berkeley：University of California Press, 1932：26-34.

[2] 〔英〕苏珊·伍德福德.古代艺术品中的神话形象 [M].贾磊译.济南：山东画报出版社，2006: 11.

[3] Thomas H. Carpenter.*Art and Myth in Ancient Greece：A Handbook*.London：Thames and Hudson，1991：7.

已在文本中叙述过的故事的叙述——叙述中的叙述。"[1]龙迪勇通过对西方艺术中的图像与文本，尤其是众多的神话作品进行归纳总结，从模仿理论和叙事学理论出发得出图像是对文本的模仿这一结论。而我国的神话图像与文字之间是否适用这一结论，还得结合国内神话图像叙事的现状进行分析。从客观角度讲，神话是古老文化的遗留物，至少对于当下来说，它是过去的，但它凭借强大的传承力量在今天的图像中频频展现，过去神话的遗留包含图像、书面、口头等资料，因而当下神话图像是对过去神话遗留的展现。从叙事角度来说，当下神话的图像叙事是对历史上文字叙事的视觉再现，而观者通过对神话图像的解读往往需要借助以前从文本故事中所获得的知识，有时会解读出新的文本，从而增加了文字叙事的外延。

（一）图像是对文字的视觉再现

文艺复兴时期的代表人物阿尔培尔谛（L. B. Alberti）认为："艺术品首先及最重要的任务就是描述一个故事。这个故事得选自权威的文学资料，而不管是神圣的还是世俗的资料。"[2]当下女娲神话被认定为是中国的优秀传统文化，对其进行图像展现要以古代文献为参考依据，才可使图像作品具有权威性，因而图像叙述多选自具有权威的文学作品中。需要说明的是，本书并不对图像与文本的源流问题作本体论的探讨，而是围绕前文所述的各类叙事型女娲图像，对其叙事和文字的关系进行探讨。

文字叙事是神话最为基础的叙事方式，至今存留的神话主要是靠古代文献的记载传承至今，当下神话图像大多根据文献记载而创作，是对旧时书面文本的视觉再现。前文所述的娲皇宫景区大门处的彩绘壁画，是创作者查阅古代关于女娲神话的记载（如《淮南子》）之后，将其中的故事进行凝练，转化为视觉图像。另外，清虚阁的《女娲灭纣》壁画更是典型的对文字文本的视觉再现，

---

[1] 龙迪勇. 空间叙事学 [M]. 北京：生活·读书·新知三联书店，2015: 487.
[2] 曹意强，麦克尔·波德罗等. 艺术史的视野——图像研究的理论、方法和意义 [M]. 杭州：中国美术学院出版社，2007: 321.

明代作家许仲琳在《封神演义》中详细讲述了女娲灭纣的故事,内容丰富,细节清晰。壁画通过四幅画面呈现出文本记载的主要情节,大致勾勒出故事的发展脉络。与文本记载相比,图像叙事较为直观、简洁,图像通过人物的形象、动作以及环境等,将文字记载转化为视觉画面,方便人们直观欣赏和阅读。

上述所举例子都是图像忠实再现文字的例子,除这种情形外,还存在着如卡彭特所注意到的情况,即图像叙事与文字叙事不相符,甚至完全不同。娲皇宫万民朝拜浮雕、女娲造人浮雕等,其中很多内容是没有文字记载的,如织布、耕稼,但都与女娲相关,这显示出图像在再现文字记载时的灵活性。图像以艺术表达为首要前提,因构图的需要经常对内容进行改动,添补创作元素,甚至重新创造。图像叙事追求简洁凝练,重视核心人物的特征,只要是与主人公相关的事件便可同时出现于一幅画面中,从而创造出新的叙事。因而,图像叙事既可以是对文字叙事的忠实再现,也可以是对它的一种再创造。此外,图像还会使文字叙事得以延伸,图像叙事并不能如文字般细腻表现故事内容,因而给读者的想象空间较大,不同的人面对同一幅图像会有完全不同的理解,这就在图像之外形成了多个不同的叙事文本,大大延伸了文字本身的叙事。

(二)图像与文字的互文

图像与文字还有一种关系是同时出现于同一幅作品中,互为补充。宋代的史学家郑樵很早就注意到图文的互文性:"见书不见图,闻其声不见其形;见图不见书,见其人不闻其语……后之学者,离图即书,尚词务说,故人亦难为学,学亦难为功。"[1]现当代著名学者郑振铎也曾说"图与文也是如鸟之双翼,互相扶助的……"[2]可见,图与文的互文性是完成叙事的重要过程,图像叙事是文字叙事的吸收和转化,文字叙事又是对图像的解释,它们相互参照,彼此牵连,形成一个潜力无限的开放式叙事。

---

[1] 郑樵.通志·卷七十二图谱,志八三七[A].//王云五.万有书库第二集[C]北京:商务印书馆,1937.转引自周兰.纪录片影像对历史的传播[M].成都:四川大学出版社,2010:15.
[2] 郑振铎.中国历史参考图谱·跋[A].//郑振铎艺术考古文集[C].北京:文物出版社,1988.

上文梁晓的剪纸作品兼容了图像与文字，四幅图展示了四组叙事，创作者为方便观者观看和理解，在每幅图的右侧配以文字，来填补图像所无法表达的空白。在这幅作品中，图像占主体地位，文字为辅助性的说明，但二者同时出现于一幅图像中，便形成了互文的关系，图像成为右侧文字的视觉叙事，右侧文字是图像的文本叙事，二者共同完成了整体的叙事。

图像与文本的互文性终归是由图像叙事的本质引起，图像的瞬间性难以拥有清晰的表达，但文字却可以进行细致的描写，文字难以呈现叙事中形象与画面，图像却能展现出叙事中的各种样貌，二者相互弥补对方的缺陷，相辅相成，使得观者对图像的观看更加自由，对叙事的认知也更加开放。

总之，本节围绕叙事型的女娲图像分析了神话图像叙事的本质、模式以及与文字叙事的关系。图像是神话表达的方式之一，其特性便是美术的空间性及瞬间性，神话图像叙事的本质是用图像这一空间展示方式来凝固或表现神话中的某一（些）瞬间，从而为观者提供一种视觉上的瞬间叙事。根据瞬间的多少与不同，图像叙事可以分为单一母题叙事、纲要式叙事与情节式叙事，不同的叙事模式有各自不同的特点。当下神话图像是对文字记载的视觉再现，同时也会与图像互文，二者相辅相成、相互弥补，共同完成图像的叙事。

小　结

女娲图像在历史进程中已形成偶像型与叙事型两种图式，偶像型图式主要指神像，以女娲圣母的形象为核心，叙事型图式即故事图画，重在展现女娲的各种神话。本章聚焦于构成场域，探讨了两种图式的基本特征。

其一，神像采用开放式的构图，讲求图像与朝拜者的交流。此类图像以至尊圣母的女娲形象为视觉中心，同一女娲神灵具有多样的形象，寄托着人们对生活不同的愿景。多样的形象以其手持之物作为区分的象征符号，这些符号来自神话、日常生活与道教传统，是辨识神灵职司的重要标志，也是民间生活的重要结晶。

其二，叙事图式以展现神话为主要内容，重在图像叙事。图像叙事的本质是空间的时间化，根据凝聚瞬间的长短与数量，其叙事模式可以分为单一母题叙事、纲要式叙事与情节式叙事，三种模式逐层递进，情节不断趋于完整。图像叙事的本质是定格故事瞬间，只能无限接近文字完整叙事的理想状态，图像叙事与文字叙事之间相辅相成，共同表达着神话。

偶像图式与叙事图式共同构成了当代的女娲图像形式，两类图像存在着明显的差异，前者旨在象征，为信仰提供依托，形成了开放式构图及象征符号的基本特征；后者重在叙事，讲求故事内容，产生了多种叙事模式。因两类图式追求的旨趣不同，形成了不同的外在表现。第一，所在空间不同。偶像图式的开放式构图以信仰为基础，限制了其展现的空间，庙宇、朝圣地一般是此类图像的存在空间，展示范围相对较小；叙事图式的叙事模式多样，决定了图像可以是单幅、多幅甚至是一系列，展示的空间范围较广，公共空间、网络空间等都是其展示的范围。叙事图式在庙宇空间一般会衬托神像，在其周围来讲述神像的故事，增加其灵力。第二，艺术表现形式不同。偶像图式要展示神灵的形象，主要以立体雕塑或平面画像为表现形式，艺术表现形式单一；叙事图式表现形式相对丰富，雕塑、绘画、电影等都可以表现神话情节，情节多少灵活多变，根据艺术形式的特点来选择，造就了多样的叙事型图像。第三，图像的意义不同。偶像图式中神像的意义在于其象征着神灵，寄托人们的信仰；叙事图式的图像意义则在于通过叙事传达神话的内容。这两种图像意义在当代社会同时存在，也顺应了历史图像意义由"神"入"画"的演变历程。

总的来说，当代女娲图像的两种构成图式呈现出两条不同的发展路径：偶像图式沿着传统的单一信仰路径稳定发展，叙事图式则紧随时代潮流沿着多样的转化路径灵活前进。

第三章 "有神"：女娲图像的生产

本章将从图像的生产场域出发，聚焦女娲图像生产主体的实践活动，考察不同图像背后的生产运作过程，分析生产者对女娲图像和神话的观念，及其赋予图像的意义。涉县娲皇宫在汉代就有"神庙三楹"的碑文记载[①]，女娲信仰盛行，至今仍是香火旺盛，人们给神立像，其塑造过程神圣而严肃；叙事图像则以故事图为典型，表型形式为壁画、浮雕、虚拟景观等，创作者以神话内容为底本，将个人的思想观念凝聚其中。在旅游和科学技术大力发展的背景下，纪念品、旅游标志、虚拟景观等图像产品应运而生，主要是对上述两类图式的技术性复制与展示，同时衍生出经济、娱乐等功能。

第一节 "给神立像"："灵性"的生产

神像是庙宇空间的核心，更是信众认为的神灵依附的载体，一般位居大殿中心，正面危坐，与朝拜者直接交流。人们给神立像，并赋予其"灵性"，通过可见之物将不可见的神灵具象化。马塞尔·莫斯（Marcel Mauss）用"灵性"（Spirit）一词来概括人神之间交换礼物背后的机制，他指出："人们相信，相互交换礼物并与同名者和以各种精灵命名的人交换礼物，能够促使死者、诸神、

---

① 杨荣国，王矿清. 中国涉县女娲祭祀文化 [M]. 石家庄：河北人民出版社，2013: 2.

事物、动物以及自然的种种神灵对他们慷慨大方。"①"灵性"使得人与神像之间产生牢固的关系，从图像上讲，"灵性"是神像与叙事图像相区分的根本，二者同为人手所制，神像却能具有"灵性"，被众人所朝拜。那么，神像在生产过程中是如何被赋予"灵性"的？要回答这个问题就需要从神像的塑造过程及相关仪式来理解——是塑像的匠师赋予神像物质的形体，并让其"有神"且"有灵"。

娲皇宫现有女娲神像10余尊，20世纪70年代，娲皇宫致力于恢复女娲文化与信仰，修庙立像，神像为传统的庙宇泥塑。进入21世纪，娲皇宫为发展旅游，更换了阁楼上的四尊神像，新像均为玻璃钢材质。无论是过去还是新时期，神像的生产塑造都严肃而神圣，从匠师的选择到制作安放的过程，颇为严谨和讲究。

一、匠师与主家

神像的塑成取决于塑像的匠师。匠师，又称"画塑匠"或"装銮匠"，是民间集画塑技艺于一身的画匠，通常同时承担着绘制建筑彩画与塑造神像的双重任务。他们一般将其作为终身职业，其美术活动是职业性质的。② 既是职业性质的，就需要有主顾来找他们做活，民间匠师将主顾称为"主家"，二者之间是雇佣关系。娲皇宫并没有专业的匠师团队，因而匠师的找寻和选定成为神像生产的第一环节。换言之，娲皇宫神像的生产主体并不是单一的，而是景区（20世纪80年代称文物保管所）和匠师双方，景区作为主家负责找寻匠师，提出要求并监督工作，匠师只需要负责塑造的过程。

（一）找寻匠师

神像的塑造首先是一种艺术生产过程，需要专业的匠师来实施，而娲皇宫并不具备这样的人才条件，所以就需要找寻匠师。现在娲皇宫的神像有两批，第一批是20世纪70年代的泥塑，第二批是2003年更换的玻璃钢塑像。两批神像的

---

① 〔法〕马塞尔·莫斯. 礼物：古式社会中交换的形式与理由 [M]. 汲喆译. 上海：上海人民出版社，2002：25.
② 秦岭云. 民间画工史料 [M]. 北京：人民美术出版社，2018：150.

生产都是雇用专业的匠师来塑造，第一批是从民间寻找匠师，第二批则是由景区指定邀请相关的艺术家来进行塑造。

20世纪70年代之前，受战乱等影响，娲皇宫庙宇楼阁及其中的神像均已破坏。在涉县当地流传着顺口溜："杂草高过头，野兔到处窜。房瓦屋一片，隔扇屋一半。为啥没人管，怕当老封建。"足见娲皇宫当时的衰败情景。1976年，涉县文物保管所开始对娲皇宫进行修缮工作，重新为庙宇立像。受破"四旧"运动的深刻影响，当时人们对"迷信"二字避之犹恐不及，庙宇的修复与神像的塑立工作开展极其困难，匠师的找寻成了首要难题。

因年代久远，当时负责神像恢复的工作者多已辞世，现在的景区工作者也鲜有人知晓第一批神像产生的具体过程。神话学者杨利慧在2015年调查涉县女娲信仰时采访了当地的陈一水老先生（已去世），为本书提供了弥足珍贵的材料。陈一水在娲皇宫工作30余载，亲自主持了70年代末神像的恢复工作，匠师的找寻与选定都由他负责，他在当年的访谈中讲述了神像恢复时的社会状况与寻找塑像匠师的真实过程（以下访谈资料由杨利慧提供）。

> 你像塑像这个问题，是87年塑的。在那之前，破坏了神像以后，中断了可能50多年。我那会儿才三四十岁啊，我哪知道，又不是那会儿人。那会儿我就找那个时候上岁数的人打听，他们现在都到100多岁，都去世了，当时神像什么样，你打听这都不知道。后来经过和俺舅舅程耀峰①两个综合了综合，这才准备塑像。我似乎需要说一说这个找塑像的这个过程啊。这个略带有一点迷信色彩，但是它是人为的，不是迷信啊，这就是无形中就是老奶奶有灵光。现在造塑像的，这到处都是广告啊名片啊，到处都是。在当时还讲迷信，哪一个人敢说是我会塑像！就根本就不知道。俺舅舅就给了我好几个硬任务，完不成了也得完。当时就没法儿，想着这去哪找呢，没地方，首先方向都定不了，张三会塑像还是李四会塑像，就没有。②

---

① 原文物保管所所长程耀峰。

② 访谈对象：陈一水（化名）；访谈人：杨利慧、包媛媛、杨泽经；访谈时间：2015年3月8日；访谈地点：台村陈一水家。

图 4-1　杨利慧访谈陈一水（右）（杨利慧提供）

这段访谈揭示了当时塑造神像的时代背景。陈一水当时三四十岁，而娲皇宫的神像却中断了50年左右，所以他对神像的样貌形态缺乏基本的认识，一般人也不了解，神像的塑造面临重重阻力。首先，人们对之前被标定为"迷信"的事物心有余悸，将女娲的信仰视为迷信行为，大的社会环境为神像的重塑带来巨大困难；其次，娲皇宫女娲信仰中断了约50年，大众对之前的神像印象已模糊不清，可参考的材料稀缺；最后，在当时的社会背景下，会塑像的人深藏不露，匠师难以找寻。在这种毫无头绪却必须完成的情况下，陈一水采用了一种民间极为常用的扔筷子的方式来寻找方向，类似于"抓阄"，将事情的发展寄托于"老奶奶"的庇护。

　　我在那儿端着吧，刚吃饱饭，拿着缸子[①]，我拿着筷子，我就问她，我说老爷爷老奶奶，你有灵没有，你要有灵，我扔去筷子，dao头[②]朝哪边我就

[①] 指搪瓷饭缸。
[②] 指筷子头。

朝哪边走，扔了，结果一扔那个筷子，dao 头朝西。后来我就买票①，买票买哪儿的票嘞？不知道，可笑的嘞。不知道去哪儿，它筷子头往西啦，我就往西。它不就有那个终点站嘛，买终点站。它火车不走了，你走啥，你没法。现在想起来都是笑话，可有意思嘞。②

陈一水作为涉县台村的村民，受当地女娲信仰的熏陶，在毫无头绪的情形下，采用问神扔箸的方式来确定方向。他在扔筷子之前询问"老爷爷老奶奶有灵没有"，在"老奶奶"前加了"老爷爷"。女娲是涉县地区民间信仰中的主神，除女娲外，也有其他神灵如龙王爷等，陈一水在此并不仅仅向女娲这一主神询问，而是统称"老爷爷老奶奶"，向心中的各路神灵询问，足见其当时的焦急无助。扔筷子之后，筷子头朝西，他便开始买车票向西，具体地方虽不明晰，但他相信筷子所指引的方向，买到朝西方向的火车终点站。在此，他并没有考虑朝西走是否正确，也无暇怀疑这种方式的合理性，他潜意识中认为这是神灵的指引，而这之后的遭遇也愈加增强了他的这种信念。

刚一下火车，长北③，根本不知道往哪儿走。到长北七点，在那个时间夏天，七点还不迟。那可巧就有个人跟我说话，这个人是邢台的，他那会儿比我早，"你往哪儿走嘞？"我说："不知道。"他说："你说你来了你不知道？"后来跟人家坐车坐到长治西街人民政府那个旅馆，住了一晚上，蒙的，往哪儿走嘞，不知道。

第二天早晨，太阳都上来了。我说，这就没目标，转圈吧。后来我就在路上问，属哪儿热闹，人就说属英雄台热闹了，那咱就去吧。去了就这么巧，这就是迷信啊，但是我认为这不是迷信，这是巧，搁那边过来个老头，他那

---

① 指火车票。
② 访谈对象：陈一水；访谈人：杨利慧、包媛媛、杨泽经；访谈时间：2015 年 3 月 8 日；访谈地点：台村陈一水家。
③ 即长治北站。

个风度啊，到现在我的心目中还有印象。那个老头红脸，个没有我大吧，但也差不多，光头，胡子多。他主要是胡子显眼，这么长，但是人家不是那个麻洛腮胡，是几缕胡须，脸色红光满面。我去了最多十来分钟，我说："大爷，我是这个找塑像的嘞。"他说："什么叫塑像的呀？"他不知道。我说的塑像，你要说做泥胎的，他就知道了，做胎的嘛，后来我说我是东顶（长治人称娲皇宫为东顶）上嘞。他告我说这个黄碾有个塑像的。

我又坐上公共车又返到黄碾，到那儿一打听，哪儿有塑像嘞，根本没有，又两眼一抹黑。后来我说跑庙吧，庙里边没有神像不行啊，可巧黄碾一进村口，那儿就有个庙，我抱住那个窗帘子一看，哎，里头有神像。可巧嘞，跟那儿有个老太婆，我说："这个神像是谁，这个泥胎是谁做的？""魏村，魏村人做嘞。"我说："魏村在哪儿嘞？""离这五里地。"我说总算有眉目了哈，一路就步行到那儿。到了就打听这个叫崔儒贤的老头，没人知道。老头在那儿崔儒贤的名字就没有叫出来，这是在官场有人叫，下面都是叫崔老二嘞。后来我说是他是塑像的，找他，就告诉我，我就到他家去了。①

陈一水寻找塑像匠师的过程，有以下三点值得注意。第一，多次提及"巧"事，每次的"巧"事均发生于不知去向的一瞬间，每到一个地方都会与一个人物巧遇，在一路的巧事之下才逐渐找到目的地。而这些巧遇恰恰是扔筷子的后续，在异地他乡遇到陌生人本为常事，陈一水之所以认为其"巧"，是因为他将这些人的出现与神灵的指引相联系。第二，中途出现的人物略带神奇色彩，尤其是巧遇为他指明去路的老人，他认为这位老人风度翩翩，红光满面，在生动描述的背后，是陈一水对信仰所指引方向的坚定，老人气度不凡，定不是普通的凡人，最后果然为他指明了去路。第三，巧妙化解"迷信"所带来的阻力。受当时时代背景的影响，陈一水提及巧事之前总会强调"迷信"，之后又用"巧"字来化解，在找寻匠师时用"泥胎"替代"神像"一词，来化解社会风气所带来的重重阻力。

---

① 访谈对象：陈一水；访谈人：杨利慧、包媛媛、杨泽经；访谈时间：2015年3月8日；访谈地点：台村陈一水家。

陈一水寻找塑像匠师的整个过程都与他个人的信仰相关,从问神扔筊开始,之后的每一件事、遇到的每一个人都成为"巧"事,成为"非平常"之事,这是他内心信仰的外化表现。神像是与信仰相关的客观实物,娲皇宫神像恢复的最初找寻全程依靠信仰的指引。上述过程也反映了20世纪70年代人们对于神像的态度,在反封建的浪潮之后,人们心有余悸,神像作为信仰的重要载体,也成为大众闭口不谈的事情。但是,"巧事不断"强化了信仰,"泥胎"另指神像,这样的化解实质上反映了信仰在民间的根深蒂固。

(二)匠师的选定

在找到地方之后,陈一水寻到了塑像的匠师,但是他并未直接将塑像任务交给他,而是谨慎抉择,与匠师在一起三天三夜,检测其知识及塑像的各种能力,通过检验之后才正式请他在娲皇宫塑像。

到了可能十点来钟,我敲了敲门。然后给一开,一开又给了我个震动,长得起码比我还高,那个老头就是没有油啦吧,风度起码,先咱就不说啦,老头那年六十六。一看,这个老头模样像样,还可以,起码第一印象啊。后来我就说开啦,说咱们是老乡,他是山西,他是从小从河北迁到山西的。后来我俩在一块住了三天,为什么,这里有个原因。

首先瞧瞧老头这个知识,塑像没有知识凭空塑,那不行,咱就不会,咱就借助人家的技术,人家的智慧嘞。那老头天南地北的,晚上就在一块儿睡觉,白天形影不离。哎,我说这个老头儿还可以,这个知识比我多得多了,说老实话嘞。后来我说:"你再塑个像,你叫我瞧瞧。"他说:"我在***①塑过像,离这儿才几里地,我得跟你一块儿去,我要不去人家就不让你看。"那会儿可保密,不让塑像,讲迷信嘞。后来我跟着老头去了,又找到这个当家的,找到这个保管。山西不都是窑洞,又在窑洞里头开开门了,后面就专门有一个大立柜,到用的时候开开,不用的时候门一关,谁也不知道。那个保管给

---

① 地名音不清。

一开，里头是一个老君像。一瞧那个箱子，一瞧这个像，我说："崔师傅就找你家。"那个像塑的，我就满意，那个着装啦什么都满意。第二天就带上他往上走，他说："咦，我还没找上人嘞。"我说："你去了咱再说。"我说在那儿住了三天不是，第二天坐上火车就来了，来了就被招待，叫上那个俺舅舅程耀峰。俺舅舅就说你叫他先塑个像吧，我说不用，我敢肯定，先给他定吧，就定了下边歇马殿那三尊像。①

陈一水在选定匠师之前，从几个方面来考察匠师是否合格。首先，匠师的外貌，也就是陈一水所说的第一印象，"模样像样"是最基本的条件。神像是民间宗教崇拜的偶像，具有至高无上的神圣性，在我国传统的佛教造像艺术中，对用材及匠师本人都具有基本的要求，要做到木净、水净、土净、草净、心净、身净、口净，也称"七宝"，前四者主要针对用材，后三者主要针对匠师。②民间神像的塑造对匠师同样有所要求，民间讲究相由心生，崔匠师至少从外貌、风度上达到了陈一水的要求。其次，匠师的知识素养。为检测崔匠师的知识素养，陈一水与其三天三夜形影不离，多番交谈，"天南地北的"是他对崔匠师的概括，表明此人知识丰富，文化积淀较深。最后，匠师的塑像技艺。陈一水最后要求崔匠师塑一尊像来看其真实的水平，在经过一系列隐蔽的交涉之后，他见到了崔匠师塑造的老君像，达到自己心里的期望，因而选定他为娲皇宫塑像的匠师。

陈一水之所以要在选定匠师之前对其进行仔细考察，一是出于他对神像的敬意，他深知奶奶神像是民间百姓心中的偶像，是庙宇的核心，不可随意塑造，其形象服饰等要符合老百姓基本的心理诉求；二是强烈的责任感，文物保管所将塑像的任务交于他，他需要对其负责，采用各种方式、克服各种困难来使效果达到最好。另外，重修娲皇宫实质上是重新恢复民间的女娲信仰，陈一水所做之事是为民间百姓谋福利，塑成之后老百姓的反馈肯定了他的工作成果。

---

① 访谈对象：陈一水；访谈人：杨利慧、包媛媛、杨泽经；访谈时间：2015年3月8日；访谈地点：台村陈一水家。

② 陈捷. 中国佛寺造像技艺 [M]. 上海：同济大学出版社，2011: 227.

现在那歇马殿那三尊像,那是第一次订的。就是这个娲皇、碧霞、紫霞,现在那个像还是那个像,最后给老头订了订,搞了搞价,俺说你做个小样品,都用,肯定没问题。老头有一个好处,因为咱是搞文物的,当时不是搞迷信,要搞文物他就要把那个塑像弄比较好看嘞,因为咱还是要他的老工艺。老头那个工艺啊,现在可以说几乎没有了,你就说刻什么的他都不用这个工艺了,老头这个工艺是绝了。咱就是搞文物,咱就用这个老工艺,最后一塑像,塑成了以后,可以说,百分之七八十的人都说不错。也可能是,当时没有像,都说不错,有像比也可能是说不好。都说不错,最后一订,订了44尊像。就这,奶奶顶的像才塑起来了,耗时一年半,才花了16000块钱。①

到此,陈一水结束了塑像匠人的找寻。在最后阶段,陈一水再一次谈及迷信,说自己所做之事为"搞文物",保护"老工艺",又一次巧妙化解了时代背景所带来的阻力。歇马殿的三尊像塑成后得到了普遍肯定,崔匠师才开始大规模为娲皇宫塑像。这一批神像是当下娲皇宫最早的塑像,现存停骖宫、广生宫的神像仍是这一批。陈一水作为娲皇宫的工作者,借助于信仰的指引来找寻匠师,完成了神像生产的首要步骤。他在这个过程中充当了主家的角色,虽没有直接参与制作过程,但却寻找到匠师,通过考察其知识与技能才开始令其进入到具体的生产之中,并对生产过程及结果进行监督和验收,因而他也成为神像生产的主体之一,发挥了不可或缺的作用。

到了21世纪,原先的神像被更换,第二批神像的生产由景区统一负责。2001年,文物保管所和旅游局合并,成立涉县文物旅游局,娲皇宫开始步入遗产旅游的发展道路。2003年,为发展旅游产业,娲皇宫阁楼上的四尊神像及梳妆楼的两尊被重新更换,更换工作由景区统一负责,匠师也不再从民间找寻。

当时咱们是对广场上的这个像广泛征稿,后来从北京过来一个叫纪和平的,是个搞艺术的,他是中央美院毕业的。他们就拿了一尊像过来,我当时正

---

① 访谈对象:陈一水;访谈人:杨利慧、包媛媛、杨泽经;访谈时间:2015年3月8日;访谈地点:台村陈一水家。

在忙着，一下就被这个像吸引了，后来就修改什么的，就请他们来做的。他们在北京那个798有一个艺术工作室，咱们阁楼上面换的像也是他们一起做的。[1]

与70年代不同，因景区规模与名声不断扩大，加之信息交流的便捷，景区不再从民间寻找匠师，而是通过广泛征稿，在评选之后指定并邀请相应的雕塑艺术家来共同设计与制作。另外，在70年代，塑像的制作过程由匠师独自完成，最终成型取决于匠师的创作，娲皇宫则负责验收。但是，自2003年始，景区在神像生产过程中的主导地位上升，负责核心的审稿与监督工作，决定着神像的最终样貌，匠师或艺术工作者则只需负责相应的艺术制作，制作过程中的修改也需与景区协商，双方共同来完成。

因此，神像的生产主体由景区和匠师共同组成，双方在雇佣关系的基础上各司其职，相互协商来完成神像生产的初步工作。

二、神像的塑造——如何让神"灵"？[2]

娲皇宫最初的神像为传统的庙宇泥塑，是用木材、泥土等手工制作而成，工艺复杂，俗礼繁多，包括前期准备、塑造及开光等过程。神像的塑造是"灵性"生产的过程，匠师需遵循传统，符合造像的基本仪轨，通过赋予物质形体，让形体"有神"，并注入神力，使神像"更灵"来完成。神像一般为木骨泥塑，是用泥土层层叠加的方式来塑造，随着生产技术的发展，神像的制作方式与材质发生变迁，由泥塑转变为玻璃钢模铸。

（一）赋予物质形体

"神像为神的具象，它以非常具体的方式，让人实质地感触到无形之神的存在。"[3] 神灵是无形的，但无处不在，人们只有透过具体的神像才能确认无形神

---

[1] 访谈对象：李一成。访谈人：孙伟伟；访谈时间：2021年3月23日；访谈地点：涉县旅游宾馆。
[2] 注：娲皇宫第一批塑像由山西长治的崔儒贤匠师塑造，因年代久远，匠师已辞人世。下文泥塑过程综合民间泥塑的文献记载、娲皇宫早期管理者陈一水与程俊义老先生的回忆及当代山西泥塑匠师张一斌的口述整理。
[3] 林玮嫔.台湾汉人的神像：谈神如何具象[J].台湾人类学刊，2003 (02): 121.

灵的存在，才能将神灵稳固下来。通过神像，人与神之间得以建立联系，因而神像成为神灵凭附的载体。自汉代起，古人就赋予了女娲人的形体，将人首与兽身结合，而受佛教、道教造像的影响，民间庙宇也普遍为神灵立像，人们模仿人的形象外貌塑造神灵的形体，据上文所述，至迟在清代，女娲神像已经是至尊圣母的形象（山西霍州娲皇庙）。神像的"灵性"需要依托物质，赋予形体是"灵性"生产的首要步骤，也是基本的物质生产过程，包含前期准备、塑造、彩绘等过程。

1. 前期准备

常用工具。民间匠师的塑像活动一般规模较小，常用的工具也较为简单，一般可以分为施工工具、立架工具以及塑造工具。施工工具主要指辅助施工的脚架、支护等，神像的体形较高，需要基本的脚架等协助活动，一般为钢管架或木架。立架工具是指制作神架所用的木条、木板、稻草等，木材一般可选檀木、桧木、柏木等，娲皇宫神像的木材采用当地的香椿木，因为香椿木发香而且可以辟邪。塑造工具为具体的技艺工具，包括用来刮削勾勒的腻刀、压子、木刻刀、木模等，匠师的塑造工具一般多达十余种，根据纹理塑造的不同形状和规模使用不同的工具。[①]另外，彩绘时需棕刷、毛笔、砚盒、颜料等绘制工具。

图 4-2 泥塑所用工具（张一斌提供）

---

① 陈捷. 中国佛寺造像技艺 [M]. 上海：同济大学出版社, 2011: 147-150.

用料准备。泥塑的主要用料是泥土,施工前要备齐砖、石、谷草秆、麦秸、细面沙、棉花等,娲皇宫泥塑神像采用的是中皇山上的红土,黏性较好不易干裂,因土性凉,在使用前还要在阳光下晾晒。在施工的过程中要不断加入沙子、棉花等,根据不同工序混合不同比例的添加物,一般土与沙比例为七比三,制成粗泥(加谷草或麦秸)、中泥(加麦糠)、细泥(加麻纸或棉花)等,也可以称为麦秸泥、麻刀泥、棉花泥等,一道比一道细。[1]

2.塑造过程

神像的塑造过程工艺繁杂,一般包括筑神台、栽椿、制作木架、做大型、做细泥、修饰、彩绘等工序,每道工序都依照传统的民间技艺,有一定的程式与法则,概括起来可以分为以下几个步骤:

筑神台。神像塑造要选择良辰吉日开工,在塑造之前,首先要用砖或土坯砌好平台,俗称"神台",是指神像坐或站立的台。台的大小依神像的大小而定,一般立像的神台长宽为两个头[2]左右,盘腿坐像的神台长为四个头,宽为三个头,神台的样式多种。[3]

立神桩,即木骨架的制作。木骨架是泥制神像的支撑体系,民间也称"龙骨"。一般根据所要塑造的神像的姿势来做出模架,用钉子、钢筋、粗铁丝等固定,之后用稻草或带叶的谷草秆捆扎缠绕,绑出基本的形体。这一过程要体现出前胸、后背、腿、胳膊等主要部分,骨架尺寸是制神椿的重要内容,民间匠师用头来丈量高度,整体高度一般是"立七坐五盘三半"[4],上身比例为"一肩挑三头,怀揣两个脸"[5],头部比例要协调,"手大脚大不算坏,脑袋大了才发呆"[6]。制作时要计算身体各部分的比例,留有余量,比如站像,按身高算是七

---

[1] 秦岭云.民间画工史料[M].北京:人民美术出版社,2018: 127.
[2] 民间艺人在丈量尺寸时,以神像头部的长短,即头顶到下巴的距离为度量标准。
[3] 张世满.传统泥塑神佛像技法简介[J].古建园林技术,1995 (02): 11-12.
[4] 秦岭云.民间画工史料[M].北京:人民美术出版社,2018: 67.
[5] 秦岭云.民间画工史料[M].北京:人民美术出版社,2018: 67.
[6] 王树村.中国民间画诀[M].北京:北京工艺美术出版社,2003: 17.

颗半头，但要做八颗头的桩子，以便后期更改。[1]这些民间画工的口诀记录了历代流传至今的塑像技法，但在实际的塑造过程中，民间工匠会根据实际情况对这些计量准则略作改动。

> 咱们民间塑神像一般是按照五头半六头，一般比较粗壮，头比较大。他不按照这个西方，你看西方雕塑就是准准按照七头半八头，让人看着挺拔，必须按照真人的比例。咱民间历来还是这个头比较夸张，比较大，尤其是武将。过去是这样，现在塑像好多就学院派，从学院出来都是按照七头半的比例，比较标准。咱们一般五头半六头，都是坐像，头大一些，腰也曲（短）了，腿也短了。就咱中国传统的大多数的庙宇里都是这样。[2]

图 4-3 匠师张一斌所获荣誉

图 4-4 张一斌与大禹泥塑半成品

塑造。塑造是神像成型的主要步骤，简而言之就是泥土的层层垒叠和修改，这一过程又称挂泥。挂泥的次数一般是三到五次不等，《民间画工史料》中为挂粗泥一遍、中泥一遍，细泥若干遍。挂粗泥，行话称"抓糙"，涂抹出凹凸部位，构成肢体的初步大样，之后上一层中泥，然后挂细泥，分出主要的部位，多

---

[1] 陈捷. 中国佛寺造像技艺 [M]. 上海：同济大学出版社，2011: 159-160.
[2] 访谈对象：张一斌；访谈人：孙伟伟；访谈时间：2021 年 2 月 16 日；访谈地点：山西省运城市僧楼。

次涂抹，用刮削勾勒的工具进行细致的刻画，塑出面部层次、服饰褶皱等细节，边观察边修补，至善而停。上细泥要从下往上，以便有改动的余地，矮了可以往上长，高了可以从上面去掉。①

图 4-5　挂粗泥、挂细泥、细部处理②

塑造过程中面部的塑造是最讲究技法的，也是神像是否传神最重要的步骤。民间匠师的口诀众多，如"横五眼，竖三庭"（横五眼指面部横向分为五等份，以一只眼睛长度为一份；竖三庭，指发髻到眉，眉到鼻尖，鼻尖到下额为三等份），"一个巴掌半个脸"③，这些口诀都是我国传统艺术创作的基本法则，匠师在塑像过程中要熟练掌握。五官的具体形状决定了神像的面部表情与特征，在传统民间技艺中有"脸若满月，眉如初月，鼻如玉柱，眼如弓把，眼皮如莲花瓣，嘴如娑婆果"的匠作口诀，这七项口诀结合了佛教造像的技法，同时参照了民间的传统相面术，民间相法认为印堂饱满方正，鼻梁宽厚平整为福相，《神相水镜全编》曰："山根（印堂）低限为贫穷。鼻梁独高，名曰孤峰独耸，主六亲无靠，财帛难聚。鼻梁齐如截筒，禄寿皆通。鼻梁贯印，故而得美妻。"④因

---

① 张世满.传统泥塑神佛像技法简介 [J]. 古建园林技术，1995 (02): 12.
② 图片来源：陈捷《中国佛寺造像技艺》，第 161 页。
③ 秦岭云.民间画工史料 [M]. 北京：人民美术出版社，2018: 67.
④ 田海林，宋会群.中国传统相学秘籍集成 [M]. 贵阳：贵州人民出版社，1993: 1662.

而，我们所见的神像一般面部饱满圆润，符合老百姓心中的富贵形象。另外，神像塑造出来是供信徒朝拜的，朝拜者的观感也是匠师要考虑到的，因而神像的头一般是微微下俯，眼神略微下垂，目光落到大殿门槛之内，以使朝拜者一跪拜、一抬头，就能直接与神像的视线相对。娲皇宫拜殿是个特殊的例子，因为神像立于天然石窟之内，信众在大殿之外进行跪拜，因而拜殿神像的眼神经过了反复修改，眼神落到门槛之外人们所跪拜的地方。

几百年流传下来，就是一般主神像的眼睛都不是睁圆的，它都是半闭的，再一个它头都是微微向下低，眼睛半闭向下看，这样你拜的时候就能产生人神效应。当你拜它的时候，你抬头，你45度，你俩就好像是有交流的，你觉得这个神是活的，神像一般都比较高，再加上神台，如果你弄成平视，甚至再往上看，你磕头看它的时候，看的是下巴颏，你就没有感应。[①]

丹阳奶奶[②]，那是最重要的神像。连塑了三回。头两回，我觉得不得劲儿，但也说不出来那点不对劲儿。重塑，重塑脸、眉、眼、鼻。第三回，我发现问题所在，按塑像规矩，神像的眼光应该落在门槛内；香客磕头时，与神像相互有眼神的交流。但咱们这里特殊，香客是在门槛外的拜殿磕头，就觉得奶奶垂着眼，没有交流。发现问题，就改动了眼睛，一下就好了。塑像的崔师傅就神化了我："水旺知道奶奶是什么样，是被奶奶拿住了。"后来，来参考这个奶奶像的挺多的。[③]

图4-6　20世纪70年代娲皇阁拜殿娲皇圣母像（陈一兴提供）

---

① 访谈对象：张一斌；访谈人：孙伟伟；访谈时间：2021年2月16日；访谈地点：山西省运城市僧楼。
② 方言，指娲皇阁拜殿的奶奶像。
③ 鲍江.娲皇宫志——探索一种人类学写文化体裁[M].北京：社会科学文献出版社，2013：138.

3. 彩绘

彩绘，又称妆銮，是为神像施彩布妆的工艺。泥塑形体全部刻画完成后抛光压平，散湿缓干，夏秋季节约三个月时间，冬季则需要五到六个月时间，干透后方可实施彩绘。

> 处理成型，要等它干燥透，一般少则数月，多的要等过一年。有的当下十天半月，看着表面干了，但是里头的水分一直在里头，你不经过一年的话，你上的颜色会返潮，就把颜色拱起来了，表面效果就不好了，这就是泥塑它耗时比较长的原因。①

待泥胎彻底干燥后，首先要用不加沙子的细泥将身上的裂缝修补好，刷胶矾水（防止颜料的下渗，杜绝污物或泥土颗粒的上翻），然后贴一层薄纸再次糊密裂缝，再刷一遍胶矾水，然后用白色材料均匀涂刷两遍底色，这一过程民间工匠又称"地仗"，是彩塑前的底子，起防止翻污串色、突出彩绘效果的作用。其次，用砂布打磨，再次刷完胶矾水之后，开始起稿、沥粉（装有胶和土粉混合成的膏状物的尖端有孔的管子，按彩画图案描出隆起的花纹），沥出袖带、领口、法物、璎珞等处的纹饰。然后着色、描花。最后，给神像的脸上气色，用棉花蘸所需要的气色粉（氧化铁粉、炭黑、群青等），往神像的手脸部搓擦，这样上的颜色有皮肤质感。上完气色之后在神像衣边、手脸或全身进行贴金。彩绘是整个神像塑造的最后一步，完成之后，晾干，择良辰吉日举办隆重的吉庆典礼，进行开光仪式。

至此，匠师为神灵赋予了完整的物质

图 4-7 2003 年拜殿更换的圣母金身像

---

① 访谈对象：张一斌；访谈人：孙伟伟；访谈时间：2021 年 2 月 16 日；访谈地点：山西省运城市僧楼。

形体，整个过程讲究而有序。形体的赋予虽以客观物质制作为主，但眼神等细节的处理已经开始将形体活化。第一，塑像遵循传统，不能凭空随意塑造。张一斌在口述过程中，多次提及"一般""历来""流传下来"等词汇，表明他在塑造神像的过程中遵循传统的民间技法，而非仅凭自己臆想而做。第二，量度严谨，比例严格。神像的形体以严格的比例来保持形体的协调，也是评判神像好坏与塑造对错的评判标准，但该比例并非一成不变，民间根据实践也会相应改动。第三，注重人神的沟通。匠师赋予神像以形体，必然要塑造好面部表情与神情，在做此处的细节处理时，匠师要考虑到人与神之间的眼神交流，将头微微下低，眼神半闭略垂。

以上是传统泥塑的物质生产过程，随着时代的发展，景区神像进行更换，生产工艺也发生了变化。2003年，景区将娲皇阁的四尊神像换成玻璃钢材质，更换的原因有二：一是泥塑保存时间相对较短，要不定期进行修缮；二是景区为发展旅游，更换了旧有的神像。更换的新神像为玻璃钢材质，是由景区邀请北京的雕塑家来设计制作。

> 当时主要是想着泥塑嘛，它保存时间没那么长，修缮起来复杂，玻璃钢的呢就长时间不换，也不会有什么变化。它是那个1:1比例的玻璃钢的模型，到那个北京琉璃厂做出来，盛阳教授跟我们一起去进行了修改。另外，那会景区搞建设，大家也想为景区修建做点事情，就把这个换了。①
>
> 拜殿的像是玻璃钢的，外边是鎏金，因为太重了，拿不上去，所以当时就决定用玻璃钢，就这也是很重的。这个像戴着皇冠，就是女皇的意思，露皮肤的地方是鎏金的，手部还有脸部。那个玻璃钢的，它是先做出模具来，然后把这个玻璃钢的水，就跟那个浆似的，流到那个模子里，再加上网，然后它就是固定的。它是注进去的，用模子铸出来它变形，那个有时候就太光了，就看不清那个面孔。这个玻璃钢的，虽然模子雕得好，但是一让这个溶

---

① 访谈对象：程一俊；访谈人：孙伟伟；访谈时间：2020年7月14日；访谈地点：娲皇宫综合办公室。

液让里一倒，然后再加上那个网钢，铸出来以后它就没有那么细腻了。①

两段访谈分别提及了娲皇宫更换神像的缘由及制作方式的变化，与20世纪70年代相比，匠师的找寻发生了变化：景区为委托方，直接邀请美术工作者来制作神像，不像当年那般艰难；制作方式也从纯手工塑造转变为机器模铸，便于持久保存。另外，玻璃钢模铸是机器技术发展下的塑造工艺，相比于手工技艺，生产过程

图 4-8　张一斌塑造的陕西临潼女娲娘娘像②

较为便捷，但其塑造出来的效果相对却比较粗糙。手工泥塑是直接在庙宇大殿中进行塑造，丈量好神像所在位置，就地施工制作，塑造结束则直接落成。机器模铸则有所不同，它只需铸好模具，向其中注入玻璃钢液体即可，不需在固定的地点进行生产，娲皇宫的玻璃钢神像是在北京铸好，运回至阁楼大殿才得以落成。

（二）让形体"有神"

神像是用泥塑造而成的物质艺术，神灵被匠师赋予了物质形体，仅仅是泥胎，若要具备"灵性"，还需赋予泥胎生命力，将其活化，让其有神。让泥胎具有生命力主要通过两个方法：其一是眼神的刻画，让神灵"有神"；其二是装脏仪式，为神像装入五脏六腑。活化形体是神像从物质性转为精神性的过渡阶段，神像按照人的形象塑造，需要与人一样具有生命，灵动的眼睛与健全的五脏六腑便成为神像生命力的象征。

匠师在刻画面部时，有意使其眼睛半闭并低垂，为的是能让人与神产生交

---

① 访谈对象：李一长；访谈人：孙伟伟；访谈时间：2020年9月25日；访谈地点：去往清漳水库的车上。
② 照片由张一斌提供。

流，这样的处理为神像注入了凝视的功能，神像仿佛注视朝拜者，让人们感受到它仿佛真实存在。除此之外，眼珠的嵌入是活化神像的重要细节，庙宇塑像的眼珠并非为点画，而是用琉璃等反光材料制作。

  庙宇塑像这个眼睛的细节，黑眼珠是用咱们这个琉璃瓦，琉璃烧制的黑眼珠，上面上的是黑釉。庙宇神像说"有神"，为什么说"有神"？假如你这个像是用墨汁画的黑的，它的高光点就是死（固定）的，所以人看的时候，它眼睛就没有神。琉璃球烧的黑眼珠，一个是特别黑亮，几百年几千年不变，它是高温烧制的；另一个就是当你磕头的时候，只要你目光看神像，这个神像永远是看你的，感觉这神就很神，很活灵活现，你走到墙角，你就感觉那个黑眼珠一直盯着你。你走到任何地方，它都是看你的，因为它这个光是活的。这就是神像有神没神，就是看这个眼珠，而且有人害怕神像，也是害怕这个黑眼珠，好像它就把你看穿了，你心里有什么秘密也骗不过它。这就是说你就产生一种敬仰，或者说一种敬畏之心。①

如张匠师所述，神像的眼珠用上了黑釉的琉璃珠嵌入，这一细节是活化神像的点睛之笔，双目有神是生命力旺盛的象征，神像作为信众朝拜的偶像，在信众心中是真实存在的，活灵活现的形体才会增强偶像的"灵性"。黑色眼珠的嵌入，一是光泽度高，如真人眼珠一般黑亮，炯炯有神，传达出真实生命的体征；二是具有永久性，神像的眼神永远有神，表达出神像生命力的强盛，恒久接受人们的朝拜；三是高光点的灵活，这是神像传神的关键，眼中有光，随朝拜者而动，与朝拜者随时随地进行视觉接触，仿佛真人一般。视觉接触是人们认知神像的一种方式，会催发朝拜者的心理活动，对神像产生敬仰或敬畏之情，神像由此成为具有生命的形体。

除眼神的刻画之外，"装脏"是让泥胎具有生命体征的另一方式。装脏，又称"装藏"，是将象征性的五脏六腑与神识装进神像中，赋予其神力的过程。装

---

① 访谈对象：张一斌；访谈人：孙伟伟；访谈时间：2021年2月16日；访谈地点：山西省运城市僧楼。

藏一般有隆重的仪式，装藏之俗最早起源于道教，后来佛教在传播过程中也将其纳入仪轨之中。[1] 道教中的装藏要选择良辰吉日，由修行较高的道长主持，焚香献贡。关于装藏的内容，道教典籍《全真秘旨》中指出："凡塑神像，必先装藏，以应五脏。故先选五金，即：金、银、铜、铁、锡。然后选用五色粮、五色线，新净无残黄表一张，新净笔书'藏符'。"[2] 装藏前道士需沐浴净身，装藏时将所装物品放入容器或口袋中，放置到之前预留的口洞之中，用红布条或黄布条将口洞封闭。民间泥塑则较为简单，在立神桩时，便将物品放置于木桩中，用稻草或谷草秆将其缠裹于中，所放物品也较为简单。

> 先用木头桩立桩，一般叫龙骨，考究一点的木头桩里面要写一个这是什么神，还要写上神的生日，用墨汁写，还要点朱砂，就是为了辟邪，就在圆木后面削掉一片，在上面写。只要是主神，不管是女娲还是关公，都要给里面装镇物，一个是铜镜，一个是杆子秤，再装一个万年历。装秤，意思就是神是公平的；装镜子，按老百姓说就是照妖镜，你是妖魔鬼怪逃不过神的法眼；万年历，意思就是你来这儿求神，神什么都知道。这些东西放的时候都在心脏这个部位，然后用草绳绑起来。这就是讲究，不管去哪儿塑，你不懂这些，不装这些，人们心理上就觉得你这不灵，就只是个泥胎。一般主家也会仔细盯着这个过程，人家也都知道，没有这些东西，你这个神像就不灵。[3]

装脏是神像塑造中至关重要的一步，是将神像从泥胎转为神灵的重要步骤，主家一般会在场负责和监督。正如张匠师所说，"没有这些东西，你这个神像就不灵"，经过装脏的神像才具有"灵性"。装脏的物品种类多样，民间讲究与道教传统相互杂糅，所放之物都具有特殊的象征意义。娲皇宫的泥塑神像遵循民间塑像的传统，在塑像过程中也举办装脏的仪式，当时神像的装脏多于半夜举行，不允许他人旁观。装脏的内容较为简单，包含十二种中草药、铜圆与银圆。

---

[1] 田国杰，聂晓雨. 木雕造像装藏的宗教信仰行为及心理 [J]. 文物天地，2016 (05): 25-29.
[2] 任宗权. 道教科仪概览 [M]. 北京：宗教文化出版社，2006: 61.
[3] 访谈对象：张一斌；访谈人：孙伟伟；访谈时间：2021年2月16日；访谈地点：山西省运城市僧楼。

十二种中草药又称十二精药①，可以安宅镇煞，直接由人从中草药店铺购买，铜圆银圆则代表神像的金心银胆。

2003年，娲皇宫阁楼更换玻璃钢神像，制作工艺虽发生变化，但也必须要经过装脏的程序。神像在北京铸成之后运至娲皇宫，由众人抬至大殿中，装脏仪式在半夜举行，不得有人围观，装脏物品与泥塑相同。负责装脏是景区专门雇请的阴阳（民间对有"阴阳眼"之人的简称，是指能看见鬼魂或一般人看不见的超自然现象的人），装脏前焚香献贡，口念咒语，将准备好的中草药与铜圆银圆从底部装入神像内部，再进行封口。②装藏完毕，表明神像已五脏俱全，具有神识，加之双目有神，人们相信泥胎从纯粹的无生命的物质艺术转变为有生命、有灵性的神像。

（三）使神像"更灵"

神像具有了人的形体、五脏，却还未成神。神像未被注入神力，灵力有限，需要经过一些特殊的仪式方可被用来供奉，如杀鸡祭血、开光等仪式，杀鸡祭血是在开工之前，开光仪式则是神像落成之后举行。

其一，开工仪式。神像塑立之前要举行开工仪式，一般较为简单，匠师及工人要在庙堂前烧香跪拜，撒酒祭奠，民间还有血祭的做法。另外，民间塑像受佛教造像的影响，有的在塑像之前，要请高僧或道士举行洒净仪式，目的是净化物品及场所，一般是高僧或道长在前，手持水钵、柳条，边走边洒，众人齐声诵经。③

> 开工之前，要烧香、磕头、奠酒，肯定要拜一下，之后才开始动工立桩。一般讲究塑像的时候，一把木桩立起来，就要血祭。用鸡血来祭，用一只活

---

① 注：天精、地精、日精、月精、人精、鬼精、神精、香精、道精、松精、星精、兽精，分别对应的中草药为巴戟、乌头、芍药、贡桂、人参、鬼箭、茯神、杜仲、远志、茯苓、桔梗、狼毒。
② 访谈对象：程一义；访谈人：孙伟伟；访谈时间：2021年3月24日；访谈地点：娲皇宫停骖宫戏台前。
③ 陈捷.中国佛寺造像技艺[M].上海：同济大学出版社，2011：226.

的鸡，用斧头一斧子下去把头斩断，把血洒到木桩上，神神叨叨说起来，这就是血祭，会让以后的神更灵。①

匠师在动工之前也要举办开工仪式，对无形的神灵表示崇敬。血是生命的象征，尚血意识及其相关仪式是原始人类对生命古朴认识和崇拜的产物，血是巫师通天的法器与媒介，对于沟通天神具有特别的功能，用血祭祀神灵也就成为首选和必然。②正如张匠师所述"血祭，会让以后的神更灵"，鸡血成为神像"灵性"产生的要素之一。匠师们认为举行鸡血祭仪式时一刀见血是吉兆，可以逢凶化吉，所以"一斧子下去把头斩断"。沾上鸡血的神像被认为注入了神力，更为灵验。

其二，开光仪式。"开光"是神像落成后举办的最为隆重的仪式，在宗教中，开光仪式一般由得道的高僧或道长主持，民间则由阴阳先生主持，其主要目的有两个方面：一是为神像开窍，将宇宙中的无形力量与神性注入神像中，使神像不再是一般的艺术品，而是具有"灵性"的神灵；二是庆贺神像的落成，开光仪式的吉日由高僧或道长提前择好，张贴于寺庙门口，待吉日到，人们前来参加开光仪式，烧香供奉，组织唱戏、表演等活动，迎接神灵的降临。

2003年娲皇宫更换新神像，开光仪式由景区雇请的阴阳先生主持，与装脏仪式同时在半夜举行。这与其他的开光仪式不同，庙宇中神像开光多在白天，要摄取自然光来将神力注入神像之中。据当时参加装脏与开光仪式的景区管理者程俊义回忆，娲皇宫神像开光在半夜举行的原因有二：其一是避讳，装脏、开光的场合禁止外人观看，以免犯煞；其二是认为装脏、开光仪式与封建迷信有关，不可以大肆宣扬。③到了2013年，娲皇宫功德祠落成，功德祠是娲皇宫景区替信众供奉神像的场所，11月8日（农历十月初六）在娲皇阁拜殿举行了女娲

---

① 访谈对象：张一斌。访谈人：孙伟伟；访谈时间：2021年2月16日；访谈地点：山西省运城市僧楼。
② 赵德利. 血社火中的巫术信仰与血祭原型——陕西宝鸡三寺村人信仰心理探析 [J]. 民俗研究, 2019 (05): 70.
③ 根据访谈资料整理。访谈对象：程一义。访谈人：孙伟伟；访谈时间：2021年3月24日；访谈地点：娲皇宫停骖宫戏台前。

小神像的开光仪式，就是在日间举办，由涉县吕祖祠道长牛高馗主持，基本过程与传统宗教中大殿神像开光大致相同，包括全体朝拜女娲塑像、奏乐、诵经、宣读祭文、点眼开窍、擦拭、接光等，概括起来主要可分以下几个步骤：

前期准备。提前选择良辰吉日，事先准备好朱砂、白芨、白酒、镜子、红线、面巾、新毛笔等物品。开光当日，神像的头被红布遮盖，道人们集中在神像所在的殿堂里，主持开光的道长身着法衣，其余的道人（男称乾道，女称坤道）身着黄色或红色的经衣。

清净诵经。开光开始之前，道士要用扫帚将场地清扫干净，道长收持柳枝洒净，之后手持法器，默念神咒，边念边踏罡步斗（一种宗教动作），道士们在两侧配乐唱经。

擦拭、开窍、点眼。道人们用事先准备好的毛巾为神像擦拭灰尘，每尊神像专用一条。接下来，道长用针在神像的眼、耳、鼻、嘴、手、脚点一下，表示通灵开窍，又用毛笔蘸取朱砂、白芨、白酒混合，在神像的眼、耳、鼻、眉心等处点一下，表示开眼送灵气。

接光。开光，就是要把自然界的日、月、星三神灵光接引到庙堂里来，使庙堂里供奉的神像们，承接天地之灵气，造化万民之福祉。[1]接光时，一人手拿镜子和红线立于殿外，镜子紧贴红线，负责把殿门外镜子的光接过来投射到神像的身上，红线的另一头绑一根针，由道长手牵准备进行开窍。如遇阴天，可用手电筒反光照射。开窍点眼时，门外拿镜子的人要跟随道长将阳光反射到开光部位，如照眼、开鼻等。如此，直到所有的窍都开完为止。[2]随后，开光完毕，神灵已贯注到神像中，神像成为神灵的依附，人们便可以烧香供奉。

功德祠的小神像开光免去了用红线牵连的过程，在道长完成诵经、点眼开窍、宣读祭文等步骤之后，由三位道姑分别手持镜子、脸盆毛巾继续完成相应的接光、擦拭等程序，整个过程伴随配乐唱经，时间长达一个小时，严肃而隆重。功德祠开光是在吉日上午举行，围观者众多。神像开光既是宣告神像降临

---

[1] 宗清. 道教开光 [J]. 武当, 2012 (05): 44.
[2] 宗清. 道教开光 [J]. 武当, 2012 (05): 44.

人间的过渡仪式,又是一个人人参与的盛会。人们待开光结束后,争相供奉,烧香磕头,殿外戏班、歌舞演出,娱神娱人,因而开光仪式又称开光典礼,一般伴随着一场盛大的庙会。人们的供奉与祭拜意味着他们欢迎神灵的降临,为神灵的固着尽自己的义务,以求神灵的护佑。

图 4-9　2013 年娲皇宫功德祠女娲像开光仪式现场

据张一斌匠师口述,山西南部、河北地区的神像开光仪式不在匠师的职责范围之内,而河南地区的匠师在开光当天被丰厚礼遇,赠送衣物,给予酬金。娲皇宫神像的开光由民间阴阳先生或高道主持,而非匠师,说明人们在对神像"灵性"的赋予上,会明确区分普通人与得道高人,认为懂得宗教科仪的人更具备处理神灵事物的能力,能更好地与神灵沟通,将神力注入神像之中。

综上所述,无论是泥塑还是玻璃钢模铸,神像的更换仅仅是外在形体的变化,装脏、开光等仪式并不会因外在材质的变化而消失,这些仪式是神像具有内在"灵性"的关键,外在的更改并不会改变其内在的"灵性"。因此,神像灵力是透过形体化而具有社会行动力以及地域化,定着于特定空间而来。[1]"灵性"是神像的内在,它将神像定着于一定空间,与信众发生社会联系,渗透到当地的生活中,"灵性"一旦产生,不会轻易消失,它与人们的生活关系越是紧密,其稳固性越强。

三、生产者对于神像的态度

神像的"灵性"生产经历了物质形体的塑造,让形体"有神"以及使神像"更灵"的仪式等过程,这些过程都具有严格的标准和严谨的仪轨,神像才得以逐渐从物到人再转而为神,受到众人的朝拜。生产者作为神像生产的主体,在技艺制作上发挥主要的主观能动作用,陈一水与张一斌也有自己的思想观念,对于神像有自己的认知态度,这种态度相对于信众来说较为客观。

> 我不信神像,这里头有个原因。这里人把老奶奶当作神像。我不信神像。不信的原因?我亲自找人,亲自设计,亲自领导做的神像。……我与塑像老头无所不谈,甚至叫他干爹,很亲近。我觉得,想法让老头把像塑好,我就为老奶奶出了力了。神我是信的,但不信神像。我在哪看到一句,我补充成这么一句:一尊神像,二目无神,三餐不食,四肢无力,五官不正,六亲不认,七窍不通,但却八面威风,九坐不动,十分无用。这是贬低神像的。但六亲不认是高抬了,可以改一句。精神上我是信的,冥冥之中有神。[2]
>
> 我塑神像,其实我不信神,我只说人家让我给他塑像,咱给人家塑好一点,有的塑的那就不能看,人照样给它磕头。但是,有的人就心里不舒服,说这神嘛怎么就畏畏缩缩的。咱塑神像就是说从艺术的角度,把人家的神像塑得更好一点。我不信仰这个神真能给人什么,我一直不太相信这些,我是个无神论。有的人就是信这个,咱这就一直把这当作一个谋生手段,因为咱

---

[1] 林玮嫔. 台湾汉人的神像:谈神如何具象 [J]. 台湾人类学刊, 2003 (02): 142.
[2] 访谈对象:陈一水;访谈人:鲍江;转引自鲍江. 娲皇宫志——探索一种人类学写文化体裁 [M]. 北京:社会科学文献出版社, 2013: 138-139.

会这个。①

陈一水与张一斌都直接参与了神像的塑造与生产过程，二者的个人观念中都不相信神像，但陈一水相信神灵的存在，而张一斌称自己为无神论者，不相信神。他们一致的目的都是将神像塑好，陈一水认为塑好神像是对神灵出力，而张一斌则是从艺术角度想将其做好。这是两位生产者对于神像的态度，有一致的地方也有不同之处。论其原因，陈一水提到自己参与神像制作的整个过程，并不认为其神秘，因而他不信神像；而张一斌则称自己一直以来都不相信神，这是他一贯的思想观念，与制作神像无关。无论何种原因，二者对于神像都持不相信的态度，而这种生产者的态度在神像上并不会得到体现。神像塑成之后，只要经过相应的仪式，神像就可以成为人们供奉的神灵，因此，神像的"灵性"与生产者的个人思想无关。

另外，景区管理者作为主家对于落成的神像也有自己的态度，他们对于神像的评价并非从内在的信仰出发，而是出于景区规划建设的目的以视觉观看效果为评价标准，更多的是从外在的艺术工作角度展开，属于工作验收的范畴。

> 这个在2003年换的，我觉得以前那个的泥塑，要比大殿目前塑的女娲，要比那个好。我感觉现在这个比例不是特别协调，感觉它头小，身子大，再那个眼睛不太那个，没有神吧。这个泥塑的价值比较高，铜像甚至没有它价值高，玻璃钢的和铜像更不能比，所以玻璃钢的放到这里本身就不严肃，所以说如果有资金到位，我们的想法呢，把它换成铜像。现在这个玻璃钢的，整个做不出那个神态，眼睛不是眼睛的。②
>
> 现在阁楼上那四尊像，做得我不是很满意，咱广场上这个好，阁楼上当时也是时间紧，运回来之后一看我就不满意，那个脸部神态就不是咱们之前

---

① 访谈对象：张一斌；访谈人：孙伟伟；访谈时间：2021年2月16日；访谈地点：山西省运城市僧楼。
② 访谈对象：程一俊；访谈人：孙伟伟；访谈时间：2020年7月14日；访谈地点：娲皇宫综合办公室。

认定的那种样貌。①

它这个②没有广场上这个慈祥,广场上这个像标准,因为它做得比较细致。那个是玻璃钢的,模子铸出来它变形,所以它不跟咱广场这个这么慈祥,瞧了以后就像母仪天下那种。但那个呢,有时候就太光了,看不清面孔。它跟广场这个不一样,这个是在外面雕的,用电动的砂轮,雕眼睛,雕眉毛。那个玻璃钢的,虽然模子雕得好,但是一让这个溶液让里一倒,然后再加上那个网钢,铸出来以后它就没有那么细腻了。③

以上三个口述者都是负责神像更换工作的景区管理者,他们一致认为更换的四尊神像外形效果不佳,并将其与补天广场的雕像对比,认为广场的女娲像相对较好。他们最为看重的是神像的神态刻画,第一位认为神像没有神,第二位则提出神态没有达到预定的标准,第三位强调不够慈祥,三者在衡量神像外形的标准上是较为一致的。他们在评价神像时也掺杂了自己内心潜在的女娲形象,不符合其心理预期便持否定的态度。另外,景区管理者对于神像的生产和更换具有决策权,他们在不满意神像之余,会考虑在经济允许的情况下再次进行更换,是推动神像进行生产的直接力量,起到重要的引领和决策作用。可以说,神像的生产是景区与匠师双方的互动过程,普通民众难以参与其中,也不需要参与其中,而对神像的接受态度与生产者也完全不同,关于神像的接受将会在下一章详细论述。

总之,神像可以与朝拜者产生交流,而这种交流的产生基于神像所具有的"灵性"。神像塑造作为民间艺术,是一种物质生产,但在其生产过程中会受到"灵性"的指引,匠师通过赋予其形体,将形体活化,最后再注入神力,以确保神像能具有"灵性"。"灵性"一旦产生,就成为神像的内在属性,依靠与人之间的联系来维持,外在变更的只是形体的改变。匠师与主家是神像生产背后的

---

① 访谈对象:李一成;访谈人:孙伟伟;访谈时间:2021年3月23日;访谈地点:涉县女娲文化研究所办公室。
② 指阁楼四尊像。
③ 访谈对象:李一长;访谈人:孙伟伟;访谈时间:2020年9月25日;访谈地点:去往清漳水库的车上。

主体，双方在雇佣关系的基础上各司其职，共同完成神像的生产。在生产过程中，匠师的个人思想并不会影响神像的塑成和"灵性"的消解，而景区管理方作为决策者会直接推动神像的生产与更换。

第二节　出神入"画"：故事的绘制

娲皇宫的女娲图像除偶像型的神像之外，其余为叙事型图像，重在展现女娲神话的内容。叙事型图像跳脱出神像的"灵性"，而将"故事"绘制于画中。那么，神话是如何被绘制出来的？总的来说，画师是实施绘制的主体，但在绘制之前，他们与主家会围绕图像设计反复协商，审定之后，再进行构图与绘制。在绘制过程中，他们重在将神话内容呈现出来，其个人的知识积累与思想观念也无形地渗透其中。

叙事图像作品可分为公共作品和个人作品两类，作为公共景观的图像在创作过程中考虑因素较多，需要多方协商；而个人作品的创作过程主要是根据创作者个人的灵感与技法。娲皇宫景区叙事型的公共图像有补天广场的雕塑、景区入口的彩绘、补天园的九大功绩图等，此类图像在绘制之前要经过多方协商，重要图像还要广泛征稿，在达成协议之后方才由画师进行创作。除此之外，在民间也存在个人的剪纸或绘画作品，其创作相对灵活自由。无论是公共景观还是个人作品，画师都秉持着沿袭传统、自行创新的原则，将神话合理地视觉化。

一、围绕图像设计的互动协商

与神像的生产相似，娲皇宫故事图像的绘制主体也是由景区与画师组成，景区作为主家，雇请画师来进行创作，二者既是雇佣关系，也是合作关系，共同来完成故事图像的生产。图像设计是实施绘制前的关键步骤，它决定着图像最终成型的样貌。娲皇宫作为大众旅游地，景区中的图像皆属公共景观，这就决定了画师在绘制时不能随心所欲，而是要考虑景区方的需求。因此，围绕着图像设计，景区方和创作方需要相互协商，反复修改才能确定方案。

景区重大图像作品的设计是广泛征稿，多方审定，再交由中标的艺术家进行修改创作，如景区的标志性景观补天广场的女娲雕塑。而一般的墙体绘画则是直接由主创者设计出多种小稿，交由景区方审定，再进行绘制，如景区大门的彩绘等。

第一，重要景观的设计广泛征稿，多方审定。补天广场的女娲雕像（图4-10）是娲皇宫景区的标志，该雕像落成于2003年，为花岗岩材质，分女娲像与底座浮雕两部分，上部的女娲像呈站立姿势，手托五彩石，端庄慈祥；下部底座为四幅浮雕作品，分别展现了万民朝拜、抟土造人、炼石补天、斩黑龙的故事。该图像是娲皇宫景区的核心，它的设计经过了广泛的征稿和严格的审定。需要说明的是，人们虽然对补天广场的女娲像也进行敬拜，但在生产之初，景区是以标志景观的定位来进行生产的，并未如大殿神像般进行装脏、开光等仪式，因此不能将其归类于神像的生产。当时负责规划的景区管理者程一俊为笔者讲述了该图像的设计过程：

  广场这个塑像是2003年，是那个中央美院的党委书记盛扬，他亲自审定的这个项目，紧接着给那个北京的厂房，最后定稿的时候我去过。做这个像之前，我们是广泛征稿，也是在女娲文化的脉系，你比如说天水啊、淮阳啊都发过征稿的通知。后来就征集到很多，经过筛选，最后选出来现在这个女娲像来。在征集之后，我们找专家进行修改，然后才敲定。

  它是经过多方协商修改的，当初征集过来好多都是女娲手托五彩石飞天的这么一个图形，女娲双手合拢在这儿盘坐的也有，各种造型都有。最后我们选择了慈祥天下这种，想让她雍容华贵、母仪天下的这种感觉，非常慈祥的这种面容，最后选定了这个。这个像是9.9米高，象征九九归一吧，就比较大。当时征集的小稿全是泥塑，小比例的。最后塑的时候咱是用花岗岩，下面的是红砂岩，花岗岩首先坚固，如果是汉白玉的话，它比较脆，就说在暴晒或者这个强烈的热气什么的之后，它容易裂。另外，它和整个周围的环境相匹配，还是花岗岩，包括它的颜色啊，材质啊，应该是这样。材质这些也是听专家的建议来选择，都是大家一起协商。①

图 4-10 补天广场的女娲雕像及底部浮雕

可见，广场雕像的竖立是一个复杂的沟通协商过程。首先，景区对重要图像的重视度高。雕塑的设计经过广泛征集，由大众投稿，成立专门的讨论小组来评选，在经过专家审定并修改后，才得以定稿。其次，征稿的范围广泛。景区在民间大众中广泛征求设计稿，尤其是对女娲文化了解较为丰富的地区，以求设计出来的女娲形象能符合大众的审美需求。最后，图像选择的标准由景区定夺，娲皇宫景区以娲皇圣母的信仰为核心，慈祥端庄的圣母形象成为景区方选择图像设计的标准。因此，重要公共景观的制作是多方互动协商的结果，景区从大众的需求出发，结合景区的核心与环境，来选择和审定图像。

第二，景区墙体彩绘的设计由主创者设计，景区选定。相对于标志性的景

---

① 访谈对象：程一俊；访谈人：孙伟伟；访谈时间：2020 年 7 月 14 日；访谈地点：娲皇宫综合办公室。

观，墙体的彩绘设计规模较小，它的设计与审定也是由景区方与创作方商议协调，图像的设计直接由主创者提供小稿，景区从中选定，在这个过程中，景区会为主创提供资料。双方虽是共同协商，但仍是以景区的要求为主，景区在图像设计的选择上具有决定

图 4-11　笔者（左）访谈彩绘主创王小奇（右）

权。景区大门的彩绘是 2013 年由涉县当地人王小奇所绘，王小奇是天津美术学院壁画专业的硕士研究生，她为我们介绍了当时绘制图像的情况：

  这个彩绘吧，当时是景区找的苏晓明老师，他又找的我，然后签的合同。我是设计的，设计的那个小稿。当时设计了两种，一种是现在这个，另一种就是一些比较简单的图案，就是想让他采用浮雕的那种形式，后来那个造价太高，景区就没有选择那个。我们中间协调过很多次，然后就一起来做。当时一起做的有我，我是天美壁画系的，还有一个天美国画系的，还有一个娲皇宫的，就那个总的艺术总监也在那儿画。主要的人员就这几个，其他都是一些小工，涂涂，刷底子呀什么的，大概画了有两个月时间。①

  从上述访谈可以看出，墙体彩绘并非由画师直接绘制，而是由景区选定画师，画师提供设计方案，再由景区选定。在这个阶段，景区占主导地位：首先，画师由景区来选择，选择专业院校的壁画人才作为主创，并与画师签订合同；其次，景区根据自己的需要选定样稿，王小奇作为主创，设计了多种方案，

---

① 访谈对象：王小奇；访谈人：孙伟伟；访谈时间：2020 年 7 月 15 日；访谈地点：涉县旅游宾馆 A307 房间。

供景区选择，景区根据资金、周围环境等选择合适的方案；最后，景区全程参与——在绘制过程中，景区负责艺术的工作人员也会参与其中，与画师队伍共同完成，画师在此只是负责艺术设计、具体绘制等技术工作，整个过程以景区的决定与安排为主。

第三，多次修改，反复协商。无论是重要的标志性景观，还是普通的墙体彩绘，在图像设计与选定的过程中，景区与创作方都会因图像效果多次协商，景区提供意见，创作方反复修改，之后才达成一致，最终定稿。补天广场女娲图像与大门处的墙体彩绘从设计到定稿都经历了反复修改，负责审定样稿的景区管理者李一成和彩绘主创王小奇分别讲述了当时修改的情形：

> 征稿通知发出去以后，那些天征集的小样稿特别多，办公室能有一地，却没一个我满意的。那天，我正在办公室忙着，来了两个人，带着一尊像进来，我也忙得就没顾得上看他们，也不问，只知道是过来送样稿的。他们就把像放到旁边的小桌上，我瞥了一眼，就看见那个线条啊什么的特别流畅，就把我吸引了，我觉得肯定不是一般的人做的，一问专门从北京过来的，就和他们聊。当时那个小像比例、体型特别好，但是那个头部是妈祖的那种皇冠，我一看我就说这是妈祖的，不是女娲的。他们一下就觉得这个人懂，我怎么知道嘞？我当时去专门找书看，看那个《中国100吉祥神》，里面各种各样的神，唯独没有女娲神，但从那个书里综合综合，心里大概也就有了个那种模样。后来他们就回去改，最后改成了发髻，反复修改了好几次，这个头部后来是他们的老师，就中央美院的盛扬老先生亲自做的。①

> 其实女娲这个吧，它可以创作成那种特别原始的，就是形象也没有那么美，胳膊也没有那么纤细，衣服也没有那么漂亮，其实也可以创造成那样。但是他就是领导嘛，考虑到就是因为我们是乙方，娲皇宫景区是甲方，就是画了很多方案，反反复复修改，就是这样的。最后，一个比较富丽堂皇的唐朝的这

---

① 访谈对象：李一成；访谈人：孙伟伟；访谈时间：2021年3月23日；访谈地点：涉县旅游宾馆女娲文化研究所。

种飞天的，其实这种比较富气、富贵的这个方案通过了，然后就画的这个。中间也很多次画上去，领导要改啊什么的，因为壁画就是这个样子。①

补天广场的女娲像与墙体彩绘在设计阶段都经历了多次修改，其中，景区作为甲方，掌握着决定权。我们可以从上述几段材料中总结出景区对图像设计选择的标准：一、符合景区环境与主题。娲皇宫以女娲的始祖母神格为基点，景区在选定图像时，"想让她雍容华贵，母仪天下的这种感觉"，侧重于围绕始祖母的基本特点，如慈祥、端庄、富贵等，无论是广场塑像还是墙体彩绘，都偏向于这样的风格特征。二、与管理者个人思想与审美相契合。景区管理者对于设计的审定具有决策权，如上文李富成（前旅游局局长）所述，他在选择图像前查阅资料，自己心中"大概有了那个模样"，无形中以自己的思想和审美为标准进行遴选。三、造价合理。图像绘制属于景区规划的一部分，需要控制预算以保障资金流转，墙体彩绘在设计之初有浮雕设计的方案，"后来那个造价太高，景区就没有选择那个"，因此景区在选择图像设计时会考虑资金因素，以使图像的生产合乎景区规划的预算。

总之，公共作品的设计是景区与创作者互动协商下的结果。景区在这个过程中发挥着决定性的作用，他们考虑多重因素，选定图像的风格，决定着图像的最后呈现，是公共景观故事图像化的决策者。图像的创作者则是具体实施者，与决策者是雇佣关系，按照景区的标准进行工作。但是，具体的绘制过程由创作者主导，他们会凭借自身的美术技艺，全权掌控构图、人物形象及色彩的运用，在这一点上与个人作品的绘制相同。相较于公共景观，个人作品在图像设计之初并不与他人协商互动，创作过程更为随意，灵活性也更强，完全取决于创作者个人的思想和技法，下文将一并讨论。

二、构图与绘制

女娲神话历史悠久，底蕴深厚，它的绘制与一般的艺术创作不同，其表现

---

① 访谈对象：王小奇；访谈人：孙伟伟；访谈时间：2020年7月15日；访谈地点：涉县旅游宾馆A307房间。

内容相对较为明确，以展现传统的女娲故事为目的，因而创作者在绘制时往往会沿袭传统，人物形象、画面内容等多借鉴历史图像。但是，图像绘制属于艺术创作的范畴，并不是简单的模仿传统，他们会根据个人思想、时代特征等因素创作出崭新的图像。下文将以娲皇宫景区大门处的彩绘与个人剪纸作品的创作为例，来分析创作者如何在沿袭传统的基础上加入个人创新，从而实现神话的视觉图像化。

1.沿袭传统

找寻灵感是创作者绘制图像的前提，就神话图像来说，创作者的灵感来源有：一是来源于传统的神话；二是来自历史的图像。在创作之前，创作者要熟悉神话的内容，了解相关的图像，寻得灵感之后才开始创作。创作之时，图像中人物的形象及其他图案也离不开传统绘画的熏染，可以说，整幅图像的绘制是以传统为基石而进行的。

（1）灵感来源于神话传统

娲皇宫大门处的墙体彩绘由涉县画师王小奇所绘，在开始创作之前，她阅读了景区提供的关于女娲九大功绩的文字材料，了解相关的内容之后，根据墙面的情况选取了补天与斩黑龙两个内容来展现。在绘制之前，她还参观了娲皇阁上的壁画，从中找寻灵感，撷取元素来进行构图的设计与绘制，尤其是女娲斩黑龙与补天的形象与姿态。

孙：小稿你当时是怎么设计的？也就是说你创作的灵感是怎么来的？
王：内容的话，主要就是根据那个女娲的九大功绩。然后图像嘛，就是，您今天到那个吊楼[①]上面去了吧，今天。
孙：嗯，去过了。
王：他那个吊楼上面有各种图像，根据这些图像，然后自己也发挥了一点儿。
孙：具体是吊楼上哪些图像？

---

① 指娲皇阁。

王：吊楼上有那个壁画，阁楼上有3圈，有伐纣、补天那些壁画。上面那个不太清了，主要借鉴的是斩黑龙，还有补天那个图。但是，也没有完全太借鉴，就一些装束呀什么的。反正这个都得借鉴，你不能完全自己创作，因为他景区是一个公共的作品，不是说我私人的创作，他要领导审核，大家一起看什么的。①

图4-12 娲皇宫大门处故事彩绘

景区大门处的墙体彩绘为纲要式叙事的图像，以女娲的姿势为中心，配合以其他相关元素来展现故事内容。这幅图像在绘制之前，创作者王小奇先阅读了大量的传统神话，再去景区参考了现有的图像材料，从中找寻创作的灵感。她在谈及借鉴阁楼壁画时，又一次提到景区的公共作品不是私人创作，其创作的灵活性受到一定的限制。那么，相对灵活的个人作品创作，其灵感来源是否也来自传统？是否与王小奇所述相似？在涉县民间，有关女娲的个人剪纸艺术作品，一类是由剪纸艺术家所刻画，另一类则是普通民众的日常作品，他们多是取材于传统女娲补天的神话，结合当地特色来进行创作。涉县当地的剪纸作品多为单幅作品，属于单一母题叙事的图像。

---

① 访谈对象：王小奇（简称"王"）；访谈人：孙伟伟（简称"孙"）；访谈时间：2020年7月15日；访谈地点：涉县旅游宾馆A307房间。

图4-13是一幅女娲补天的剪纸作品，由涉县著名剪纸艺术家樊炳星[①]创作，作品展现了女娲补天的一瞬，为典型的单一母题叙事图像，左侧刻画了娲皇宫景区的阁楼，极具地域特色，是传统神话与地方文化结合的图像作品。樊炳星是涉县当地人，其作品多以当地文化为主题，如女娲文化及"一二九师"的抗战题材，其创作灵感多取材于传统故事与地方文化。与剪纸艺术家的作品不同，普通民众的剪纸作品则显现出别样的拙美感：艺术家擅长细致的刻画，技法精细考究，而普通民众在日常生活中的剪

图4-13 涉县樊炳星女娲补天剪纸作品

纸多以窗花、动物、吉祥等简单图案为刻画内容，对于故事图像的创作较少，也相对较为简单。

图4-14为涉县更乐镇又上村村民张一廷的剪纸作品。张一廷是一位剪纸爱好者，日常生活中以剪窗花为主，尤其是牡丹花、石榴花、双囍等具有吉祥寓意的图案。据张一廷介绍，周边会剪纸的老人包括自己在内很少有主动创作女娲图像的，但是也会剪一些较为简单的。在笔者的要求下，他创作了图中两幅女娲补天的作品。这两幅作品并非其原创，而是仿照已有的剪纸图片创制，根据女娲补天的神话在网络上搜索相应的剪纸作品来进行模仿。日常生活中剪纸创作的工具较为简单，仅为一把剪刀，并无刻刀等其他工具，因而纯手工剪制的作品较为朴实，并无过多精致的细节，创作环境也较为随意和灵活。与王小奇的彩绘及樊炳星的剪纸作品相比，民间日常的女娲图像创制无过多的修饰与思考，灵感来源于已有的作品，对其借鉴，随时可以进行剪制。

以上剪纸作品皆属于单一母题叙事的图像，内容较为简单，以展现女娲补天的瞬间为主。剪纸艺术是我国民间重要的艺术活动，分布地域广泛，笔者在

[①] 因疫情原因，2020年笔者未接触到创作者樊炳星，2021年1月，樊炳星去世，此处仅作客观描述。

图 4-14 涉县更乐镇村民张一廷及他的剪纸作品

选定田野点的过程中,在山西阳泉地区调查到一幅情节式叙事模式的女娲剪纸图像,内容丰富,情节相对完整,在此援引此图像来进行对比,以丰富对个人作品创作过程的论述。山西阳泉的梁晓[1],也是当地的剪纸艺术家,她创作了一套关于女娲的剪纸作品,在问及其灵感来源时,她为笔者讲述了阳泉盘合剪纸[2]的神话来历:

> 实际上它就是远古时期的一个故事,也就是神话传说,它讲的就是咱盘合的来历。它是有一个咱们所说的葫芦说和磨盘说,葫芦说指的就是说当时伏羲女娲遭遇洪水,浩劫以后躲到葫芦里,然后把命保全了,但是世上只剩下兄妹俩了,是这样一个传说。至于后来的磨盘,说他们当时卜卦了,在卜卦,为什么?因为繁衍生息肯定是问题了嘛,兄妹俩怎么可能繁衍生息。这个滚磨盘的时候,南山北山山顶上往下滚磨盘的时候,两扇磨盘在山底合拢,

---

[1] 梁晓,山西省省级非物质文化遗产传承人,中国剪纸艺术家学会会员,山西省民间剪纸艺术家协会副理事长。
[2] 注:盘合剪纸是山西省非物质文化遗产,是结婚的徽标,俗称"民间结婚证",是山西省阳泉市平定地区结婚时必备的圆形剪纸。

这个就是卦相里面告（诉）他们的，磨盘合拢说明是天意，磨盘合拢说明是有悖人伦，是吧？给果合拢了，磨盘合拢就是盘合，就这样的一个来历。完了以后咱们现在为什么说盘合是咱们平定的文化，因为我们平定古贝的浮山，它就有女娲补天的遗址，我们还有很多浮石是吧？就是重量很轻的那种石头，因为重量太重的话，它搭到天上会掉下来的，是不是？[①]

图4-15 梁晓（左）为笔者讲解作品

梁晓的剪纸作品名称为《平定古州盘合的故事》（图4-16），是"盘合"来历的女娲神话以及当地的地方文化给了她创作的灵感，她用自己的技巧将该神话视觉化，这与樊炳星剪纸的灵感来源一致，都是将传统神话与地方文化相融合。她从女娲神话的故事中撷取精华，并将其用剪纸表现出来，这四幅作品的内容情节与她所述"盘合"的来历相差无几，是神话给了她灵感，她又用剪纸创造了新的神话。

① 访谈对象：梁晓；访谈人：孙伟伟；访谈时间：2020年7月10日；访谈地点：山西省阳泉市梁晓剪纸工作室。

图 4-16　梁晓《平定古州盘合的故事》剪纸作品

（2）对传统图像的借鉴

人物形象与图案元素是图像构图的主要部分，在女娲故事图像中，女娲的形象、姿态以及周边与之相配的元素都是创作者首要考虑的。这部分内容中王小奇与梁晓均对传统的图像进行了借鉴。

> 斩黑龙这个，当时就可能比较喜欢这个吧，你看这个动作都比较像那个武侠的那种，它是有一点模仿阁楼上那个动作姿势。这个其实，这整幅画就是，除了动作你需要自己设计一下，然后衣服你需要把这个构图充满一下是吧，其他的像这个水呀龙呀，就是中国古老的图腾，还有这些云，基本上就是龙，它就是这么画的，我就只需要给它摆一摆就行。比如这个云，这就是中国传统的云纹嘛，然后有祥云啊，月亮啊，太阳和金乌这些，就是用这些云纹和山把这两个故事给连起来，这其实都是一些绘画里常用的手法。①

---

① 访谈对象：王小奇（简称"王"）；访谈人：孙伟伟（简称"孙"）；访谈时间：2020 年 7 月 15 日；访谈地点：涉县旅游宾馆 A307 房间。

第三章 "有神"：女娲图像的生产 / 155

图 4-17 娲皇阁补天阁壁画局部（左二图）
与大门彩绘局部（右二图）

娲皇阁的壁画年代相对较早，王小奇在绘制墙体彩绘时，借鉴了阁楼壁画中女娲的姿态与形象。如图4-17，左边两幅图为阁楼上的早期壁画，右边两幅图为王小奇所绘的壁画，相互对比可以看出，斩黑龙的姿态与补天的姿势均是对阁楼早期壁画的借鉴，从中可以明显看到女娲图像传承的痕迹。除主要的人物动作外，其他元素的绘制也是利用传统的绘画技法，如龙、云纹、水等等，这些基本元素都是传统的吉祥纹饰，创作者沿袭传统，既可以减轻创作的负担，又能被观者熟知，使观者更易读懂图像内容。与之相似，樊炳星、张一廷及梁晓的剪纸作品中，女娲同样都为古代妇女的传统形象，身着古装，同样也多采用祥云等吉祥元素点缀，都是对传统的借鉴。此外，梁晓在她的作品中还利用了传统的人首蛇身交尾形象，将历史图像融入自己的剪纸创作之中。如下图4-18，她用交尾图来表现伏羲女娲二人结为夫妻，并有意在一旁加了红色的盘合剪纸以示其来历。这幅图的创作沿袭了新疆阿斯塔那墓葬出土的唐代帛画，二者对比，整体构图与服饰特点都较为相似，帛画中的日月在剪纸作品中也得以呈现。关于人首蛇身交尾图，她在设计之前广泛查阅了相关资料，对历史上中原和边疆的人首蛇身图做了一定的了解，然后再结合剪纸的特点，将其设计出来。①这个过程呈现了她在选择人物形象时并非仅凭个人想象，而是遵循传统，取其精华，创新而成。

图4-18 梁晓的伏羲女娲像剪纸与吐鲁番出土隋唐帛画对比

2.个人创新

女娲神话作为古老的传统文化，丰富的故事内容与繁多的历史图像为当代

---

① 访谈对象:梁晓;访谈人:孙伟伟;访谈时间:2020年7月10日;访谈地点:山西省阳泉市梁晓剪纸工作室。

图像的绘制提供了肥沃的土壤。但是，沿袭传统，并不等于复制传统，而是在借鉴传统的基础上进行重新创造，发挥个人的主观能动性，以突破传统，绘制出新图像，这个过程便是女娲图像不断传承创新的过程。创作者的个人创新包括绘制形式与构图两个方面。

（1）绘制形式的创新

墙体彩绘是壁画的一种，长时间不易保存，尤其是室外彩绘，风吹日晒，保存日期有限。根据现实情况，王小奇并未依照传统壁画的绘制方法，而是自己创新，多次打底，以保持彩绘的长久性。

> 它这个壁画绘制有很多种方法，我这个也不是就按照传统的那种，也是自己发明的。我就是先拿那个水泥抹了，然后喷的那个真石漆，就是颗颗粒粒的那种，然后又涂了一层一种那种就透明的漆吧，简单地说就是那样。之后又涂了好几遍，又刷的丙烯，然后在上面画，画完之后又做的防晒什么的，然后又涂了一遍。因为这个画，现在是2020年了吧，6年了吧已经有。当时那个领导说，你画完这个画能保存三年就不错啦。①

为方便图像的长久保存，王小奇作为主创创新了绘制的方法，这表明创作者对创作的具体过程具有完全的主观能动性。图像保存时间越长，故事呈现的时间也越久，因而创作者对绘制方式的创新考虑到了故事视觉化过程中重要的时间要素。而梁晓的剪纸作品则是提前考虑了视觉心理的要素，同时创制了红、蓝、绿、黑四种颜色的女娲故事剪纸。

> 你问它为什么用蓝色，我做了一套绿色的，还做了一套黑色的，做了一套红色的。做了4套，各种颜色的，就一模一样的。因为它是一个板出来的，蓝色的给人一种神圣的感觉，绿色是生命的感觉，是吧？红色肯定是喜气嘛，

---

① 访谈对象:王小奇（简称"王"）;访谈人:孙伟伟（简称"孙"）;访谈时间:2020年7月15日;访谈地点:涉县旅游宾馆A307房间。

黑色就是庄重，但是一般不用黑色，咱们这边的人，但是你如果说到了东北的窗花，那是用黑色的，是吧？它是地域文化是不一样，你到了咱们这边，咱们就是以红色为主，黄色为主，这种佛教黄也好，或者说是红色的就是咱们中国红也好，它都是比较喜气的颜色，大家都能接受。①

华北平原地区的剪纸作品一般用红纸，梁晓却发挥自己的创造力，并没有只选择红色来展现，而是选择了多个色彩。她认为每种颜色有各自不同的寓意：红色表示喜庆，绿色代表生命，蓝色有神圣的感觉，黑色表示庄重。在访谈过程中她还介绍了一般都不用黑色的原因。这表明，梁晓在颜色的选择上是相当考究的，不是仅仅抓住传统的红色不放，而是发挥了她个人的选择权，根据寓意及审美去选择自己想要的颜色，可以看出她的创新思维。另外，她在选择颜色时，顾及各个颜色的寓意以及颜色能给观者所带来的心理感觉，说明创作者会以预设观者的感知为前提，来进行个人创作。

（2）构图的创新

构图的创新主要表现为多种其他元素的混合运用，这些元素不属于神话之中，却丰富了画面的效果。创作者在用图像展现神话时，一般以故事中的主要元素为主，辅之以其他传统元素来丰富整体构图，王小奇将凤凰、鹰、香炉等元素纳入"补天"和"斩黑龙"的视觉表现中，樊炳星、张一廷将云纹放置于剪纸的构图之中，而梁晓更是将石榴花、牡丹花、莲花等吉祥图案融进女娲故事的剪纸之中。

孙：您能具体给我们讲一讲这个壁画的一些细节吗？

王：你看（图4-12），这边（右边）主要的是一个女娲补天，然后这边（左边）是一个女娲斩蛟龙。女娲的这个衣服和色调就是唐朝的那种感觉，就是比较复古，比较富丽。还有这边这是个凤凰，它就是那个火凤凰，

---

① 访谈对象：梁晓；访谈人：孙伟伟；访谈时间：2020年7月10日；访谈地点：山西省阳泉市梁晓剪纸工作室。

这个可能就是为了构图需要，我就加了一只。它也是中国传统的一个图腾吧，然后就把它放在这里。这下边就放了四个炉子，因为四个炼石炉和这个四个柱子，就撑天柱，一致，就用了四个。但是，这个炉子具体有几个，我没有在文献里查出来，我也不知道，当时画这个就是为了对称均衡，为了好看，构图需要。它这个柱子呢，它不是鳌足嘛，就是把那个鳌足斩下来，变成了四个柱子，所以是那种鳞片啊什么的，就是这样设计的。然后那个炉子吧，它就是取了一个中国鼎的那种图像。

孙：嗯嗯。

王：还有就是，整个的画面吧，就有点儿就采用了唐朝敦煌里面那种飞天的感觉，有一点那样的效果。这个（斩黑龙）就是一个附图，相当于，因为它（补天图）是一个正面，转过来，这是个侧面啊，就比较小，然后就感觉无论是这个面积还是什么，就是用这个斩黑龙的内容安排到这儿是比较合理。她的这个衣服我想的是有一些侠女的那种感觉吧。

孙：黑龙这上面是个鹰是吗？

王：嗯，对，这个应该在那个文献里面好像也有这个记载好像。具体我也不知道，也忘记了，我记得当时是那缺一个东西，那个角，我也不知道画啥，如果画成云的话就都是云，太雷同了。然后我就去找，可能在这个女娲故事里，也可能在其他的故事里出现过这个动物。因为这个画画它不需要说跟文字一样，它不需要那么精确，就只需要就用视觉传达出这个信息，就可以了。[①]

图像的创作者是艺术工作者，其创作是以构图和视觉效果为首要目的，王小奇多次提到"构图需要"，根据视觉效果多次增添元素，使得画面效果更为丰富。另外，她还考虑到图像的布局，根据墙面的空间位置及面积来安排内容。王小奇认为"画画它不需要说跟文字一样，它不需要那么精确，它就只需要就

[①] 访谈对象：王小奇（简称"王"）；访谈人：孙伟伟（简称"孙"）；访谈时间：2020年7月15日；访谈地点：涉县旅游宾馆A307房间。

用视觉传达出这个信息，就可以了"，说明此类神话图像的创作者并不过于强调书面文本与图像的完全对等，而只是传达出一些主要的神话信息。这一点也能从梁晓的剪纸创作中看出，她用各种不属于神话中的传统元素来处理细节，从而让画面更饱满、故事更鲜活。

> 我们仔细看（图4-16），你看第一个，就是女娲胸部的装饰物是梅花，遇到洪水是需要坚强的，对不对？下来以后你看到了这儿开始繁衍人类，她胸部的装饰物是牡丹花，需要富贵。到最后造人这里，你仔细看到这儿变成石榴，它是多子多福是繁衍生息的。所以说很多内容，你看桃子这是长寿的，为了补天，也是给人类的长久的生活的一个愿景，对不对？所以它好多的内容我们去做的时候，肯定不是那么说是我做出来就算了，做完你得保持一种每个地方它是一种什么寓意？它是一种什么表现手法？我们要把它结合起来。①

如图4-16，左上图表现洪水滔天，女娲和伏羲躲在葫芦里，女娲的眼泪是可以看清的，此时她胸前是梅花，代表着坚强；而到右上图中，场景变为二人结为夫妇，女娲胸前的装饰变成牡丹，象征着富贵，腹部的莲花装饰表示圣洁；再到右下图造人部分，胸前装饰物变成石榴，寓意多子多福；补天的时候胸前装饰物又变成了桃子，代表长寿，是给人类长久生活的一个愿景。整幅作品细节颇为丰富，葫芦、女娲胸前的梅花、女娲的眼泪等，都为作品锦上添花，不仅讲述了女娲的神话，还充满了美好的内涵和意蕴。这些细节虽小，却承载了该作品内涵的重要部分，若非创作者介绍，笔者并不会注意到这些元素，仅认为是剪纸的微元素。这些吉祥元素的融入体现了梁晓对构图的细心和创新，她并没有被书面文本所禁锢，而是在文本之外增添其他元素来完成整体画面的构图。

综上所述，在具体的绘制过程中，公共作品与个人作品一致，创作者发挥完全的主观能动作用，完全掌控图像的绘制过程。他们在绘制时，都会沿袭传统，从传统的女娲故事、地方文化及历史图像中寻找灵感，借鉴传统的图像元

---

① 访谈对象：梁晓。访谈人：孙伟伟；访谈时间：2020年7月10日；访谈地点：山西省阳泉市梁晓剪纸工作室。

素结合个人创新来完成图像的画面设计。

三、创作者知识与思想的渗透

与神像的生产不同,创作者在绘制故事图像时,会将自己的知识与思想观念融入图像中,完成对故事内容的呈现。可以说,创作者个人的知识水平与思想观念对故事图像具有重要的影响,与图像最终呈现的效果息息相关。具体到女娲故事图像,创作者个人的知识水平主要是指对女娲神话及其传统的了解,他们将所掌握的文字故事视觉化,甚至发挥技能优势,以图文并茂的形式来展现神话;思想观念是创作者对神话及社会等的认识态度,主要包含对神话精神内涵等的理解。

(一)自身知识的融入

创作者一般从文献记载或口头讲述中习得神话知识,从中撷取可以视觉展现的重要元素,将其组合拼接,勾勒出具有故事情节的画面。在这个过程中,创作者所掌握的神话知识是完善图像的关键,所了解的知识越全面,素材也就更为丰富,而对于图像来说,内容的完整度取决于故事元素运用的丰富程度。因此,创作者对相关知识掌握得越多,元素的运用会更加丰富和细致,所表达出来的神话内容也就越完整。但是,图像是空间性质的,难以把握故事所具有的时间性,创作者为解决这两方面的错位,也会采取图文并茂的形式,在图像旁边加以配文,以展示图像所难以表达的情节。

1.对文本知识的视觉化

绘制神话首先要对故事内容有清晰的了解,对能够展现故事的基本要素进行提取,如女娲神话中的泥人、补天石、鳌足等,将故事的背景也进行适当的还原。娲皇宫功德园的《九大功绩图》也是王小奇绘制,她查阅了相关历史文献,从景区提供的资料中习得相关故事内容,具体如她在访谈中所述:

孙:这整个下面是水吗,蓝色的这个?[①]

---

① 见图4-12。

王：当时设计的时候就是水，当时也是以那个书上说的，《淮南子》里面也提到，就是补天的时候，地面可能有洪水啊，就是天漏了是吧，然后这边是那个炼石的炉子，这个是鳌足撑天。

孙：就是说您还看了很多这个文献记载，是吧？

王：是，当时参考了很多文献记载，不过现在都忘了。

孙：那个功德园的《九大功绩图》也是您主创的吗？

王：是的，也是我自己先画好小稿，然后拿去打印店把它放大，交给工人贴到那个石头上，然后他们去刻下来，刻不是我刻的，我只管设计。

孙：这样子啊，那这九大功绩图具体是您根据什么故事画的？

王：这九大功绩都有各自的故事，九个功绩就九幅图。当时是娲皇宫，他们不是把九大功绩都归纳出来了嘛，就是找他们要的资料。景区说他们都是根据一些文献记载还有当地的一些故事，比如那个《娲皇圣母的传说》，史镜编的那本，根据这些总结出来的。①

从访谈内容可以得知，王小奇在绘制墙体彩绘时查阅了相关的文献资料，她提到《淮南子》中女娲补天的背景，"地面可能有洪水，就是天漏了"，于是用蓝色的水将其表现出来，用炉子表示炼石，鳌足表现断鳌足撑天的内容。她将《淮南子》中记载的主要元素提取出来，组合布局，表达出女娲补天神话的基本梗概，创作出纲要式叙事的图像。《九大功绩图》也是王小奇根据景区提供的故事材料，从中习得女娲相应的功绩，凝结精华的瞬间来突出内容，如图4-19中的造人类、制笙簧、别男女等，这些图像的内容取自地方文化读本《娲皇圣母的传说》，创作者将其转化为自己的知识后，撷取母题元素，进行创作。

同样，梁晓的剪纸作品也表达出女娲的一系列故事，不同的是，她将各个故事拼接，形成一个女娲生平的故事，情节相对完整，具有时间上的先后顺序，是典型的情节式叙事模式。在创制过程中，她刻意强调画面的动态效果，以传

---

① 访谈对象：王小奇（简称"王"）；访谈人：孙伟伟（简称"孙"）；访谈时间：2020年7月15日；访谈地点：涉县旅游宾馆A307房间。

第三章 "有神"：女娲图像的生产 / 163

图 4-19 功德园《九大功绩图》

达出连续的细节。梁晓为笔者介绍了作品的详细内容,每一幅图都讲述了一个相关的故事,讲述内容如下:

> 四个画面,第一幅画面就是遭遇洪水浩劫,在葫芦里躲过生命。第二个就是卦台山上卜卦、磨盘合拢的一个画面,走近以后你就看磨盘,你说剪纸它的特点在哪里?就是说它可以进行一个时空的转让。你比如说,我们可以表现远古,表现现在,还可以表现未来,这一个画面当中去表现,人们都不会说你表现错了,也不会说你表现的时间太长了。所以说它的神奇之处就是这,这就是剪纸,真正说是为什么剪纸好创作,就是这样好创作。但是为什么说剪纸难创作?是因为它是一个平面的东西,要去体现一个立体空间的东西。你看它磨盘各执一扇,磨盘往下滚,磨盘滚的时候有,那么滚到下面合拢的画面还有,这样的话你就感觉到它整个的一个动态就出来了,这就是第二个。第三个就是他们结为夫妻是吧?肯定也很重要,红的是咱们现在的小盘合,我就给她去那儿做了一个小设计,意思就是结婚啦。下来以后,下面这个小圈这个是月亮,玉兔捣药,你看上为太阳下为月亮,因为阴阳结合,阴阳相及就是伏羲女娲。最后一幅这边造人,在河边捏泥人。对,还有生肖,就是一日是鸡,二日狗、三日猪、四日马、五日羊,完了以后人就是七日,这样的故事对,下来以后还有补天。[①]

四幅图分别讲述了四个神话,但却有明晰的时间线索,讲述了女娲的生平,从遇难到滚磨,再到结婚造人,最后补天。梁晓将不同的故事用时间线索串联起来,形成了一个完整的新故事,这四个故事的表达有三点需要我们注意:

第一,人物的表情细节。第一幅图(图4-16左上)女娲遭遇劫难,神情悲凉,在抹眼泪;第三幅图(图4-16右上)伏羲女娲结婚,女娲神情欢愉,脸部为阴刻,与伏羲相反,手持扇子,表达她的害羞;第四幅图(图4-16右下)女

---

① 访谈对象:梁晓;访谈人:孙伟伟;访谈时间:2020年7月10日;访谈地点:山西省阳泉市梁晓剪纸工作室。

娲造人时神情慈祥，而补天时则更为刚毅。这些细节将女娲在各个阶段的心理状态展现出来，更显神话内容的真实。

第二，磨盘的动态处理。梁晓在介绍画面内容时，专门强调了磨盘的动态，左右两边的山上各有一半的磨盘，用气流形状表明了磨盘滚动的状态，最后到山底磨盘合拢，整个动态过程完成。她认为剪纸可以表现一个时空的转换，用平面的东西来表达立体的状态。这样的动态处理也是表达故事时间性的重要手段，故事的情节是难以用图像表达完整的，为了弥补图像表达在这方面的缺陷，梁晓采用了用前后几个阶段来完成整个动态过程的方法。

第三，书面故事与当地传说的拼凑。梁晓在讲述画面内容时实际上为我们讲述了伏羲女娲的神话，由她的讲述可知，她的作品再现的是伏羲女娲滚磨成亲的神话，女娲七日造万物的神话也在作品中被呈现出来，这些故事既来自书本，又是当地流传的神话。梁晓将这些单独的故事串联起来，形成一个新的情节式叙事，说明她对知识掌握的灵活程度相对较高，在视觉化的过程中可以任意拼合元素，自由组合成新的图像叙事。

2.图文并叙

娲皇宫的墙体彩绘属于公共景观，起到装饰环境的作用，游客驻足观看的时间较短，因而仅以画面来表现，并未有配文。而作为个人作品，创作者却可以发挥主观能动性，用图像来表述想要呈现的故事，为防止图像不能完整表达情节，一般还会配以文字，图文并茂地来完成。樊炳星的剪纸作品上配文有"女娲补天"，用文字来表明作品的主题，张一廷则在图像下方刻画出"人因梦想而伟大"的字样，以此来传达出女娲补天的精神。梁晓在创作剪纸作品时，更是发挥自己擅长书法的优势，在剪纸图像旁边加上了情节的文字说明，与图像一起来完成叙事。如图4-16所示，每幅图右侧面都有一条手写的文字，是配合讲述的文字。

像这些内容旁边这个字都是我手写的，都是当时参赛的时候我手写上去的，专门裱的那个底子。这样大家都能看清楚，可能去了的参观者，人很多，不可能说是你每个人都给介绍，或者你在这儿做展演了，他们自己可能就去看图，看了图就能再看文字，图文并茂他不就清楚了？[1]

通常我们在书本上了解神话，都是以文字为主，配合以图像，而在剪纸艺术里，图像占主要位置，文字是辅助。结合梁晓的口述可知，这些文字是为了方便观者阅读，不需她一个一个解释，所有人看完图配着文字就可以看懂。这四幅图的配文补充了图像中没有的部分，二者一起完整呈现了女娲的神话，同时也叙述了"盘合"的来历，将神话与地方风物合为一体。这四幅图的配文再一次叙述了女娲的故事，内容分别如下：

（1）平定古州在远古时期，遭遇洪水的浩劫。世上只剩下伏羲女娲兄妹俩，他们躲在葫芦里逃过了这次劫难。哥哥伏羲对妹妹女娲说："妹妹，请勿伤心，只要生命在，我们便可以创造一切。"

（2）时间一片荒芜，没有了新生命的诞生。繁衍后代成为迫在眉睫之事，兄妹俩便在卦台山上卜卦。要求兄妹俩在南山和北山山顶上滚磨盘，如果磨盘合拢则为天意，否则有悖人伦，不知巧合还是天意磨盘合拢了。

（3）磨盘合拢成为盘合的来历，成为当地人结婚的徽标，伏羲女娲兄妹俩结为夫妻，担当起繁衍后代的重任。盘合一为新婚夫妇辟邪纳福，二为美好祝愿。

（4）盘古开天辟地后，地上有了植物。女娲开始制造了动物：鸡、猪、羊、狗、马等。人类还很稀少，女娲开始用黄土造人，人类子孙昌盛。水神共工和火神祝融在不周山大战，天塌地陷，女娲炼五彩石补天。[2]

与图像相结合来看，文字补充了图像中难以表现的内容，包括以下三个方面：其一，人物之间的话语描述，如第一幅图中，难以表达伏羲与女娲之间的语言交流，用文字来加以说明，使图像更为真实生动；其二，事情原委，如第

---

[1] 访谈对象：梁晓；访谈人：孙伟伟；访谈时间：2020年7月10日；访谈地点：山西省阳泉市梁晓剪纸工作室。
[2] 来自梁晓剪纸《平定古州盘合的故事》配文。

二幅图滚磨盘的原因在图像中并未展现，在文字部分指出繁衍后代，又如第四幅图中文字部分对女娲补天原因的讲述同样是对图像的补充；其三，对图像的详细说明，如第三幅图中文字部分对盘合来历的进一步说明。图与文并茂，会提高图像叙事的完整度，也使故事情节更为连贯，一方面，文字补充了图像，填充了细节；另一方面，图像又是文字的展现，将文字叙述转化为直观的视觉图案，二者相辅相成，互相配合，共同完成图像的叙事。

因此，从文本故事和口头传说中撷取资源，提取背景和元素，进行拼接组合，细致刻画人物及姿势，展现其动态的情节，是创作者将文字知识图像化的主要方式。为让故事情节更完整，方便观者体会，创作者还会采用图文并叙的方式。可以说，叙事型图像的创作者旨在用图像来表现神话内容，神话既是图像的内容，又是一种知识，是创作者的资料源泉。

（二）思想观念的渗透

早在1965年，瑞士心理学家荣格（Carl G.Jung）就探索出以图像创作的方式来反映个体的内心世界，他鼓励以绘画、雕塑等不同的艺术表达来反映梦境或特殊经验，作为非语言表达的图像叙事将有目的有意义地反映个体经验。[1]创作者在绘制故事图像时，不仅重视视觉的传达与内容的表现，而且注重对神话内涵的凸显，他们将自己对神话的理解融入图像作品中，结合自己的喜好和思想，致力于凸显神话所表现的精神内核。王小奇在绘制墙体彩绘时，将自己对女娲功绩和精神的理解融入女娲的形象，而梁晓则将自己对社会正能量的希冀通过图像表达出来。

娲皇宫是女娲文化旅游的主题景区，景区内的图像都是宣传媒介，女娲功绩及其所蕴含的精神内涵是景区所要向外界传达的核心。女娲神话内容丰富，蕴含的精神内涵多样，正如"一千个人心目中有一千个哈姆雷特"，每个人对神话的理解都不尽相同，因而创作者在绘制女娲故事图像时，也无形中将自己对

---

[1] 朱蘅初. 从图像叙事到情绪疗愈——论绘本创作中艺术与心理的交互 [J]. 美术大观, 2019 (10): 136-138.

女娲精神内涵的认知融入作品之中，形成不同的图像展现。

> 那个因为造人，它和补天的功绩相比，我感觉差不多。但是，它放在这地方感觉太小了点，有点儿不太合适。补天它比较出名嘛，你像后面那个制笙簧呀什么的，不也都是她的功绩嘛，相对来说就在民间传唱的，没有补天那么广吧。这个斩黑龙的样子，女娲她的服装和动作都是那种女侠的感觉，我就感觉女娲她就像那种武侠小说里的那种很厉害的人一样，她这样斩黑龙，像是女侠在斩一个很恶的东西，能把她很勇敢很无畏的那种精神展现出来，我就用了这样一个感觉的东西把它画出来。①

王小奇在谈到绘制过程时提到两点：其一，将女娲的功绩在心中进行排位，她认为造人和补天的功绩差不多，其他如造笙簧等相对较小，她排位的依据是流传广泛的程度，补天神话在她心中较为出名，流传较广，放置于景区一进门较为大气合理；其二，她认为女娲补天与斩黑龙应该体现出女娲勇敢无畏的精神，遂将女娲的动作服装等设计成武侠文化中女侠的形象，通过这样的设计来凸显其精神气概。这说明王小奇认为补天的分量是女娲神话中相对较重的，她从中解读出勇敢无畏的精神，并将其渗透于图像绘制中，将她自己对神话的理解借助图像表达出来。

艺术创作总是具有情怀的，与王小奇不同，梁晓则希望通过自己的剪纸作品来传达一种社会的正能量。她认为神话或民俗文化是一种文化底蕴，是一种寻根文化，剪纸艺术要把里面美好的东西展现出来，带给人们一种正能量，宣传有意义的东西，而非负面的、让人不舒服或是不吉祥的东西。

> 其实我们，民俗文化也好，或者说是传统的神话故事也好，都是一种寻根文化，你还是要找到它的根脉在哪里。它通过神话故事来掌握这种文化，

---

① 访谈对象：王小奇（简称"王"）；访谈人：孙伟伟（简称"孙"）；访谈时间：2020年7月15日；访谈地点：涉县旅游宾馆A307房间。

它的文化底蕴的深厚，所以说是我创作它的，其实包括好多后来赵氏孤儿的故事啥的，我都创作，我都是让你们去了解2500年前在我们这里发生了什么真实的事情。其实就是说它更多的是用剪纸这种艺术来讲述一个我们永久的故事，而且被我们歌颂的故事。或者就是说你像忠义文化里面的孝，我们现在的忠、孝，我们现在的义，现在的人肯定不如以前人那么忠义，忠于国忠于党，还有和朋友们之间的这种义气相处肯定是不如之前，所以说也是通过这种艺术形式去宣传思想，同时也是教育别人。

  当然，其实我觉得所有的包括赵氏孤儿的故事，实际上它里面有好多负面的东西，有一个负能量的东西，但是咱们在做创作的时候，肯定都选取的是正能量的东西。你所有的作品出来，你宣扬的是一种正能量，一种社会的正风气，你不能说是从你的作品里面看到悲伤，看到痛苦，看到不信，其实这个是不能的，不是说他不能，是不应该。你这样的话无形是给别人添堵了，我们更应该是通过这种文化让人喜闻乐见，为什么是喜和乐呢？就没有说是看到悲伤看到痛苦对不对？喜闻乐见就是说我们艺术品的一个目标，大家既要感觉好，又要感觉他有意义，这才是它的目的所在，催生的是一种正能量的东西。[①]

与王小奇创作公共作品不同，梁晓在创作时所融入的个人情感与思想更为丰富。其一，她认为艺术作品可以宣传思想，教育别人。梁晓认识到艺术作用的内在价值在于作品的意义，重视作品能给人带来的思想教化作用，因而在创作时会致力于将神话或地方传说中的精神表达出来。其二，她认为神话是一种寻根文化，是被我们长久歌颂的故事。女娲的神话是当地盘合剪纸的来历，梁晓将其用剪纸展现出来，主要目的是宣传地方文化，让人们从中体会到传统的文化与精神，提醒人们不应忘记根本。其三，选择神话或传说中正能量的东西来创作。她认为当下社会缺乏一种正能量，希望自己的剪纸作品可以催生出一种正能量，宣传社会的正风气，并且让大家喜闻乐见。这三点完全是梁晓个人对艺术及社会的

---

① 访谈对象：梁晓；访谈人：孙伟伟；访谈时间：2020年7月10日；访谈地点：山西省阳泉市梁晓剪纸工作室。

认识，她将其融入剪纸的创作中，以期通过作品能传达出一些正确的价值观，进而能影响社会。

叙事型图像是对女娲神话的视觉表达，它可以通过视觉形态将神话蕴含的精神激发出来，这种精神的激发与创作者个人的思想和情感息息相关。创作者对神话精神的理解和对正能量的追求都对图像创作具有重要影响，也是神话图像化过程中最为关键的要素，他们将故事背后的精神润物细无声般地渗透进图像中，留给观者体会。

综上所述，与神像的生产相比，女娲故事图的绘制呈现出完全不同的样貌，它的绘制过程更加注重"故事"，而非神灵的"灵性"。公共景观的图像设计是景区与创作者互动协商的结果，而在具体绘制中，公共作品与个人作品一样，由创作者主导，他们注重构图，在沿袭传统的基础上进行创新，将文本知识与个人思想融入图像之中。可以说，创作者从视觉效果、故事内容、精神内涵三个方面逐步深入，立体地展现故事及其内核，将女娲的神话图像化。因此，当下女娲神话的图像化并不是简单地从文字直接转化为图像，而是创作者基于多重因素，结合历史图像、文本知识以及个人思想情感，全方位考虑，用艺术形式来对神话加以展现的过程。

第三节 复制与展示：视觉技术生产的女娲图像

对于视觉技术，洛克维尔（Thomas Rockwell）曾指出："视觉技术是一些可以为人眼生产或复制出视觉信息的工具和实践。最重要的视觉技术可以分为两类：第一，复制的技术，亦即创作出视觉信息的复制品，为这一信息的传播提供某种手段；第二，展示技术，亦即旨在使已存在的东西变成可见的技术。"[1]复制技术与展示技术是推动当下女娲图像大量生产的重要动力。

---

[1] 周宪.视觉文化的转向[M].北京：北京大学出版社，2008：144.

娲皇宫的图像紧随视觉发展的潮流，除上文所述的由手工绘制的神像及故事图像之外，还有复制技术生产下的图像与在虚拟空间展示技术下的神话。景区将手工绘制的图像进行原比例缩小复制，形成消费产品，而邯郸方特则用虚拟空间的展示技术来呈现女娲神话。这两种技术仍旧是对偶像型与叙事型图像进行复制和展示，却生发出新的特点。那么，这些图像是如何被复制的？技术生产的图像与传统的手工绘制图像相比有何新的特点？这是本节要讨论的主要问题。

一、机械复制与功能衍生

前两节所述图像的生产均为手工技艺下的生产，属于身体劳作的实践，它与大机器技术下的生产判然有别。近些年来，机械复制技术在图像制作领域发展迅速，它可以对原有的手工图像大批量进行复制，实现原作多种载体的应用与传播，从而衍生出新的功能。上文已经提及在技术发展背景下，娲皇宫拜殿女娲神像由泥塑更换为玻璃钢模铸，是侧重于图像创作与生产技术的应用，而此处的技术主要指机械复制技术，即将旧有图像进行大量复制，进一步移作他用的技术。

（一）神像的批量复制

20世纪末期，娲皇宫处于恢复发展的阶段，旅游发展还未正式起步，但神像等基本图像齐全。娲皇宫地处半山腰，人们朝拜要爬山至娲皇阁，对于年岁大者实属不易，所以许多当地人在山上朝拜完之后，家中一般也要留有"奶奶"的位置，以便日常生活中随时供奉。但是，神像体积庞大，一旦落成，就难以移动。照相技术的发展为解决此类问题提供了途径，负责看管神像的人员将神像用照相机拍成照片，相当于对神像进行了复制，众人可免费将照片请回家进行供奉。陈一兴在娲皇宫工作三十余载，在上世纪末他主要协助信众请愿还愿，现仍在景区经营一家商铺。陈一兴为笔者展示了20世纪70年代末的照片，并讲述了当时照相技术对神像的复制：

这三张照片是我大概三十年前拍的,这个是咱顶上拜殿,还有楼上三层上面奶奶像的照片。那会儿还是泥塑,和现在不一样。为什么要拍这个照片嘞?他不是说和现在一样旅游啊纪念什么的,一般旅游也没人给庙里头像照相,我那会儿就在咱们顶上了,就是专门谁来了带他拜,教她们怎么求这些,我是做这个的。照片就是那会儿拍下的,拍下来呢,就有人来请,请回去干什么呢,就放在家里拜。当时还是那种胶卷相机,只要那个胶卷在,就一直能拿去洗,现在不知道还能不能洗了,胶卷我都还在。①

陈一兴20世纪末在娲皇宫景区工作,用照相机对神像进行复制,复制之后的照片作为神灵的象征物又被人们请回家供奉。他在讲述中提到此类图像的复制并非为了旅游或纪念之用,而是供朝拜者来请的,因而,从技术上说,照相机完成了神像的复制,但从功用的角度说,照相机为神灵"灵性"的复制创造了条件。

瓦尔特·本雅明(Walter Benjamin)曾在《摄影小史、机械复制时代的艺术作品》一书中指出:"随着单个艺术活动从礼仪这个母腹中的解放,其产品便增添了展示的机会。能够送来送去的半身像就比固定在庙宇中的神像具有更大的可展示性。"②机械复制技术生产的神像与大殿神像相比表现出两点不同:第一,展示的数量增多,照相复制并非仅是单一复制,它可以大批量地复制,供多数人使用;第二,展示的空间更为灵活多样,与庙宇神像相比,照片可以被置放于任何空间,它以另一种方

图4-20 陈一兴为笔者讲述照片

---

① 访谈对象:陈一兴;访谈人:孙伟伟;访谈时间:2020年9月22日;访谈地点:娲皇宫补天湖长廊店铺。
② 〔德〕瓦尔特·本雅明.摄影小史、机械复制时代的艺术作品[M].王才勇译.南京:江苏人民出版社,2006: 121.

式将神像搬回大众家中,继续发挥神灵的作用。照相机技术在娲皇宫神像复制方面发挥了长久的作用,2003年拜殿的神像更换以后,因电脑软件技术的进步,图像在简单的拍照复制基础上还增加了人为的处理,加入背景与文字,升级为海报类的图像。

进入21世纪以来,娲皇宫大力发展旅游,在补天广场竖立了一尊女娲像雕塑,这尊像在竖立之时,是作为景区的公共景观而非庙宇神像来生产的,在落成之后,人们争相供奉祭拜,发生了公共景观神像化的现象,补天广场的女娲雕像便成为景区神像的一种,在现代技术的不断复制下,转化成多种形式的纪念品。

纪念品中的小神像主要是补天广场的女娲像缩小而成,同样为雕塑样式,是原比例缩小的制品,也有的为小神像重新涂色,如下图4-22,两尊小像与补天广场的女娲像形制相同,这些小像被放置于娲皇宫的旅游纪念品店,供信众或游客购买纪念。其中,部分小像是经由开光仪式开过光的,价格更高,主要供人请回家供奉,也有小部分未开光可作装饰摆件,用以纪念自己到过娲皇宫旅游地。小神像的生产主要依靠复制技术,生产过程较为简单,景区选定生产厂商,将女娲像各个角度的图片传输给厂家,由厂家直接铸模批量生产,每一批次的生产数量不同,由景区根据销量来决定。

早些年代的神像照片或海报图像为娲皇阁大殿的神像复制品,它只具备信仰供奉的功能,并不具备旅游纪念物的特质,而当下的小雕像复制品,却在信仰供奉之外,添加了旅游纪念与摆件装饰的功能,究其原因有二:一是补天广场的女娲像原作本身就同时具有公共景观与神像两种属性,它既是景区的核心标志和景观,也是人们供奉的主要神像,因而其复制品也同时具有了艺术价值与信仰价值,人们选择将其作为艺术品还是神灵之物取决于其自身的思想观念;二是因大批量的复制和旅游的发展,小神像被作为消费品,具有商品的经济属性,而20世纪末的神像照片是免费供人请的,不具有商品交换的经济价值,因而当下的小雕像在商品经济的催动下跳脱出信仰的圈列,衍生了其他如纪念装饰等功能。

图 4-21 20 世纪末的女娲神像照片与 21 世纪初的圣母像海报（陈一兴提供）

图 4-22 分别用于陈设和敬拜的小型神像

当下电子图像的复制，为旅游纪念品的复制提供了便利，同一幅图像可以被不同的载体承载，成为各种不同的纪念品。除将女娲像原比例缩小之外，也有通过电子图像技术将女娲像做成平面图像，附属于钥匙扣、纪念币等物品之上。此类图像也是对神像的一种复制，其载体表现形式多样，体积较小，方便携带，主要作为纪念品与其他商品一起售卖。与小雕像相比，这些图像不具有

图 4-23 娲皇宫售卖的各类女娲像纪念品

信仰功能，不会被人请回去供奉，多数由游客购买用来纪念或赠送。这就表明神像在信仰中具有纯粹性，原比例复制或者由照相机原样复制，不改变神像的样貌，不将其附属于其他的实用性物品（如钥匙扣等）之上，依旧会具有"灵性"，一旦附属于其他实用物品之上，就会发生价值转移，图像的价值转移至实用物上，如纪念币上的女娲像具有纪念币的意义，并不会延续神像本身的信仰价值。

（二）叙事图像的复制

娲皇宫的纪念品中还有对叙事型图像的复制，如装裱的剪纸、补天石图像等。剪纸有四条屏与横幅等形式，用卷轴装裱包装，它与上文所论及的梁晓的个人剪纸作品不同，是撷取景区的图像进行机器刻制的剪纸图像，主要用来售卖，供游客留念。而补天石图像则是在一块石头上绘制出各种女娲神话的图像，这些图像多源自艺术大家所绘，由纪念品生产者临摹复制而成，为与女娲文化主题相关。

剪纸文创作品的生产与小神像类似，都是景区与指定厂商签订合同来进行生产，剪纸的生产厂商是河北省衡水市的万辉纸业，主要负责纸制品的加工与销售。景区负责文创的部门当地考察，将补天广场的浮雕照片交于厂商，由制作者进行雕刻，创作了剪纸四条屏，就是以浮雕上的万民朝拜、抟土造人、炼石补天、斩黑龙为内容的，同时制作了将四个故事连贯起来的横幅，配以《淮南子》中赞美女娲的文字。①

总的来说，景区将图片传送给厂商，设计制作都由厂商负责，来完成剪纸文创的生产，这种生产主要是在图片的基础上进行复制刻画。以剪纸横幅为例，开端部分用文字叙述了始祖女娲的功绩，图像部分则是根据补天广场女娲像及底座雕塑的图像复制而成，该剪纸图像是按照浮雕的顺序进行复刻。图4-24与图4-25展示了《女娲补天》与《斩黑龙》两幅，对比可以发现，剪纸图像与浮雕上的图案一致，姿态服装以及下方的人和牛车都相同，但因展现方式不同，剪纸不能如浮雕般细腻，因而呈现出来的视觉效果有所差异。女娲斩黑龙的部分却不是完全复制，而是融合了浮雕与彩绘作品，对比图像可以看出，龙的形态与彩绘相似，而女娲的着装与斩龙的姿态却是与浮雕雷同，这就表明复制技术不仅是单独的复制，也可以是各个部分进行复制，拼接组合成新的画面。

图 4-24 《女娲补天》剪纸纪念品局部　　图 4-25 《女娲斩黑龙》剪纸纪念品

---

① 根据访谈资料整理。访谈对象：王晓英；访谈人：孙伟伟；访谈时间：2021年3月24日；访谈地点：娲皇宫文化规划办公室。

娲皇宫景区内女娲斩黑龙的图像已经具有了一定的范式，动作姿态间的相似性非常明显，这也表明了神话图像的一种传承。按照时间先后，娲皇阁壁画与浮雕在前，大门处的彩绘与剪纸纪念品在后，后者模仿前者，在传承前者基本图像的基础上融汇或变通，制造出新形式的图像。而这种传承中，墙体彩绘对娲皇阁楼上图像的传承属于手工技艺复制，而剪纸对景区图像的复制是技术的复制，技术复制下的图像更强调图像的属性与功用，而不具手工复制所融入的创作者个人情感。创作者在借鉴以往图像时要进行选择，将自己对神话的理解融入其中，设计其外貌姿态等，注重画面的呈现效果，而技术的复制仅仅是对以往图像的简单复刻，不带有创作的思想和情感，雷同性更高，强调的是图像所具有的经济和纪念价值。

纪念品中的补天石绘画也是当代复制技术强盛发展下的产物，女娲补天的同一幅图像可以被电子设备记录，被人们随时拿出反复使用，应用于各种实物之上。下图4-26分别是围绕一幅图展现的不同形式，从左边起第一幅图为当代著名画家顾炳鑫的《女娲补天》原作，第二幅图为娲皇宫纪念品店外墙上的装饰画，第三幅图为纪念品店里的补天石纪念品，后两者同出一源，都是对画家作品的复制利用。三幅图作为美术图像，都具有装饰环境的基本作用，也同样都具有宣传神话知识的功能，但因载体不同，导致其功用也大不相同。第一幅图为个人绘画作品，主要是画家个人艺术与情感的表达，后两幅为复制图像，分别起到装饰和纪念的作用。正如本雅明所说："随着对艺术品进行复制的方法的多样化，它的展示性也得到了大规模的增强，以致在艺术品两极之内的量变像在原始时代一样会使其本性的质发生变化。"[1]画家作品的展示性主要表现为画作本身的展示，而复制的多样化扩大了图像展示的范围，可以在景区的墙面上，也可以在纪念品的石头上，随之图像所附有的意义与功能也发生变化。

---

[1] 〔德〕瓦尔特·本雅明.摄影小史、机械复制时代的艺术作品[M].王才勇译.南京：江苏人民出版社，2006：121.

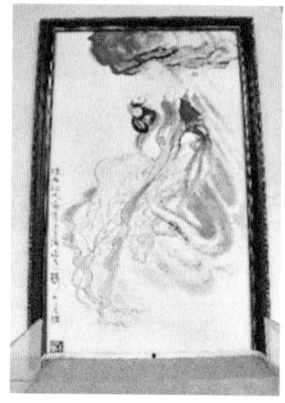

图 4-26　顾炳鑫《女娲补天》原作、装饰画和补天石纪念品①

综上所述，复制技术下的女娲图像生产与手工技艺下的图像生产相比，具有以下几个特点：第一，生产的方式由技艺转变为技术，图像的生产不再是匠人或创作者的手工绘制，而是机器的批量生产，不带入个人情感与思想；第二，生产的目的以产品增值与消费价值为主，手工技艺的目的以使用价值为主，如塑造神像的目的是为了提供信仰的依托，故事图像绘制的目的是装饰景区与宣传文化，而技术复制之下的女娲图像生产更多的是结合市场需求形成可供消费的产品；第三，生产的结果和效用不同，技术复制下的图像主要是对手工原作的复制，图像内容变动不多，但表现形式更为丰富，移动性更强，展示范围也更广，因而衍生出更多的功能，如消费、纪念等。复制技术大大拓宽了女娲图像的生产途径，扩大了生产者的范围，也丰富了女娲神话的展现方式，为女娲图像化多样化生产与传播提供了可能。

二、虚拟景观中的场景还原②

20 世纪早期，德国学者本雅明就关注到机械复制技术下的艺术作品，一个

---

① 顾炳鑫原作图片来源于顾炳鑫的人物画作.http://yuliangjunpyh.blog.163.com/blog/static. 后两张图片由笔者拍摄。
② 此节主要部分已发表，见孙伟伟.虚拟景观中神话资源转化研究——以济南方特东方神画女娲补天项目为例[J]. 长江大学学报（社会科学版），2020 (5)：8-16.

世纪过去了，机器对图像世界的创制如今已进入了虚拟空间（cyberspace）时代，人类"看"的嗜好已不再拘泥于日常肉眼可以认证或想见的东西上，而是进入了虚拟世界，也就是说，机器对图像的创制凭借其绝对逼真的传媒使人不由自主地用当真的热情去对待虚拟的东西。① 虚拟景观的视觉技术是洛克维尔所说的展示技术，它可以将已存在的无形的东西变成可见的技术，女娲神话在当下社会也通过这样的方式来展示。

所谓虚拟景观，顾名思义是一种虚拟现实的景观，学界暂未对其具体的概念及定义进行描述，它实质上是一种沉浸式的体验，而沉浸（Immersion）式体验是近几年才出现的概念，主要是利用3D（三维立体）、VR（虚拟现实）、AR（增强现实）以及MR（混合现实）等高科技展现图像，让人在当前的目标情境（由设计者营造）下感到愉悦和满足，而忘记真实世界情境的体验，沉浸式体验是技术性图像发展的重大性突破，也是高科技与现代图像艺术完美结合的产物。② 虚拟景观中的神话是一种叙事型的图像展现，重在表现神话内容，且具有相对完整的情节，但它在讲述故事之外，更加强调为人们提供虚拟的冒险刺激场景，以达到令人娱乐的目的。

在距离涉县娲皇宫100多公里的邯郸市漳河生态科技园区，坐落着方特国色春秋主题乐园，女娲神话在此被虚拟景观呈现，通过展示技术来将神话场景还原。方特国色春秋是由华强方特文化科技集团股份有限公司（以下简称华强方特）打造的系列主题乐园之一，2019年正式开园对外营业，它是一座以中国传统民间文化与邯郸成语文化为核心，结合现代科研技术的高科技主题乐园。整个园区有九州神韵、女娲补天、牛郎织女、黄粱一梦、疯狂成语等体验项目，园区建设选取了人们耳熟能详的神话与传说，崭新诠释了传统民间文学与当地成语文化，综合运用激光多媒体、立体特效、微缩实景等表现手法，通过众多高

---

① 〔德〕瓦尔特·本雅明.摄影小史、机械复制时代的艺术作品[M].王才勇译.南京：江苏人民出版社，2006：前言 3-4.
② 孙伟伟.虚拟景观中神话资源转化研究——以济南方特东方神画女娲补天项目为例[J].长江大学学报（社会科学版），2020 (5): 8-16.

科技创新技术，逼真、生动的展示传统文化的魅力。其中，女娲补天的体验项目便是一种虚拟景观，利用现代沉浸式体验的方式来呈现女娲补天的神话，让游客参与体验上古洪荒年代的场景，感受女娲补天的勇敢精神。

女娲补天项目的体验内容以游客协助女娲保护五彩石前往不周山祭坛补天为主线索展开，途中与共工、祝融争斗，经历山崖陡壁等危险地段，面临上古神龟及黑龙等重重阻碍，最后在女娲的帮助下，游客保护五彩石获得胜利，女娲利用五彩石将天补好，世界变得光彩亮丽。这种近十年之内出现的全新的神话呈现方式，完全以视觉电子图像展现神话，配合以声、光、动感等，使人沉浸其中，难以分清现实与虚幻世界。

（一）生产目的

方特主题乐园是一个以娱乐为核心的乐园，它通过展现各种传统文化来突出自己的主题。对于生产方方特来说，乐园中的项目是出于经济目的而打造的，而其追求经济利益又是在政策的引导下展开，于是各个娱乐项目的经济功能与政治功能便交织于一起，变成新时代背景下的文化输出。

华强方特强调"匠心铸造文化精品，用心讲好中国故事"，将主题乐园输出到伊朗和乌克兰等国家，开创了中国文化科技主题乐园"走出去"先河，其企业核心文化及理念顺应当下文化发展的语境，紧随国家发展的目标。官方表达如下：

> 党的十八大报告提出，促进文化和科技融合，发展新型文化业态。"十三五"规划纲要明确"推动文化产业成为国民经济支柱性产业"的目标要求。作为中国文化科技领军企业，华强方特深入贯彻党中央精神指示，坚持文化科技融合发展，深化创新引领驱动，以讲好中国故事为己任，国际范围传播中国文化，创新打造"创、研、产、销"一体化产业链，实现文化科技产业规模化、多元化、国际化创新发展。[1]

---

[1] 华强方特官方网站 www.fantawild.com/philosophy.shtml#amenu。

……

　　华强方特拥有数码电影专业研制机构，深度挖掘中国古典文化、中国传统故事，成功自主研发十多类特种电影形式、百余个引人入胜的特种电影项目。其中，华强方特自主研发的特种电影系统输出美国、加拿大、意大利等40多个国家和地区，每年配套出口20余部影片。[①]

从以上资料可以看出，政策的引导、国际化全球化的时代需求促使华强方特企业开始强调"讲好中国故事"，深度挖掘中国古典文化与传统文化，利用中国传统文化资源来彰显企业特色，实现文化创新。女娲补天神话作为中国传统文化的典型性资源，此时被虚拟景观加以利用，是时代发展的必然结果，其生产的目的便是企业在追求经济利益的同时，宣扬中国的神话文化。

另外，女娲补天项目打造的另一目的是为游客提供真实的神话体验，突出神话主题，增强娱乐性。华强方特集团执行总裁、主题乐园设计师、动画电影导演丁亮在《打造有灵魂的主题乐园》一文中指出了女娲补天项目打造的目的：

　　国内比较经典的案例就是方特开发的《女娲补天》，是当今中国黑暗骑乘项目的代表作。游客乘坐六自由度轨道车前进，跟随女娲完成补天的壮举，具有动态透视跟踪的3D电影是这个项目的核心，电影画面和周围的故事场景浑然一体，这种虚实结合的技巧让游客得到生动的临场感，另一方面3D电影和车辆动作紧密配合，比如影片中的女娲可以将游客的车辆推开。

　　主题乐园讲故事和传统影视相比还有一个重要差别，为了增强观众的沉浸感，必须打破第四堵墙，这是主题乐园讲故事与众不同的地方。按照传统舞台戏剧表演理论，演员表演都存在第四堵墙，在演员观众之间的台口有一堵无形的墙，演员和观众能看见对方，却不能交流。……但是在主题乐园中，因为强调游客的沉浸感，最好的办法就是让人物角色和观众有语言互动和动作互动，所以要特意打破第四堵墙。在方特《女娲补天》项目中，我们特意

[①] 华强方特官方网站 http://www.fantawild.com/overview.shtml#amenu.

安排了女娲和游客的对话，在历险过程中，女娲还会推动游客的动感车脱离险境。①

虚拟景观最大的特点就是让体验者与项目内容融为一体，正如丁亮所说，要打破"第四堵墙"，这也是虚拟景观展示女娲神话的主要生产目的之一，让游客完全沉浸于女娲补天的神话之中，与人物角色对话，在动作上发生互动，让游客成为神话中的一员。生产方致力于增强项目的体验性，将女娲补天的故事还原成真实场景，虚实结合，让游客近距离走进神话，获得生动的临场感。

总而言之，女娲补天项目是一种沉浸式的体验项目，其背后的生产方是商业性的旅游企业，而企业生产该项目的动因是经济利益、政策引导以及全球化的时代背景。在大环境的推动下，女娲神话以图像技术的方式呈现，因而也得以崭新重构。具体到技术生产本身，生产方利用多种技术精确配置的方式，致力于打破游客与画面之间的"第四堵墙"，来增强项目的体验性。

（二）生产技术

笔者试图联系方特生产方以了解其生产过程，后收到华强方特公司邮件，称可以公开的信息已在网络全部公开，具体的生产与研发涉及商业机密难以透露，因此本书只能采用官方公布的材料作为探讨的资料。女娲补天项目是大型的轨道跟踪技术，腾讯视频资料《长沙方特东方神画女娲补天专访片》中对女娲补天项目的后台人员进行了专访，在专访中我们可以获知该项目的一些生产过程，接受专访的人物有三位，谈话内容如下：

（1）华强方特（深圳）智能技术有限公司设备工程师罗尧：

女娲补天这个项目，它最大的技术亮点就在于，它是一个跟踪式的立体轨道类项目，然后它的那个小车是六自由度的，可以随着轨道的行走自由摆动。女娲补天轨道区总共有19块银幕，然后环幕有6块，这里一个180度的环幕

---

① 转载：微信公众号"中国游乐"（ID：caapa-zhongguoyouxie），原标题：《丁亮：打造有灵魂的主题乐园》。

是四台投影机，分左右两个屏，我们就把左屏、右屏中间拼接带对齐。然后它的亮度，根据拼接带做了一个渐变，整个的效果才能达到最好。难点在于，投影机的位置定位要特别精确，而且随着时间的推移，网格就会有偏差。现在全部用的是我们自己（华强方特）研发的拼接软件去调试。

（2）华强方特研究院资深软件测试工程师赵永胜：

软件主要的作用就是做协调性的，就是整个项目的总体控制，车体的动作，然后影院或者是特技的协调性，我们触发的精确度在0.1秒左右，因为人的肉眼的视觉感官大概也就在这个范围。现在的话主要微调就在于那个，小车的曲线，效果，它的把控完全是根据程序曲线来的。

（3）华强方特（深圳）智能技术有限公司设备工程师罗尧：

我们软件会确认，我们可以控制特技跟影院的触发都正常以后，设计这个项目的创意设计院的人员，来确认整个项目的效果，如果可以了的话，我们就可以进行接待了。[1]

从专访可以获知，虚拟景观女娲补天项目的生产主要是一种技术创新下的产出。第一，生产过程复杂。项目由方特创意设计院先设计出方案，由软件、设备等各个技术部门配合完成，不断经过调试，再经由创意设计院验收，通过才可以接客。第二，技术专业性强。整个女娲图像背后的硬件生产，与以往传统的神话图像完全不同，传统的神话图像只需要呈现于观者视觉中便可以，但虚拟景观中的神话图像却要呈现出"人在画中"的效果，因而其背后的技术生产是非常专业和复杂的，摄影、软件以及设备等技术需要相互配合，精确衔接。正是这些硬件技术的发展，神话图像才得以复活，与观者发生互动，完全打破人们与神话图像的主客关系，甚至改变神话认知的方式。

（三）表现形式

那么，女娲神话是如何通过虚拟景观展现出来的？与传统的女娲图像相比

---

[1] 腾讯视频：长沙方特东方神画女娲补天专访片。https://v.qq.com/x/page/o0872zvbn8g.html。

有何新的特征？下文将围绕这两个基本问题来具体分析女娲补天项目，该项目是图像所展示的娱乐项目，重在强调故事场景的真实还原，以达到游客沉浸其中的效果。因此，我们可以从图像展示和场景还原两个方面来分析虚拟景观下女娲故事的表现形式。

1.图像展示

女娲补天项目中涉及的人物图像有女娲、共工、祝融、上古神龟和黑龙，皆是采用传统的图像方式结合现代元素设计而成，传衍与重塑交互，完成图像的展现。

项目中女娲娘娘（项目中的声音称谓）有人首蛇身像和人像两种图像。图4-27上图类似于远古岩画符号图像，其中的人首蛇身像便是女娲，她右手执规，身边被怪异神兽包围，整个画面的构图与汉画像中女娲人首蛇身像类似，如山东

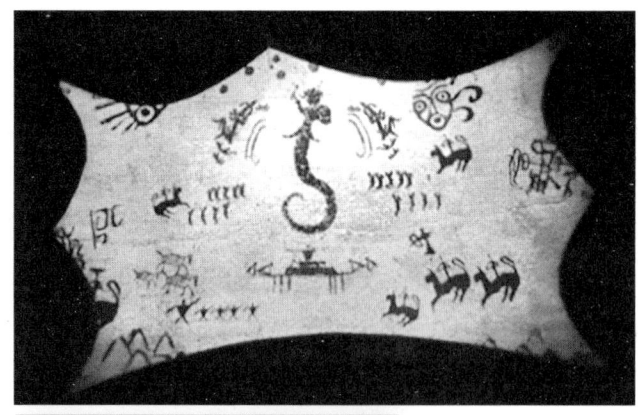

图 4-27 方特女娲补天项目中的背景图（上图）和女娲形象（下图）

孝堂山祠西山墙的锐顶部分（图4-28），在画面的中上部有类似于图4-29左图的形象，虽下体弯曲的方向不一致，但上身部分大体一致，衣着及右手持规的形态相似。图4-29中图是由左图转换过来的，一个类似于现代美女的头像出现在同样的背景中，替代了之前复古的画面，是典型的人首蛇身的形象，这一转换是在科技手段下完成，变成真实人物图像之后，女娲就变得鲜活起来，可以与游客对话，向游客分配保护五彩石的任务。图4-29左图是历史图像的重新使用，采用了"人首蛇身"像这一一脉相承的经典形象，这是对历史图像的传衍；左图向中图转化，是历史向现代的转变，也是由静态图像向动态图像的转变，转变过来的形象采用了当代女性的形象。

图4-28　山东孝堂山祠女娲汉画像石[①]

项目体验过程中的女娲图像经历了从人首蛇身向人身的转变，在历程开始与最后阶段均是人首蛇身像，而需要与共工、祝融及黑龙等打斗的时候变成了人身的形象，如图4-29，左图为人首蛇身，以现代人的形象出现，配饰以原始风

---

① 孝堂山祠山墙锐顶部分，西山墙上的女娲。

格凸显；中图为蛇身变人身的过程，也是借助现代图像科技手段完成，右图为人身的女娲，类似于电子游戏中的人物，看起来给人一种法力无边的感觉。整个女娲的形象除了人首蛇身是传统形象之外，其余都极具有现代感，可以看出神话形象在流传之中在不断地结合时代而改变。

图 4-29　方特女娲补天项目中女娲形象变化过程

水神共工与火神祝融的图像如图4-30，左图为共工，是人身的形象，并未像《山海经》记载的"人面，蛇身，朱发"，而是采用蓝色的身体来代表"水神"，但其头顶类似牛角的设计颇似远古的"戴午"，《论衡·讲瑞篇》说到颛顼时有记载"戴角之相，犹戴午也"，戴午即头上戴有角状饰物，人本来是无角的，头上生角便有妖怪的含义[①]，共工在这里头戴角沿用了这一传统，其余形象的主体都是结合项目需要而重塑的。火神祝融的图像（右图）与水神相对，采用火的颜色红色来表示火神，但与水神共工相比，火神祝融的形象更偏向于人的形象，也并未采取《山海经》所载"兽身人面，乘两龙"的形象，而是须发花白，衣着原始，拥有发射火球的能力，这一形象完全是现代性的重塑。共工与祝融二者皆肌肉发达，强壮有力，视觉上与女娲形成鲜明的力量对比。

---

① 朱存明．丑与怪——从史前艺术到汉画像中的怪异研究[M]．北京：生活·读书·新知三联书店，2018：276．

图 4-30 方特女娲补天项目中的水神共工与火神祝融①

上古神龟与黑龙的形象较为简单，皆是采用龟与龙的传统形象，如图 4-31，但巨龟身穿铠甲，更像是现代电子游戏中的形象。这里的黑龙与传统的黑龙形象一脉相承，表面看并未有很大差异，但仔细观察会发现沉浸式体验中的黑龙完全像一条黑色的机器龙，是由机器关节组合而成的一条黑龙，充满科技感与现代感。这两个角色的形象仍旧是在传统形象的基础上结合现代元素完成了重塑。

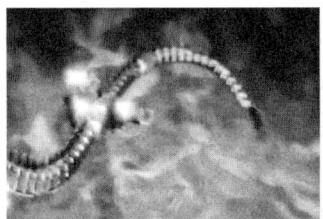

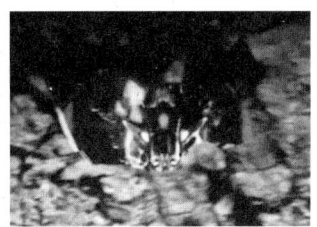

图 4-31 方特女娲补天项目中的神龟与黑龙②

以上图像传承了历史中的经典形象，如"人首蛇身"、龙的样貌皆是传衍至今的形象，但所有的图像却又使用现代科技元素，使画面看起来极具当下感，这样便在传统的基础上完成了重塑。前文论及虚拟景观的特点是令观者沉浸其中，重在体验，因而其图像要求具备创新性，与故事一起完成冒险娱乐的功能。

---

① 图片来源：济南方特东方神话 .jinan.fangte.com/project.shtml.
② 图片来源：作者拍摄于 2019 年 5 月 2 日。

2.场景还原

场景还原是虚拟景观展现神话的主要方式，它将神话的场景以实体的方式呈现，强调将人与神共同融入神话之中，主要通过分配人以角色、人神之间相互交流、人神之间行为互动等仿真情境来实现。

其一，为游客分配角色。女娲补天的神话大众耳熟能详，如若只对其进行视觉图像化的复述，难免俗套缺乏新意。方特女娲补天项目抓住了"五彩石"这一关键要素，创造了一种新的玩法——让游客接受"保护五彩石"任务。项目中的主要角色有女娲娘娘、水神共工、火神祝融、上古巨龟、炼狱黑龙等，项目一开始，女娲娘娘在进山洞之前出现在游客上方，给游客分配角色，告知他们的任务："我们要前往不周山祭坛补天，当五彩石收到神州车（游客所坐的轨道车）上后，车前方的灯光便会亮起，此次路途惊险，你们一定要保护好五彩石，人类的命运就掌握在你们手上了，一路要小心共工和祝融，他们随时都可能袭击你们，不要担心，我会帮助你们顺利到达不周山祭坛。你们坐好了，我们赶紧出发！"之后，游客便作为保护五彩石的重要角色持续出现于整个项目的神话历险故事之中，躲避追击，突破巨鳌、黑龙等的阻碍，将五彩石交于女娲，最终修补了苍天。

虚拟景观注重故事真实感的营造，让参与者成为故事中的一员是最有效的办法。体验者角色化将游客纳入整个神话中，明确了游客在故事中的重要地位，不仅增加了游客的参与感，也使游客获得了在现实生活中难以体验的自我认同感。体验者角色化带来的是神话叙事表达方式的彻底改变，也造就了新型的人神共融的关系，人们在此已不是去读去看去听一个神话，而是已经成为神话中的一员，与其他角色一起构成神话。

其二，人神之间相互交流。神话中人神共融必然需要人与神之间的交流，此项目的一大亮点是利用高科技增强游客的参与感，让游客与神话人物之间进行交流。女娲娘娘为游客分配完任务之后，冒险之旅便开始了，游客乘坐的神州车缓慢移动，神州车上会发出模拟游客的声音，有男有女，与女娲、共工、祝融等进行对话，男女游客之间也互相对话，这些对话与视觉图像共同构成了一个真实的神话场景。笔者根据所录视频音频整理出前半部分人神之间的对话，该对话简短急促,用口语化与生活化的语句连串出故事的脉络,有利于消除人与神之间的距离感,因而使整个项目更具真实感。

　　游客男:马上就要到存放五彩石的密室了,我们要保护好五彩石,帮助女娲娘娘顺利补天!

　　游客女:我们一定要保护好五彩石!

　　游客男:只有补好天,我们的大地才能平静!看!这就是五彩石,女娲娘娘来啦!

　　女娲:时间紧迫,我们赶紧带着五彩石前往不周山祭坛……

　　(共工摧毁密室门梁出现)

　　共工:五彩石是我的!

　　(共工抢到五彩石)

　　女娲:快追!哪里跑!

　　游客男:这可怎么办!没有五彩石就不能补天!把五彩石抢回来!

　　(共工与女娲打斗,女娲用神鞭打住共工手,五彩石落)

　　共工:我的五彩石啊……

　　女娲:你们赶紧离开,我来对付共工!

　　游客男:女娲娘娘,我们一定会保护好五彩石的,大家快走!(神州车移动)

　　……

　　当然,此处神州车上的声音是模拟游客所说,并非与神话人物的真实对话,方特为使整个故事实体化,为每个角色分配台词,包含游客的角色在内,以统一的语言代替游客多样的声音,笔者在体验过程中亦听到真实游客的对话,如"女娲娘娘你真漂亮""啊!妈呀!吓死了!赶紧走"之类的简短话语。无论虚拟还是现实,两类语言都是游客与神话人物对话的内容,他们之间的交流加强了人神共融的真实关系。

　　其三,人与神之间行为互动。行为间的互动主要通过技术来完成,女娲补天通过3D影像与动感轨道车的结合，把神魔的攻击、山洞的崩塌、神州车的跌落等画面，与轨道车的颠簸晃动相结合，模拟出不同场景下真实的动作反馈，让游客全程"入戏"，获得十足的沉浸感。项目中游客全程与故事人物互动，如女娲打斗将五彩石扔到游客眼前，游客伸手去接；巨龟吃人，黑龙喷火，游客躲避；共工挥拳抢夺五彩石，游客猝不及防伸开胳膊挡脸；神州车掉入悬崖，女娲用神鞭将其拽住，游客左右晃动；女娲将天补好，世界明亮鲜丽，游客畅游其中等。

图 4-32　游客伸手接女娲扔过来的五彩石①

行为之间的互动是人与人之间基本的交往方式，神与神、神与人之间模拟真实的交往才能构成一个完整的神话。方特利用这一基本特点，设计了互动式的女娲补天项目，通过神与神争斗、人与神合作等途径来实现人神共融，增强项目的可玩性与游客的参与感。科技与图像的融合使得项目冒险刺激，游客在与神话人物互动的同时，也与身边伴侣一起经历各种冒险，共同保护五彩石，

---

① 图片来源：荆州方特官方搜狐 https：//www.sohu.com/a/328756117_120120122.

经历艰难险阻，在神话中成为同生共死的好伙伴，人神共融也会产生人人共融的效果。

通过上述女娲补天项目的生产及表现形式，我们可以总结出虚拟景观中神话表达的特点。因虚拟景观突出体验者身临其境的感觉，当女娲补天神话被这种方式呈现时，它便具有了以往神话表达所不具有的独特特征：

第一，故事实体化。虚拟景观中的女娲补天神话完全由图像来讲述，在此神话完全被图像化地处理。这个处理的过程是一次故事性的实体化，在此神话已不仅仅是被讲述的故事，它超越文本和口头，变成一个可以触碰的实体，体验者可以沉浸其中，亲身体验到其故事发生的过程。故事实体化的一个重要方式是通过图像来营造一种氛围，全方位的立体图像给体验者视觉上的真实性，仿佛真实置身于那个洪荒年代，再结合配音、轨道跟踪技术，让体验者听觉、触觉紧跟视觉，此时的女娲补天神话已经不是一个故事，而是一个时间空间都具备的真实场景。从实质上讲，整个体验过程仍是在讲一个女娲补天的故事，但讲述的方式超越简单的书本与口头讲述，是通过一个空间化真实化的实体来讲述。

第二，内容拼合化。虚拟景观表达的并不是真实的世界，它通过放大、复制、扭转、叠加等方式重新定义我们所生活的环境[①]，当神话被这种方式呈现时，为适应其虚拟夸张的表达方式，原本的故事被拆解成各个元素，增添冒险内容，又重新组合成新故事。女娲补天的神话在这里被拆解成各个元素，如五彩石、共工与祝融大战、不周山祭坛、巨鳌、黑龙等，为追求娱乐刺激，重新组合这些元素，突出"五彩石"的重要性，将原本完整的神话转变为一个全新的游客历险故事，在冒险的同时，将勇敢的精神放大化，赋予了神话重要的教育意义。

第三，体验者角色化。虚拟景观与传统女娲图像最大的不同之处便是将体验者角色化，女娲补天过程中丢失了五彩石，让游客寻找并护送至不周山祭坛，

[①] 《何为沉浸式体验？》载 https://www.jianshu.com/p/8ed24b7bb086.

将游客纳入整个神话中，明确了游客在故事中的重要地位，增强他们对神话的认知体验。体验者角色化带来的是神话叙事表达方式的彻底改变。人们在此已不是去读、去看、去听一个神话，而是已经成为神话情节发展中的一员，与其他角色一起构成神话。因体验者角色化，角色之间互动性增强，游客可以与立体的女娲、共工、祝融等产生对话，也可以与共同保护五彩石的其他游客互相对话，因而对神话的感官体验也从个人到集体，在一个时刻对同一神话产生共鸣，而且不只是精神上的共鸣，还是一种共同经历的共鸣——神话在此又变为集体的共同记忆。

以上特点是以往传统女娲图像所不具备的。在以高科技发展为核心的新时代，神话并未脱离潮流，而是紧跟时代，人们用全新的方式将它创造性地转化。彼得·伯克曾说："操作计算机和观看影视的这一代人一出世就一直生活在充满图像的世界里。"[①]虚拟景观正是在这样的新时代背景下应运而生，人们寻求新奇，将女娲神话转变成一场具有娱乐性质的冒险之旅。需要指明的是，从某种程度上讲，虚拟景观也属于一种叙事型图像，它依托技术用动态的图像讲述了情节完整、细节较为丰富的女娲故事，但它并不满足于像叙事型图像一样仅仅为观者讲述一个故事，而是将重点放在令人感受到刺激娱乐的冒险体验之上，这也是技术创新所带来的图像效果的转变。

总之，技术生产是当代女娲图像生产的重要部分，它可以大批量地复制手工技艺所做的图像，也可以与其他技术融合，创新出更为新颖、能让大众参与的女娲图像。大量的复制使得女娲图像数量增多，展现方式和空间更加多样，并进一步衍生出更多的效用和功能。随着时代和技术的进步，人们对虚拟现实的兴趣增加，女娲神话也被虚拟景观展示，人成为神话中的角色，与其他角色一起融入神话场景中，并与之交流互动，这彻底改变了神话展示的方式，同时也使人们对神话的认知方式发生转变。可以说，技术的发展为女娲图像的生产提供了更为广阔的空间，是推动女娲图像生产的重要动力。

---

① 〔英〕彼得·伯克．图像证史 [M]．杨豫译．北京：北京大学出版社，2018：9．

小 结

当代女娲图像数量丰富，只有关照到图像背后的生产实践，才有助于更好地理解其现实功能及意义。这种理解并非是学者根据自己的知识体系所进行的主观臆断，而是从真实的生产之中总结的经验认知。女娲图像的生产不仅是简单的艺术生产，它背后隐藏着生产者对传统信仰及新时代神话表达方式的观念及思想。

本章聚焦图像的生产场域，围绕不同类型的女娲图像，探究其背后的生产过程。不同的女娲图像，尽管其生产目的、生产方式、表现形式等各自不同，但都共同构成当代女娲图像的生产格局。首先，神像是给神所立之像，讲求"灵性"的生产，其生产过程神圣而严肃，仪式讲究颇多，不因创作者的思想而改变"灵性"；其次，故事图像是女娲故事的表达，重在故事的展现，其绘制讲究画面构图与内容的传达，创作者个人思想与情感会影响画作的呈现；最后，视觉技术生产的图像是对前两种图像的复制与创新展示，其生产以复制技术与展示技术的发展为前提，改变了图像展现的方式，同时衍生出多重的功能。

表4-1 不同女娲图像的生产对比

图像种类	生产目的	生产方式	生产内容	表现形式
神像	供人朝拜	手工塑造	灵性	泥塑、雕塑
故事图像	展现故事	手工绘制	故事	彩绘、剪纸、浮雕等
视觉技术生产的图像	消费、娱乐	视觉技术	复制或展示	附属于多样实物之上

这三类图像中隐含了两个划分的维度：一个是生产方式，神像与故事图像同属于手工塑造或绘制的图像，而技术图像是以机器技术生产的图像；另一个是图像内容的维度，神像与神像的复制品以"灵性"生产为主要内容，而故事图像及其复制展示的作品是以故事为表达内容。这两个维度相互交叉，技术生产下的女娲图像实质上仍是对"灵性"与故事的编排和创新，却在大量复制与

广泛观看的时代背景下，衍生出消费、娱乐等新功能，这是手工技艺下的神像与故事图像所难以具备的。因而，技术的进步也是当代女娲图像研究必须要关注的要素。

通过对各类图像生产实践的总结，结合历史女娲图像的流变，可以发现：当代女娲图像从构图上依旧未超出偶像型与叙事型两种。在当代生产中，这两类图像的生产核心完全不同，偶像型图像的生产以"灵性"为核心，其生产过程是"灵性"被赋予的过程，不强调神话内容的表达，因而强调信仰弱化叙事；而叙事图像的绘制则相反，注重故事的表达，一般不引起敬拜活动，具有明显的叙事性。因此，女娲图像的不同生产也赋予了女娲图像两种不同的属性：一种是偶像型图像的信仰性，另一种则是叙事型图像的叙事性，这两种属性是当代女娲图像的根本属性。

技术的进步只会改变神像的表现形式，难以改变其信仰性。但是，一旦将神像附属于其他实用物之上时，它却又脱离了信仰性，因而信仰属性产生的根本因素不在于技术，也不仅仅由生产者赋予，而是与图像所能为接受者提供的功用紧密相关。反之，技术的发展对当代叙事型图像的意义又非比寻常，它可以通过技术处理直接增强神话的叙事性，让神话更具直观性与互动性，接受者认知神话的方式也不断随之而变。

所以，女娲图像的生产场域视角可以帮助我们认识当代女娲图像的两种不同属性。那么，这两种不同属性是否存在于大众接受图像的过程中？大众又是如何接受这些图像的？这就需要从图像的接受场域来具体分析。

第四章 "敬"与"观": 女娲图像的接受

图像的接受场域是以接受者为主体的论述,以接受者对图像的接受方式、观看效果和感知为主要研究内容。对于图像来说,接受者是一个不能被排除的要素,他们是图像的直接接收者,也是对图像生产成果进行评判的重要主体。女娲图像首先是一种视觉艺术,生产者将其生产出来,最直接的目的便是供接受者观看,因此,要全面了解女娲图像必须要关注图像的接受问题。那么,当代女娲图像是如何被不同的人所接受的?这是本章要讨论的关键问题。

古希腊哲学家柏拉图(Plato)认为眼睛有两种:"心灵之眼"和"肉体之眼"。"心灵之眼"看到的是"实在",对应的是理智世界;"肉体之眼"看到的则是图像——实在的模仿,对应的是可见的世界,并认为人们"模仿和绘制出来的图形也有自己的影子,在水中也有自己的影像,但他们真正寻求的是只有用心灵才能看到的那些实在"。[1]因此,"心灵之眼"与"肉体之眼"是接受图像的两种不同方式。随着视觉技术的发展,"机械之眼"延伸了肉眼观看的能力,成为一种新的图像接受方式。"机械之眼"由苏联电影艺术家吉加·维尔托夫(Dziga Vertov)所提出的"电影眼睛"演变而来,是以摄影器械为眼睛,它征服时空的局限,延伸了肉眼视觉的能力,为肉眼解译可见和不可见的世界。[2]

具体到女娲图像,偶像型与叙事型图像的生产完全不同,其接受者的实践活动也存在着较大差异,"敬"与"观"成为不同主体接受图像的不同方式。对于神像来说,信众是接受主体,他们通过"心灵之眼",围绕神像进行多种敬拜

---

[1] 〔古希腊〕柏拉图. 柏拉图全集(第二卷)·国家篇 [M]. 王晓朝译. 北京:人民出版社, 2003: 509-615.
[2] 王林生. 图像与观者——论约翰·伯格的艺术理论及意义 [M]. 北京:中国文联出版社, 2015: 59.

活动，以寻求自己内心不可见的实在；而对于观看叙事图像的观者来说，他们以"肉体之眼"来观看并体会可见的神话内容。此外，受众也会通过"机械之眼"接受图像，从而引发其身份的转变，同时也会改变他们对图像认知的方式。

需要说明的是，女娲图像的接受主体十分多样，为方便论述，本章通过"信众""观者"及"受众"三种称谓对主体加以区分，信众是指具有某种信仰的人，是神像的主要接受主体；观者是主要通过视觉来观看图像内容的观看者，他们一般将图像作为旅游景观来接受；受众则是对当下网络媒体兴起之后信息传播的接受者的称谓，主要是视觉技术生产图像的接受主体。这三种称谓实质上是接受者的三种身份，它们往往相互交织，并不截然分开，同一个接受主体可以是其中一种身份，也可以同时拥有两种或三种身份。

第一节 "心灵之眼"：信众对神像的敬拜

对于偶像型的女娲神像来说，接受者主要是朝拜的信众，他们通过"心灵之眼"来看神像，真正要看到的是自己心中的神灵，神像在此成为神灵的物化载体，其物化形式改变甚至破坏都难以消解其内在的精神性。信众通过敬神像、娱神像等实践活动与神像之间产生一定的社会关系，以求得与神灵的沟通。

一、作为信仰的寄托

与神像的生产不同，信众对神像的接受是将自己的信仰寄托于神像之上，对神像采取一系列的行为活动，来达到心灵与神灵的沟通。生产者是为神像注入"灵性"，而接受者是将自己的心灵信仰寄托于神像，由生产者到接受者实质上出现了从"物质性神化"到"精神性物化"的转移，这种转移促使精神性成为神像的核心，神像成为人与神之间的载体，成为心灵信仰的依托。因而，神像成为神灵的外在，外在的表现形式、所在地点甚至残缺与否都难以改变内在的精神性或信仰性。

（一）公共景观的神像化

上文已经提及，娲皇宫补天广场的女娲雕像不仅是景区的标志性景观，也是信众供奉的室外神像。2003 年，补天广场的女娲雕像落成，这本是为发展旅游而建，女娲文化所所长李一长回忆，该塑像从北京运到涉县后，就受到涉县上千民众的迎接，塑像在山下牌坊停放一夜（或三夜），大家烧香跪拜，之后才落成。9.9 米高的大雕像是娲皇宫最为高大的雕像，矗立在补天广场，与风景秀丽的自然景观相协调，成为景区的经典画面，女娲雕像也成为旅游的标志。女娲雕像前有与之相配的大型香炉与供桌，据说是当地企业家还愿所献，无论当地民众还是外地游客，到此都要进献贡品，烧香跪拜。而女娲像落成之初，该雕像是不允许被供奉与跪拜的。当时参与雕像落成的景区管理者李一长说道：

> 广场上这个像非常好。从北京拿回来，一进涉县，有几千人，几百辆车，从我们涉县的路边迎接老奶奶回家。然后在石牌坊下边的广场上住了一个晚上，当天没有上去，老奶奶也不愿意上去，就放到晚上烧香，不知道烧了一个晚上还是三个晚上我都忘了。四方的群众，这周围的群众都来给老奶奶上香，上完香以后才抬上去的。咱广场上的这个像，最开始是不让大家在下面烧香嘞。刚开始那会儿，这个像刚回来，立在广场上，你要是烧香，那香火还旺，烟熏火燎的，会损坏这个雕像，尤其是她那个脸，这个五官容易受损，熏得都变黑了，就不让烧。但是，不让烧大家还是想烧，咱就在戏台那里，就在广生宫下边儿那块，戏台子对面弄了个封闭的大香炉，叫在那儿烧，后来大家就在那儿烧。再后来，那是在哪一年我忘啦，有一个搞企业的，他过来还愿，送了个大香炉，就在那雕像下头，后来老百姓就又开始在下边烧，现在就两边都烧，戏台子前也烧。①

补天广场的像经历了从雕像到神像的转变，本身是作为公共景观被生产，

---

① 访谈对象：李一长；访谈人：孙伟伟；访谈时间：2020 年 9 月 25 日；访谈地点：去往清漳水库的车上。

却在当地民众的信仰活动之下转变为神像,这种转变由接受者所推动。女娲像在生产之初由景区广泛征稿,交由艺术家雕塑,与底部的浮雕一起,构成了景区的公共景观,它与庙宇神像的生产不同,没有经过严格的仪式等,是以艺术生产为初衷。但是,在被运回来之后,受到涉县地区民众的热情欢迎,人们争相烧香跪拜,雕像在石牌坊下停驻了一到三晚才被运至现在的补天广场。另外,景区最初为了保护雕像不受损,维护公共景观,并不允许在雕像下面烧香,由于信众对信仰活动需求旺盛,景区在另一侧设立封闭香炉,但最终仍是在信众的还愿行为之下,公共景观转变为室外神像,具有了信仰的性质。

既然公共景观可以在信众的信仰行为下被神像化,那么,什么样的公共景观才可以被神像化?公共景观神像化是否存在标准?我们对比娲皇宫两处的公共景观来进行分析。在娲皇宫女娲文化馆门口也有一处女娲的雕像,以女娲补天的姿势为主,女娲长发飘扬,双手高举大石块,驾着祥云,意欲补天。这是一处情节型的女娲雕塑,在此,并未有任何朝拜活动,更未有放置的香炉等。另一处是补天广场东侧的伏羲像,见图5-2,伏羲目视前方,手持太极八卦盘,端坐于脚踩祥云的神兽之上,该雕塑前放置有香炉,可以说这是一尊偶像型的雕像。

图5-1 补天广场一侧的封闭香炉　　　　图5-2 伏羲像

第四章 "敬"与"观":女娲图像的接受 / 199

笔者就这三个公共景观是否能被神像化的问题访谈了当地村民吕晓连,吕晓连是磨池村村民,65岁,一直信奉女娲,每年都要去娲皇宫祭拜,年轻时经常参与本社的上社活动。她为笔者讲述了她对雕塑和神像的看法:

孙:阿姨,您见过咱们景区半道上那个女娲补天的雕塑吗?就这个。(展示照片)

吕:呀,没怎么操心过这个,现在岁数大了走不动了,都是坐那个小车上去,好像在半路见过,有那么一点印象哈,但是没仔细看过。

孙:这样啊,没事。您会在它前边烧香磕头吗?

吕:在这个前面啊,这就不是奶奶像嘛,这就是这个干吗,拿着石头就你们说的那个补天嘛。

孙:那就是不会给它磕头是不?

吕:它就不是奶奶像,它就是一个好看的景区放在那里的,不磕。

孙:那这个呢?(展示伏羲像照片)

吕:这是哪个?

孙:就在广场东边一个雕像,伏羲像。

吕:哦哦,这是你们说的那个什么伏羲,和女娲一块那个,我听我女儿说过。

孙:您会在这个跟前烧香吗?这个前面有个香炉。

吕:有人可能会去那儿磕头,我不会,我不信那个,我就信咱奶奶,我就在咱们顶上那些庙里,有时候上不去了就在广场烧个香磕个头。[1]

从以上访谈,可以很清晰地看出公共景观神像化的两个标准:第一,图像属于偶像型图像,具有神像的基本特征。叙事图像不具备神像的"灵性",信众认为叙事图像是景区放置在公共空间展示女娲故事的,并不是用来供奉朝拜的。第二,偶像型的公共景观必须是信众心中信仰的主神。与补天广场女娲像前香

---

[1] 访谈对象:吕晓连(简称"吕");访谈人:孙伟伟(简称"孙");访谈时间:2020年7月15日;访谈地点:涉县磨池村吕晓连家。

火旺盛的场景相比，伏羲像前虽有放置的香炉，但香火并不旺盛，尤其是当地信众，几乎不会在此烧香跪拜。涉县流传有伏羲女娲滚磨的神话传说，磨池村的名称就是来源于此。但是，本地的女娲信仰并不与伏羲粘连，民众信仰女娲，却不信仰伏羲，娲皇宫的伏羲雕像是景区为了丰富女娲神话文化所立，并不影响信众心中对主要神灵女娲的信仰。信众虽然难以参与神像的生产，心中却隐藏着对神灵样貌及形态的认知，这种认知的存在一般是无意识的，信众并不自知。因而，他们对神像的接受是通过"心灵之眼"，只要符合他们内心所信神灵的标准，都可以成为被供奉的神像，神像只是他们精神性物化的一个结果。

（二）外在损毁与内在恒定

神像作为信仰的依托，其精神性物化的另一个表现是外在的破坏难以影响其内在的恒久性。作为物质的神像，其变更甚至损毁只是破坏其外在，通过"心灵之眼"所看到的实在具有恒久性，不受外在的影响。上文已经提及神像的生产不受生产者个人的思想影响，技术的变革也不会导致其"灵性"的消解，下面将继续从接受者的角度，来寻找神像"灵性"难以损毁的根源。

神像是人信仰的重要载体，对人迷信思想的更正必然要涉及对神像的损毁。我国历史上曾多次出现灭佛事件，都是以损毁寺庙与佛像为开端。民间对女娲神像的损毁也同样如此，20世纪中叶，封建迷信活动繁多，已影响到人们的正常生活，因时代和政治需要，"破四旧""反封建"成为当时社会的主流，娲皇宫的神像在这个阶段也遭受损毁。但改革开放后，因经济建设及文物保护的需要又重新恢复，民众停滞多年的信仰又重新燃起，中断反而又促进了信仰的愈发兴盛。在娲皇宫工作多年的陈一水在杨利慧对他的访谈中回忆了当时的真实情况。

陈：在衰败的时候，想说衰败的时候是在什么时候呢？就大约啊，大约就在1939年到1942、1942年，这段儿。可能是，战争的原因这是一方面。

杨：1939年到1941年吧。

陈：捣毁得特别厉害，在那个时间有几个客观原因吧，第一个就是政治变革吧。

杨：1941年、1942年怎么就……

陈：39年的时候，日本人就在这儿啊，我说的跨度比较高一点，就是战争。对，第一个就是政治改革，咱们这不是解放区吗，他可能破除迷信解放思想在那个时间。这跟日本人没有关系，日本也是挺吓人的。在这个之后不就是土改了吗？46年、45年土改，就在这个时间毁得比较厉害，厉害到什么程度，他把里边这个神像全部都给拆除了，庙里的神像。

杨：您说是娲皇宫里面的吗？

陈：对，我说的是娲皇宫。

杨：当时就已经把神像拆除了。

陈：一般他们都说"文革"，他们说得不太准确，其实就是在这个，可以说在土改时期吧，大概土改时45年、44年，在那个时候破坏得比较严重，基本上80%、90%呢都给清除出去，把该造①的造。上头不是有石像，石头像，就在那个时间造的。不过后来谁问时间都认为是"文革"，其实"文革"那儿倒没有什么啦。②

在特殊的历史时期，因政治变革与战乱等原因，庙宇中的神像拆除，相关物什统一被清除，这是社会变革所带来的必然结果。这也是神像与其他女娲图像的不同之处，神像会随时代变更兴盛或衰败，与社会发展的思想主流紧密相关，而故事图像相对神像不具有浓厚的信仰意味，其损坏程度相对较小，歇马殿的神像在当时被损毁，但其两侧的清代壁画却保留至今，山西霍州贾村娲皇庙的清代壁画也是同样的情况。这是因为神像是人们思想的一种依托，是一种主观上的实在，而故事图像所展现的故事，是一种客观存在的实物。当然，被

---

① 造，方言，指损毁。
② 访谈对象：陈一水；访谈人：杨利慧、包媛媛、杨泽经；访谈时间：2015年3月8日；访谈地点：台村陈一水家。（该材料由杨利慧提供）

图 5-3　笔者访谈吕晓连

损毁的也只能是物质化的神像,并不会消磨人们心中的信仰。

杨:您说的就是那个,比如说这个日本人那个时候老百姓还有去上香的吗?
陈:烧香的几乎没有,哎有,在什么时间都有。他说你就"文革","文革"比这个战争年代都比较静,比较严。不过"文革"白天不能去,黑天偷偷去。
杨:还是上那个山上去哈。
陈:嗯,有上山的,有在下面的。
杨:在下面他们是在哪烧啊?
陈:那个下边儿,可能对那个影响啊,还不行。在那个下面有个四方院,有个歇马殿啊,他们就在那块上。
杨:就是那些下面还存留着呢吗?
陈:神像啊,神像我们都没有了。
杨:那他们去烧香是怎么烧啊?
陈:烧香就在心目中,自己心目中,就去那儿偷烧,但是令他人也不反对哈,这个就是去,到点了,稍微烧一下。他虽然说没有神像,大致心目中有

第四章 "敬"与"观":女娲图像的接受 / 203

  吧啊。只有这个歇马殿啊,有三尊像没有毁了,那什么,就是都没有头啊。

杨:没有头啊,神像还在哈。

陈:那三尊像,我还有印象,我58年去过,还有印象,这三尊像可是在"文化大革命"毁了。

杨:但是那个大殿它没有毁啊,大殿。

陈:我和说笑话,那不能毁,那怎么毁,毁了自己也要夹[①]。上面那个隔扇,我说那隔扇,就是门嘛,那上边儿也没有了。那柱子不能抽,一抽不就房子就倒了,窗户门都没有了,那个都是后来可能是76、79年那会儿重修。

杨:他是重修的,是那个里面的神像吧,因为庙还是在的嘛。

陈:庙是还在,房子在。

杨:他重修的就是神像吧。

陈:神像,还有舞台,在那儿有,碑那儿。[②]

  神像易毁,人心难易。在特殊时期,人们还是会在私底下偷偷烧香朝拜,在陈一水的讲述中,"烧香就在心目中偷烧""他虽然说没有神像,大致心目中有吧啊",以及没有头的神像人们也会继续敬拜,现在娲皇顶上的眼光奶奶洞当时遭到损毁,肢体不全,也并未影响当下人们对它的朝拜,这些讲述及事实充分说明了神像的本质——它是精神性物化的一个结果,其外在物质的损毁并不影响其内在信仰的恒久性。神像虽然是一尊像,但它却是民众心中的神灵之像,它的样貌,甚至于它的存在与否都无关紧要,只要心中的神灵存在,通过"心灵之眼"所看到的实在不消失,其所引发的信仰活动就只会间断而不会终止。相反,正是因为神像的损坏,信仰的载体暂时消失,才会使得这一切在恢复后呈现出更加旺盛的生命力。娲皇宫的信仰活动被中止了五六十年,几

[①] 夹,方言,倒霉。
[②] 访谈对象:陈一水;访谈人:杨利慧、包媛媛、杨泽经;访谈时间:2015年3月8日;访谈地点:台村陈一水家。(该材料由杨利慧提供)

乎已经换了一代人，20世纪80年代恢复后，第一次庙会的盛况令陈一水难以忘却。

杨：您说当时那个老百姓是怎么样想的呢？那个就是您说到刚刚开放的时候，老百姓先去烧香呢，还是先设立了这个文物保管所以后老百姓才开始烧香？

陈：烧香这个就从没有间断过，它是多与少的问题。因为开发，那老百姓自然就是公开啊，当时那个人啊，现在没有那个场合啦，现在最多有个四五千人就不少。需要说不需要？这是我的亲身经历。

杨：说说，需要。

陈：那天人啊，太多太多了，多到什么程度啊？上边能站人的地方都站着人，大家都在路两旁啊。我们说在山上面已经到跟那个饱和一样，怎么都走不动啦。它有一个原因那个管理员没有处理好，上面那个门，上面那个大门中间有一个杆，你可能没印象，这边一扇，那边一扇，他为了控制人，他只开了一扇门。他把这个门一开，出都出不来，进都进不去，两边形成拥堵啦，你又扒不开人。后来我就跑着上去，踩着人头上去的，因为两边挤的，都出现对峙了。我说赶快拆后门，当时还是用石头垒的后门，他（管理员）说还得收入呢，拆开后门人就搁那儿就走了啊，或者上来了。我说现在不要考虑收入这种小事啊，主要考虑人。

杨：主要考虑人先。

陈：就在这个时间，从那个拐转第一盘那儿，哗的挤上来一批人，挤伤四个。但是都没有生命危险，当时我赶快安排人过来医院，都是老人，有的挤得吐血啦，但是不坏事啊，人家也没给找麻烦。打开这个门，这边儿只能进，那边只能出，逐渐逐渐，我看这人多少有点儿松动。下面不让上去的人，赶快走到半道上，怎么都拉不住，我说不行啊，上边已经饱和啦，都不听。路上就一个戴平帽的那个卫员，我说："哎呀，这个你给大家说说吧，你给咱在这儿指挥指挥，路上的我根本就说不来。"就那个路上不能走了，有的干脆直接从那儿抓着两边那个草上。当时那个桥，总共就那么块儿，我站到桥上啊，我拔了个石头："谁来我就拿石头砸谁。"我说谁来我就拿石头砸谁，当时那个人就上不去了。就那条路，哎你不能上，光能往这边走，最后我也不能就在这卡着呀，叫你老百姓卡，谁也不知道上面的情况，还去那儿看。最后就那样，逐渐逐渐就疏散开了，我说的这已经是下午一点多钟了，一点钟我看那个票已经卖到一万两千多张，将近一万三千多张。但是所幸的就是，虽然说挤伤四个，但是都没有生命危险，最后呢，人家也没来找事儿赔钱。[1]

以上所述是庙会第一次恢复时的场景，一天就有上万人上香，甚至挤伤4个，今天的庙会都难有这样的场面。庙会的恢复是人们心中信仰的回归，几十年如一日，中断过后又重新开始，甚至比之前更为旺盛。另外，娲皇宫的信仰中断时间超过了一代人的成长，说明女娲信仰在当地民间的扎根深厚，新生一代传承老一辈，继续朝拜女娲。这便是信仰的力量，神像的损毁并未对人内在的信仰产生致命性的打击，反而在恢复之后又快速获得了更为旺盛的生命力。因为神像仅仅是一个依托，是人们信仰的物质表现形式，信仰的对象则是人们心中之物，看不见摸不着，即使将神像损毁，将庙砸烂，在环境合适的情况下，依旧会重新立起来。因此，神像的"灵性"是难以消灭的，其根源在于来自人类内心深处的信仰，这种内在的实质是恒久性的，不会随外在而轻易改变。

二、宗教行为与巫术活动的交织

神像一旦成为神灵的依托，就会与信众产生联系。那么，神像与信众之间通过哪些行为活动来建立联系？在娲皇宫，人们不仅通过烧香跪拜、进献供品、唱戏表演等方式来敬拜神像，也围绕神像进行其他的活动，如从神像前拴走娃娃以求得子嗣，或是触摸石头神像来治疗眼疾等。这些活动都与神像紧密相关，却

---

[1] 访谈对象：陈一水；访谈人：杨利慧、包媛媛、杨泽经；访谈时间：2015年3月8日；访谈地点：台村陈一水家。（该材料由杨利慧提供）

存在着内在的差异。前几种是典型的宗教行为，后几种则遵循巫术活动的原理。

19世纪末，人类学家詹姆斯·弗雷泽（James George Frazer）就在《金枝》一书中对宗教与巫术进行了区分论述，阐释了巫术的原则以及宗教的起源等问题，认为巫术是人对自然力的直接强制，而宗教则是信徒对神明的祈求。他提出了"巫术—宗教—科学"的人类思想发展公式，对于研究人类的信仰和实践具有重大的影响。[1]但是，随着时代和科学的发展，弗雷泽的很多观点受到学界批评，如对于巫术与宗教界限的决然划分、对信仰因素与社会因素关系的颠倒等等。如刘魁立在《金枝》的序言中就提到："（巫术—宗教—科学）这个公式，特别鲜明地暴露出弗雷泽思想体系的许多致命伤。"[2]关于巫术与宗教的关系，多数学者也持反对态度，如法国学者列维-斯特劳斯（Claude Levi-Strauss）[3]、英国学者哈特兰德（E.S.Hartland）[4]以及我国学者宋兆麟[5]，他们通过大量的例证来论述巫术与宗教同出一源，此类型的争议至今仍然存在。

虽然，弗雷泽在《金枝》中谈到的许多观点和结论被不断质疑，但是他将所掌握的大量实际材料从统一的角度串联，以区分论述不同的人类实践活动，对当下的研究仍有重要的参考价值。正如马林诺斯基（Malinowski）所述：

> 遍观其（《金枝》）对事实的表述，弗雷泽所证实的既不是其站不住脚的联动原理误用这一巫术理论，也不是其（人类知识经历巫术—宗教—科学）三阶段的进化理论，而是科学、巫术、宗教一直控制人类行为的不同状态（different phases）这一可靠而正确的观点。弗雷泽自己的证据也表明它们是共存而又有实质、形式、功能差异。真正的问题是如何确定它们为人类做了什么以及它们的心理、社会和基础何在。[6]

---

[1] 〔英〕詹·乔·弗雷泽.金枝[M].徐育新，汪培基，张泽石译.北京：大众文艺出版社，1998.
[2] 〔英〕詹·乔·弗雷泽.金枝[M].徐育新，汪培基，张泽石译.北京：大众文艺出版社，1998：19.
[3] 〔英〕列维-斯特劳斯.野性的思维[M].李幼蒸译.北京：中国人民大学出版社，2006.
[4] 〔德〕W.施密特.原始宗教与神话[M].萧师毅，陈祥春译.上海：上海文艺出版社，1987.
[5] 宋兆麟.巫与巫术[M].成都：四川民族出版社，1989.
[6] B.马林诺夫斯基.科学的文化理论[M].黄剑波译.北京：中央民族大学出版社，1999：163-164.

马林诺夫斯基认为，弗雷泽真正的理论贡献在于认定巫术、宗教、科学是人类行为的不同状态，它们是共存的，同时也是具有差异的。因此，我们在探讨巫术与宗教时要将它们作为人类社会及其行为中的能动力，考察其背后的心理、社会基础。这对于本书探讨神像接受活动具有重要的参考意义。人们将神像作为信仰的寄托，展开各种实践活动，这些活动从实质、形式及功能上不尽相同，是围绕同一神像的不同行为状态，我们可以依据弗雷泽对人类行为的区分将其划分为宗教行为和巫术活动两类，以下详细论述。

（一）宗教行为

信众相信神灵，以等同甚至高于人的礼遇对待神像，从而来取悦神灵，满足自己的内心愿望。这种行为用弗雷泽理论来看是典型的宗教行为，他认为宗教是对被认为能够指导和控制自然与人生进程的超人力量的迎合或抚慰，并指出宗教包含理论和实践两大部分，对超人力量的信仰以及讨其欢心、使其息怒的种种企图，这两者中信仰在先，因为必须相信神的存在才会想要取悦于神。[①]弗雷泽所说的超人力量是人格化的神灵，故而宗教行为的主要目的是取悦神灵，人们通常最先满足神像的是人类生活的基本需求，继而是更高的礼遇与敬拜行为，在此基础上，还为神像举办唱戏表演等娱乐活动。

在民间宗教中，信众将神像人格化，想象神灵如人类一般生活，需要衣食住行等基本需求，满足了这些基本需求，神灵才会使人们得偿所愿。因此，人们为神像建造庙宇，将神像安放于雕梁画栋的大殿之中，为其提供专门的住所；以饮食与衣服作为供品，进献给神像，使其吃穿有保障；神像体积庞大，久坐不动，难以出行，人们制造出小型的神像以及配套的凤辇、微型大殿等，在固定时日举办仪式让其下山巡游。在满足基本的需求之后，还为神像请戏班唱戏、歌舞表演等，以此来娱乐神灵。在信众眼中，神灵拥有能够掌控万物的强大能力，远非人力所能及，人们只有取悦神灵才能得到庇护。所以，信众对于神灵

[①] 〔英〕詹·乔·弗雷泽. 金枝[M]. 徐育新，汪培基，张泽石译. 北京：大众文艺出版社，1998：52.

始终是敬畏的态度，敬畏之下，行有所止，神像之前的宗教行为便显得严肃而谨慎，一言一行都有讲究，以免触犯神灵招来祸害。

首先，信众为神像进献饮食与衣物，为神灵提供人类的基本生活需求。人们进入寺庙要烧香磕头，在烧香之前，会为神像进献供品，人们恭敬地将准备好的供品放置于供桌上。民间宗教的供品多为饮食和衣服两类。陈一兴在娲皇宫所经营的商铺售卖各种类型的香及供品，他讲述了人们在神像前经常供奉的物品：

> 咱娲皇宫给神像的供品可多嘞，最多的就是吃的，香蕉、苹果这些水果，还有一些干果，馒头也是比较多的。现在好多人上去，都从我这里买一袋小馒头或者是小饼干，拿着上去，方便嘛，奶奶像前头都有小盘子，他拿上小馒头以后，拜一个像往盘子里倒一点，一直到最顶上，像都拜了，小馒头也都供了。咱们店里还有一大袋的那种金元宝，他们上去和香一起就烧了。每个人供的都不一样，各种各样吃的用的都有，也就是一种心意吧。①

如陈一兴所述，娲皇宫供品丰富，多为日常生活所用之物，饮食一般有水果、干果、馒头等，为方便上供，如今人们常用儿童零食的小馒头或小饼干代替。笔者在调查时也碰到有信众拿着保温饭盒，端着小碗，给神像盛自己煮的汤面，边盛边对神像说道："奶奶喝汤吧，我专门给你做的。"（见图5-4左图）除进献吃食之外，还有为神像献衣服的，娲皇宫中的每尊神像都披有香客进献的披风，一般为绸缎质地，颜色鲜艳，华丽无比。又如梳妆楼供奉的紫霞元君躺卧像，民众认为睡觉之时不盖被子容易着凉感冒，遂进献绸缎将其盖住，以防紫霞元君感冒。

另外，信众还将金子形状的纸钱烧给神像，也是上供的一种，而神像前的捐献箱是让游客来捐功德的，金额由信众自行决定。随着时代发展，捐献箱上也贴上了收款的二维码，供不带现金的信众捐献功德，这些钱将会被用于庙宇

---

① 访谈对象：陈一兴；访谈人：孙伟伟；访谈时间：2020年9月22日；访谈地点：娲皇宫补天湖长廊店铺。

图 5-4 为神像进献供品及全供

修缮等，仍旧为取悦神灵之事。信众将人间所拥有的一切都供奉给神，以满足自己想象中神灵的日常所需。

供品的摆放是需要讲究的，一般供单数，单数属阳性，而双数属阴，容易招来不好的灵气。如若供奉馒头，在放置时，下面摆四个上面摆一个垒在一起，或者底下放置一个大馒头，上面摆放一个月饼一个苹果垒在一起，一层层向上垒成三角形，让神灵享用。供品一般不许放置超过三天，三天之后由景区工作人员将其撤下来。另外，在买这些供品时，要用"请"而非"买"字，以示尊敬。娲皇宫还有全供之说，程一义为娲皇宫的退休老干部，目前在景区内义务劳动，他描述了当地的全供：

咱们这儿有全供，全供就供得比较多，村里那边是15个，咱们这儿是25个，都不一样。一般过来求子的很多都是全供，能摆一桌子。这个供品都是看个人，有的那财力厚的就供得多，那东西也贵，你比如有供羊的，请一台子戏的。也有的就平常这种，水果、馒头这些的，这些是最多的。①

除信众个人进献供品之外，集体性的活动也进行上供，供品的规格更高，数量种类也更为多样。娲皇宫一年一度会在补天广场的女娲像前举行公祭大典，是由官方主持的祭祀女娲的大典，公祭讲究排场与隆重感，以庄严肃穆的态度感恩女娲的护佑，祭品、礼器等规格高，质量优，所祈求的寓意多与国家繁盛、天下安宁有关，或是商业人士为企业祈福，这与民间祭祀及民众祈福的目的完全不同。女娲像前要陈列传统最高规格的九鼎、八簋、九俎祭祀礼器，供桌上摆放着传统祭祀最高规格的三牲太牢，象征神州大地繁荣昌盛的龙、凤、虎、豹的馒首，以及象征天下安宁、五谷丰登的核桃、柿子、苹果、葡萄等时果。摆放时以三牲为主，放置于最前，后面依次序摆放干果与馒首。

图 5-5　2019 年公祭大典的供品

图 5-6　烧香跪拜

---

① 访谈对象：程一义；访谈人：孙伟伟；访谈时间：2021 年 3 月 24 日；访谈地点：娲皇宫停骖宫戏台前。

第四章 "敬"与"观":女娲图像的接受 / 211

其次,对神像进行敬拜活动。进献供品后,要烧香跪拜,向神灵默许心愿。"香"在我国信仰中一直被认为是可以通神的东西,人们若要与神灵沟通,烧香是必不可少的。上香一般上三炷,也有六或九炷,三炷最为常见,道教认为三生万物,"三"这个数字就代表万物之始,代表尊贵与吉祥,因而上香多用三炷,民间宗教受其影响,上香时也以三炷为宜。程一义在谈及烧香的讲究时说道:

> 给神像上香要上单数,不能上双数。咱们这都说"神三鬼四",你去看,给神烧香一般都是三根,上坟都是四根。①

另外,上香不可使用断香,不吉祥。上香时不得窃窃私语,与旁人说话,以表虔诚。在娲皇宫上香,上香前最好不要喝酒也不要沾荤腥,穿戴干净整洁。烧香时左手拿香,右手拿烛,自己将香点燃,娲皇宫香炉在室外,都是较为粗大的香,一般直接在香炉一侧蘸取灯油用灯火点燃。点燃后忌用嘴吹,而应用手轻轻将明火扇灭。待青烟直上,以左手在上,右手在下握住香,高举过头顶并默念祷词,之后将香插入香炉中,跪拜磕头三次。

> 咱们娲皇宫的香炉一般都是这种室外的大的香炉,所以香一般也就稍微大一些,我们这拜女娲的时候讲究这样拜的,男士是左手在外,右手在内,太极图嘛,道教的礼节向女娲朝拜的。你看山上那个壁画,就是千年狐狸精那个壁画,她们向女娲拜的时候就是这样拜的,很多人是这样拜的。现在游客不知道的基本都是双手合十,当地一些百姓也都是双手合十,有的就直接就跪下来磕头。②

随着时代的发展,一般在集体性的公祭活动时,以鞠躬礼代替了跪拜磕头,

---

① 访谈对象:程一义;访谈人:孙伟伟;访谈时间:2021年3月24日;访谈地点:娲皇宫停骖宫戏台前。
② 访谈对象:郝小玲;访谈人:孙伟伟;访谈时间:2020年9月22日;访谈地点:娲皇宫补天广场。

在一年一度的女娲公祭大典上,所有人会向补天广场的女娲像行三鞠躬礼。鞠躬礼主要表达"弯身行礼,以示恭敬"的意思,与跪拜有着本质区别。公祭大典是官方举办的祭祀女娲的大典,场合隆重而严肃,参与人员主要是参政或经商人士,主旨是表达对女娲作为人类始祖的恭敬之情,并非如一般信众是为与神灵沟通。另外,在祭典场合,鞠躬礼也较为简单美观,集体鞠躬较跪拜磕头更显严肃与隆重。

对神像敬拜是宗教信仰的基本行为,也是取悦神灵的方式之一。敬拜活动已超脱将神灵人格化的供奉,把神灵视为具有超能力的存在,正如弗雷泽所说,这是一种对那看不见的不可思议的神的极其卑下的臣服态度,而宗教的最高道德准则就是对神灵意志的屈从。[①]因此,信众将神灵的世界想象成人类的生活,为其提供衣食住行,但同时又将神灵与人类严格区分,臣服于神灵,对神灵敬拜有加。敬拜活动既显示出信众对神灵的敬意,也表现出臣服的态度,活动中行为举止谨慎细微,但随着科学的发展,臣服的态度已逐渐让位于敬意,敬拜行为也多有敬而鲜少拜,如磕头被鞠躬所替代。

再次,为神像安排下山巡游的出行活动。请神巡游是涉县民间祭祀女娲的一种形式,被称为"摆社",又有"上社""朝顶"等称呼。2006年,该祭祀方式被列入国家级非物质文化遗产民俗类目录。涉县附近参与祭祀的有七道社,分别是:曲峧社、石门社、中原社、温村社、索堡社、桃城社和唐王峧社。各社分别组织人员,多则上千人,少则数百人,全部身着古装,抬着祭品,手执各种兵器和祭旗,聚集到娲皇宫下进行摆社祭祀活动。

摆社的职能是接送娲皇圣母,这里的娲皇圣母是一尊体积较小的神像。接的时间按照年分为大健和小健[②],大健是农历二月二十七,小健是农历二月二十六。在接送仪式、程序、人员安排、祭品祭器、服装、道具等方面都有明确的规定,按照固定程序分步进行。上文提及歇马殿的小神像是由曲峧社接送,

---

① 〔英〕詹·乔·弗雷泽. 金枝 [M]. 徐育新,汪培基,张泽石译,北京:大众文艺出版社,1998: 60-61.
② 大健、小健,即农历大月建与小月建,又称"大尽""小尽"。在民间,农历有30天的月份为大健,29天的为小健。

第四章 "敬"与"观":女娲图像的接受 / 213

从歇马殿请圣母回到香劳[①]所在的村,在神像前摆上供品,焚香祭拜,并搭台唱三天戏。凡神像经过的村庄,村民都要在村口置香案、摆祭品,恭敬迎送。送回的时间是三月初一上午,从村里送圣母回歇马殿。参加祭祀的七道社,只有唐王峧社抬的神像安放到歇马殿,其余的要把本社的娲皇圣母像抬到顶上,安放于大石窟两侧。[②]当地村民对每年的上社迎送奶奶像较为熟悉,磨池村60多岁的吕晓连奶奶介绍了唐王峧社迎送奶奶像的一些细节。

  那个咱顶上这个轿,是去请奶奶,这个是唐王峧八个村,奶奶就是轮流,今年在你这个村,明年就在我这个村。八个村轮到谁,就把奶奶抬到那个村,大健是二十八,小健喽,反正是出来待三天啊。奶奶去哪个村哪个村唱戏。轿里头有塑像,他在那个背面做一个那个小房子,可好看嘞。到今天八个村轮了两三轮了,十几年了。接送的时候八个村人都出来,有办事穿的那衣裳啊,蓝的、黄的,都不一样。有是举旗,有是拿枪,有的是拿那个扇屏风啊,好几样,有那拿着花儿,有的抬着这个轿,还有那个护轿。这个奶奶也是出去出宫,后面有那个金什么钺斧朝天蹬,就跟皇帝出宫的那个仪仗队似的,奶奶也是这,她要出宫嘞。

  奶奶出宫就是一个村一个村里给你办事,哪个村办事,奶奶都去哪个村儿住三天。村里人都去烧香磕头,唱戏,然后拜完了初一就送到顶上。俺这是东顶,有西顶,还有小曲峧嘞,好几个奶奶都来,到初一那天,都来这个顶上就转个圈,奶奶就各回各村、各回各家了。俺这是东顶,有西顶奶奶,还有小曲峧、山西,都有奶奶,姊妹儿好几个,她们要见面呢嘛,我们就从东顶请。[③]

据吕晓连介绍,每年唐王峧社都会有一个村将奶奶像从歇马殿请回村里,为奶奶搭台唱戏三天,人们烧香跪拜。三月初一,各社将自己的奶奶像用轿

[①] 香劳,又称大香劳、座社的,主要分管摆社所需的米面,香劳一年一轮换,一般由财力雄厚的大户担任。
[②] 牛永芳,贾海波. 涉县娲皇宫 [M]. 北京:团结出版社,2014:124.
[③] 访谈对象:吕晓连;访谈人:孙伟伟;访谈时间:2020年7月15日;访谈地点:涉县磨池村吕晓连家。

子抬到顶上（娲皇宫），转一圈然后再抬回去。涉县地区传说以女娲为首一共有七位奶奶，其中娲皇宫大奶奶最为宽容大度，中皇二奶奶、王堡四奶奶、桃城五奶奶、石门六奶奶性情随和，曲峧三奶奶脾气尤为暴躁。因此，除大奶奶之外其他奶奶都要看三奶奶眼色行事。每年摆社的目的，一是为了祭祀女娲大奶奶，请她下山巡游，回村庄看戏，随后再送回娲皇宫；二是为了让其他几位奶奶与大奶奶短暂相聚，说说知心话。①

2020年因疫情的原因，3月份景区不允许举办庙会，摆社活动也相应停止。

图 5-7　起轿与巡游

图 5-8　过境高家庄与陈家庄

按照惯例，每个村一年一轮，本年的主办村未办成，下一年仍由下一个村来请。八年轮一次，对于当地村民来说，这项活动是至关重要且荣耀之事。为了弥补疫情的影响，今年的主办村唐王峧社白泉水村于9月份进行了补办，农历

---

① 杨荣国，王矿清等. 中国涉县女娲祭祀文化 [M]. 河北：河北人民出版社，2013: 106.

图 5-9　奶奶像安放仪式

八月二十八，唐王峧社八个村集结，一百多人浩浩荡荡出发，至娲皇宫停骖宫歇马殿请奶奶像，经过请尊、出宫、安轿、起轿，奶奶像被安放于轿中，由轿夫抬出停骖宫，前后仪仗队护驾，开始巡游，过境石家庄、高家庄、磨池村、陈家庄，各村百姓在村口放置香案，摆好贡品，手持点燃的香磕头跪拜，最后到达主持活动的白泉水村。白泉水村负责人在村口迎香，将奶奶像迎至村委会，村委会早已搭建好了遮挡棚，准备好安放奶奶像的小房屋，该小房屋根据宫殿建筑仿制，精巧无比。轿子到达村委会后便是安尊，由大香劳将奶奶像拿出，维首拿出韦驮像，村民为其披上披风，大香劳再将奶奶像安放于小房屋内，整个迎神过程结束，村委会搭建戏台为奶奶唱戏，百姓蜂拥而至进香。三天三夜后，奶奶像于九月初三被送回停骖宫歇马殿。

请神巡游是将小神像从山顶抬下，送至山下的村中，这就代表神灵出宫巡游，民间用古代宫廷出行的仪仗规格来为神像开路护驾。老百姓认为老奶奶出宫巡游是去民间办事，每年三月初一各位姊妹奶奶还要一起在娲皇宫顶相聚，下山巡游与姊妹团聚都是人间愉悦之事，人们将此乐事让神灵分享，以愉悦神灵。但是，庙宇的神像体积庞大，难以移动，人们便造出体积小的神像分身，方便移动，与之相匹配的小凤辇、小宫殿也随之而生，说明神像的制作也有接受者对神灵想象的因素在其中，故而神像并非一般的图像，它是人们心灵想象的映射，信众接受神像不需要掺杂视觉等因素，其心理信仰占据主导地位。需要注意的是，平日小塑像与小凤辇被放置于停骖宫歇马殿的角落中，与娲皇圣母、紫霞元君、碧霞元君一起被供奉，但相较于大殿中的神像，小塑像似乎被人冷落，只有在摆社当天，小塑像成为被供奉的主角，下山巡游，接受大量信众的敬拜。这就说明同一神灵的多样分身在信众心中是区别对待的，在平日里，神像安坐于大殿之中，神灵凭附于此，并不下界巡游，下山老奶奶的小神像灵力难以发挥，也可以说神灵并未凭附于小神像之上，信众主要敬拜大殿的神像，而很少顾及凤辇中的小像。而在摆社当天，神灵被安排下山巡游，信众便认为神灵寄托于小神像之上，又争相敬拜。因此，围绕神像的活动是人们按照自己的内心希望来举办的，神像的信仰性是被信众内心想象与外在行为共同赋予的。

最后，在神像前唱戏演出，以娱乐神灵。娱神活动是娲皇宫围绕神像所进行的另一类活动，娱神活动按照规模可分为大小两类，大的娱神活动一般为集体性的祭典或者由企业商人还愿所送，包括歌舞表演、戏班搭台唱戏等，小的娱神活动包括普通信众的一些活动，如唱愿戏、打扇鼓等。唱愿戏是娲皇宫最为常见的还愿形式，一般在补天广场的女娲像前进行，有的香客会请戏班唱戏，有三五人组成的地摊小戏，也有一场上千万元的整台大戏。打扇鼓则是一种祀神舞蹈，扇鼓是单面的羊皮鼓，鼓面直径有25厘米左右，有手柄，柄下有3个花样的铁环，每个环上再套3个钢环，舞动起来哗哗作响。敲鼓用的是一根缠着红布的棍子，左手持鼓，右手持棍。打扇鼓人数不定，可以一个人独舞，也可以几十个人同舞，边走边打，边扭边唱。[①]庙会期间，会有众多香客远道而来，白

---

① 牛永芳，贾海波.涉县娲皇宫[M].北京：团结出版社，2014：65.

图 5-10　打扇鼓

图 5-11　2019 年公祭大典歌舞献祭

天在各大殿朝拜，夜晚在广生宫陪奶奶"坐夜"，通宵不睡，其中多有巫婆和神汉，用自己的唱腔或讲天上的事情，或预言未来，或为人驱邪，同时伴有打扇鼓的活动。

此外，在集体性的活动时，会有大型的表演来娱神乐人，民间会有赛戏、娲皇笙乐、打扇鼓等集体性的民俗表演活动，而官方的公祭大典，则以现代歌舞告祭，在女娲像前进行歌舞表演。娱神活动主要目的有三，一是还愿，在此许愿并如愿的信众，在还愿时会请唱戏或者表演，以感谢神灵；二是对神灵表达敬意，并无其他目的；三是娱乐自己，娱神活动一般为带音乐的艺术活动，信众一般也借此机会听戏或看表演来愉悦自己。

在以上这些宗教信仰与行为中，神像成为神灵的真实替身，人们所做的一切宗教活动都围绕着神像。从表面上看，神像不吃不喝，供奉之物与神像都是客观的物质存在，但信众是透过"心灵之眼"来观看神像，能透过神像看到不可见的神灵，这实质上是信众的一种想象，是对自己心理活动的外在行为表达。这些行为是一种对超人力量的邀宠，所有的邀宠做法都暗示着那位被讨好者是一个具有意识或人格的行为者，他的行为在某种程度上是不定的，可以被劝说来按照人们所希望的方向改变，只要这种劝说审慎地投合他的兴趣、口味和感情。[①]因而，信众围绕神像所进行的宗教活动实质上是按照自己的意愿来取悦看不见的神灵，想象神灵的所需所好，然后投其所好，以求得到超人力量的庇佑。

（二）巫术活动

弗雷泽在《金枝》中论述了巫术的原理，认为"交感巫术"是物体通过某种神秘的交感可以远距离地相互作用，通过一种我们看不见的"以太"把一物体的推动力传输给另一物体，它包含"顺势"和"接触"两种，"顺势巫术"是在"同类相生"或果必同因的"相似律"下引申而出，"接触巫术"则认为是由"接触律"引申，主要是指物体一经互相接触，在中断实体接触后还会继续远距离地相互作用。[②]娲皇宫信众围绕神像的活动除了取悦神像的宗教行为之外，还有一类就是弗雷泽所说的交感巫术活动，同样包含有顺势与接触两种。

首先，顺势巫术是人们通过模仿来实现想做的事情。《金枝》中提到在苏门答腊岛的巴塔克人那里，一个不孕的妇女为了当妈妈，就制作一个木偶婴儿抱在膝上，相信这会使她的愿望实现。与此类似，娲皇宫所在地区有拴娃娃的习俗，即在娲皇宫圣母神像前，求子的妇女按照自己生男生女的愿望，用红线绳套在一个塑料娃娃（图5-12神像前摆放的娃娃）的脖颈上，想要男孩便拴一个

---

① 〔英〕詹·乔·弗雷泽. 金枝[M]. 徐育新，汪培基，张泽石译，北京：大众文艺出版社，1998: 53.
② 〔英〕詹·乔·弗雷泽. 金枝[M]. 徐育新，汪培基，张泽石译，北京：大众文艺出版社，1998: 15-16.

图 5-12　神像前的娃娃与拴娃娃的妇女

男娃娃，想要女孩拴一个女娃娃，往布施箱中放些钱，用红布把娃娃包起来揣在怀里，或者放在篮子里，叫着自己给孩子起的名字，一路往家走，不允许回头看，到家后将娃娃放在柜子里或适当位置。[①]

很多人在咱们娲皇宫拴娃娃求子，生了小孩愿望实现以后，就要还愿。还愿的时候不仅要带上香纸和供品，也要再还一个娃娃放到神像前。有一个不成文的规矩，大家都知道，要是拴了一个男娃娃，生了男孩，将原本拴走的那个还回来，再自己买一个新的男娃娃放到神像前面；生了女孩再还一个

[①] 杨荣国，王矿清等.中国涉县女娲祭祀文化[M].河北：河北人民出版社，2013: 36.

图 5-13 摸石头神像

女娃娃。若没有按照愿望，有的会把拴走的娃娃送回来，也有的不送还。①

拴娃娃的习俗并不是取悦神灵的宗教行为，而是通过模拟或仿效抱孩子的办法能求得一个真实的孩子。与弗雷泽所说的巫术不同，娲皇宫拴娃娃的前提是神灵的信仰以及宗教行为，人们相信神灵，取悦神灵并对其敬拜之后，才开始进行拴娃娃的活动。拴走的娃娃必须是神像面前的娃娃，购买或自己制作的娃娃并不起作用，这就说明神像前的娃娃在信众心中是具有灵力的，这些娃娃是其他实现愿望的信众还愿所还，是神像灵力的证明。因此，娲皇宫的巫术活动并不仅仅是以地道、纯粹的自然形式出现，它们往往以宗教信仰和行为为前提，再通过顺势巫术来达成所愿。

另外，拴娃娃之后还有为孩子开锁的习俗，这也是一种基于顺势巫术原则的活动。拴娃娃之后获得子女的母亲在还愿时要向看庙道人要一根红线绳，给婴儿戴在脖颈上，并在娲皇圣母像前说："老奶奶呀，俺这孩子还得劳您看到十二岁，到时候俺来开锁。"意思是孩子从生下到十二周岁是一个多灾多难的过程，需要神灵佑护和看管，即锁住；孩子长到十二周岁生命力强壮了，就可以开锁，自己成长了。孩子长到十二岁来庙开锁前，家长要把红线绳套在孩子脖颈上，两端结环，用锁子锁住。逢初一、十五，或者到庙会上，找道士或巫婆给开锁。道士开锁时，让母亲向娲皇圣母烧香上供，和孩子一同磕头。起来后，道士用小藤棍轻打孩子头顶一下，说："打打上，天门开，聪明伶俐。"轻打小腿部，说："打打下，地门开，身体强壮。"轻打腰部，说："打打腰，人门开，长大成才。"把锁开开再锁住，如此反复三遍即可。开毕，母亲要给道士几个钱，

---

① 访谈对象：郝小玲；访谈人：孙伟伟；访谈时间：2020 年 9 月 22 日；访谈地点：娲皇宫补天广场。

第四章 "敬"与"观":女娲图像的接受 / 221

以表诚意和谢意。①

当地传说这一风俗是为了安全起见,从孩子出生那天起,广生圣母就用一条银链金锁把孩子的"真魂"锁在广生宫里,不让他们到处乱跑。等孩子长到十三岁②时,再由父母领着来到广生宫"开锁"领人,广生圣母这个时候就会把孩子的真魂交还给他的父母,广生圣母也就完成了她的任务和职责。③

这是根据"相似的东西产生相似的东西"的原则,锁子锁住不会被外界侵扰,开锁之后便可以自由成长,通过模拟锁子的特性来将孩童护佑于神灵之下。在开锁时,道士或巫婆将脖颈上的锁子开开后,还要用藤条轻打小孩的头部、腿部与腰部,表示开天门、地门与人门,也是模拟开锁开门的相似事物来表示孩子已经可以自己成长。开锁活动同时也伴随着宗教行为,选择吉日,对神像进行敬拜,通过顺势巫术的原则来寻求想要的结果。在此,神像扮演着护佑孩童的角色,母亲通过模拟将孩子锁于神像之前的活动,以期孩子可以健康成长。

其次,接触巫术是事物一旦互相接触过,它们之间将一直保留着某种联系,即使它们已互相远离。④在娲皇宫地区,人们有吃子山与摸石像的传统,是通过与神像或神像前的物什接触而获得灵力,以期实现愿望。吃子山,亦称吃土,是娲皇宫庙会所特有的旧习俗。旧时庙会前,管庙人在娲皇圣母像前摆放一些泥娃娃,还愿人也送一些泥娃娃或布娃娃,现在则多送塑料娃娃。求子的妇女多在婆婆或嫂嫂的陪伴下前来,如想生男孩,就在烧香上供和默念之后,在泥娃娃小鸡鸡上扣一块泥巴吃下去,据说回来就能怀孕生男婴。⑤摸石像是通过触摸石头神像来治疗疾病。在娲皇阁西侧有两处北齐石雕像,眼光奶奶洞的石雕像被信众摸得锃亮,当地人认为摸一摸眼光奶奶的石头像,手感冰凉,然后将

---

① 杨荣国,王矿清等.中国涉县女娲祭祀文化[M].石家庄:河北人民出版社,2013:38.
② 指虚岁。
③ 访谈对象:郝小玲;访谈人:孙伟伟;访谈时间:2020年9月22日;访谈地点:娲皇宫广生宫.
④ 〔英〕詹·乔·弗雷泽.金枝[M].徐育新,汪培基,张泽石译.北京:大众文艺出版社,1998:41.
⑤ 杨荣国,王矿清等.中国涉县女娲祭祀文化[M].河北:河北人民出版社,2013:37.

手放置于眼睛上，可治疗眼疾，这也是人们通过与神像之间的互动来求得身体健康的一种方式。

吃子山与摸石像的活动表明，人们相信与神灵之物相互接触之后，就可以吸收其灵气，即使不再接触也会将灵气带至自己身上。这与弗雷泽所说的接触律相似，但也有不同之处，弗雷泽所述的接触巫术是相互接触后，二者相互联系，无论对一方做什么，都会对另一方产生同样的后果，这种相互关系在吃子山与摸石像中并无体现，因为这两类活动的对象分别是神像与人，难以通过一个物体来对一个人施加影响，只是在人接触神像之后，还会远距离地受到神像灵力的影响。

但是，娲皇宫中仅有天然石窟里的石神像可以触摸，庙宇中的神像是禁止触碰的。天然石窟中的神像是石头材质，手感冰凉，这尊像本是北齐时期所造的释迦牟尼佛像，经过漫长的岁月，已经受到破坏，脸部被损毁。当地人根据石头的天然属性，通过触摸石像，将手上的冰凉之感放置于双眼，可以使眼睛清亮，遂认为触摸该神像可以治疗眼疾，称其为眼光奶奶像，成为娲皇宫民间宗教与佛教融合的一大特色。这也说明在我国民间，神像的功用甚至名称都会随信众的信仰及行为而发生改变，同时，信众对于不同的神像有不同的态度，触摸石头神像可以治疗疾病，而触碰大殿中的神像却是一种不敬的行为。这背后实质上是信众的不同心理，他们将对事物的不同看法投射于神像之上，不同的神像功用不同，敬与不敬之间也就具有了明确的界限，这个界限是信众自发但不自觉的心理及传统形成的，它不像宗教仪轨一般有严格的明文戒律，却广为人知，并自觉遵守。

在娲皇宫，信众的宗教行为与巫术活动交织进行，两类活动均以神像为中心。弗雷泽在《金枝》中提出了巫术—宗教—科学的人类思想方式的发展过程，他在巫术与宗教之间划出了一道鸿沟，认为巫术早先于宗教，指出具有人格的神的概念要比那种关于类似或接触概念的简单认识要复杂得多，宗教是人类理性思维不断发展的结果。刘魁立在该书的序言中对此观点予以否定，他认为在现实当中，巫术与宗教之间本质上的鸿沟是并不存在的，并对将自然力人格化与相信超自然力截然分开提出了质疑。围绕着娲皇宫女娲图像的人类活动为这一质疑提供了依据,在当下的现实生活中,人们并不会去区分自然力人格化与相信超自然力之间的区别,二者在信众观念中是一致的,都属一种事物背后的神秘力量。人们相信神秘力量,认为不可见的神灵在发挥作用,遂用雕塑等方式依照人的形象将其塑造出来,付诸于可见之物上。总体来说,这两类活动都是围绕着神像所进行的信仰活动,是以信仰为前提的活动,首先是相信,继而才是取悦神灵与巫术的活动。

弗雷泽在描述顺势巫术时援引了巴伯尔群岛求子的案例,他指出:"在这里,这种假装生下了一个孩子的仪式是一种真正的巫术礼仪,用模拟或仿效的办法以图真能生下一个孩子。但为了增强这种仪礼的效力,又加上了祈祷和贡献祭品。换言之,就是将宗教掺入巫术,从而加强了巫术。"[1]弗雷泽认为宗教产生于巫术之后,可以加强巫术,与弗雷泽所描述的不同,当代娲皇宫的信仰活动是以宗教行为为前提,在进行巫术活动之前,首先要相信神灵,敬拜神像,且巫术活动必须要在神像之前举行,这两类活动并不截然分开。在这一问题上,列维-斯特劳斯的观点更符合现实情况,他认为:"宗教即自然法则的人化,巫术即人类行为的自然化——即把某些人类行为看作是物理决定作用的一个组成部分——,它们与进化中的选择或阶段无关。自然的拟人化(由其组成宗教)和人的拟自然化(我们用其说明巫术)形成两个永远存在着而只有比例上相互变化的组成部分。"[2]他认为无巫术就无宗教,没有一点宗教的因素也就没有巫术,每个部分都蕴含着另一个部分。因此,对于信众来说,出于实用的目的,宗教行为与巫术活动是相互交织的,都是对于人格化的神灵拥有超自然力的信仰行为,而神像在此贯穿所有活动,成为宗教行为与巫术活动交织的纽带。

这两类活动虽是围绕神像的不同活动,却有着共同的实用意义,即寻常个体用来克服对于死亡、灾难等的恐惧,以及对求生、幸福等可欲目的和结果的追求。这种恐惧和追求是人的生物禀赋,因而,人们对于神像的所作所为是基

---

[1] 〔英〕詹·乔·弗雷泽. 金枝 [M]. 徐育新, 汪培基, 张泽石译, 北京: 大众文艺出版社, 1998: 18.
[2] 〔法〕列维-斯特劳斯. 野性的思维 [M]. 李幼蒸译. 北京: 中国人民大学出版社, 2006: 242.

于最根本的生物性要求,正如弗雷泽所说:"生活并维持生存(to live and to cause to live),找饭吃,生孩子,这些都是过去人们的主要欲求,只要世界还在,它们也将是未来人们的主要欲求。"[①]当下人们仍旧是在生活并维持生存,他们把对生活的基本诉求围绕神像表达出来,敬拜神像,通过神像来求得所愿,以满足他们对生活的追求。

三、神像的禁忌

凡事以敬畏始,敬方能有所为,畏才能有所不为。在民间宗教中,信众对神灵饱含敬意,对神像的敬拜行为毕恭毕敬,认为敬神娱神才可以让神灵替自己达成心愿,有敬则有畏,如若不尊敬神灵或神像,就可能会招致灾祸。因此,人们对神像又敬又畏,在敬拜神像的同时也产生了诸多禁忌,这些禁忌的目的在于避免不希望的结果,无形之中对人们的行为产生了规约力。娲皇宫神像的禁忌可以分为言语禁忌与行为禁忌两个方面。

首先,言语禁忌是指在神像面前不可随意乱讲乱开言语玩笑,如脏话、淫秽之言、不恭之词等,都是大不敬,可能会招致祸害。这些禁忌的出现常常以一些真实事件为依托,这类事件发生在个别人身上而被广泛流传,久而久之,禁忌成为一种无形的规约力,规约着人们的种种言语行为。笔者在涉县打车时,司机李师傅就讲述了他犯忌的亲身经历。

> 这个东西啊,不可全信也不可不信。我经历过一次,就是到山上赶庙会的时候,上面有师婆,就是比较信神这种,嘴里唠唠叨叨的,就像和尚念经的那个道理一样。我到山上以后,相跟着几个年轻人,他们说到奶奶像那给磕个头,(我)不但没给人磕头还往下走,往下走的时候,人家(师婆)问我"你磕头了没有啊",我说"狗屁啊还磕个头",其实就是骂了人家一句的意思。我就根本不信这东西,磕什么头。完了下来到底下,村口有个大池,我

[①] 〔苏〕B. 马林诺夫斯基. 科学的文化理论 [M]. 黄剑波译. 北京: 中央民族大学出版社, 1999: 167.

就感觉到我这个脸挺烫,就到池边去凉快一下这个意思,但是不知道怎么回事了,我就没走到池边的时候就一头就栽到池里面。

到现在都搞不清怎么回事,所以后来一次我就记住,进庙,不要乱讲,不要乱说话。特别是不中听的话,少讲。就好多人都到那磕头,信仰嘛,这东西,绝对有点。所以说,一次我就记住,再进庙,不愿意磕头也无所谓,不愿意给钱也无所谓,不要乱讲,谁让我亲身经历了这么一次。我当时那是十六七岁啊,到现在我都没搞清楚怎么回事。你要说我在那个池边玩耍呢,一没注意掉进去了那也算,还没走到池边呢,不知道怎么回事儿就掉进去啦。①

李师傅的讲述是发生在自己身上的真事。他认为自己之所以无缘无故掉进水池,只因为在娲皇顶上的神像前乱讲脏话,骂师婆,师婆在娲皇宫是神灵附体的人群,对她们不敬便是对神灵的不敬。李师傅并非信众,在犯忌之后遭受灾祸,使他对信仰的态度发生转变,称自己以后在庙宇不敢乱说话,这个禁忌对他的行为产生了明显的规约力。李师傅将这个显灵故事告知他人,扩大了该禁忌的知晓范围,反而是增强了神灵的灵力。在庙不乱讲,一直是寺庙的禁忌,李师傅通过自身的经历阐释了这一禁忌。类似的事情也常有发生,不一定在庙宇的信仰空间,李师傅讲故事时,笔者母亲也在车里,听了李师傅的讲述后,说起一件兄长身上发生的类似的事情。

你哥那年去他岳父岳母家(河南济源),我忘了是哪一年,他和你那个二鹏哥一起,说路上换着开车,就叫上他。到哪儿好像是周口,半路上,远远看见山上有一个女娲娘娘像,就那种白的塑像,他俩就在那儿开人家玩笑,说:"哎?你说这女娲长得亲②不亲?"俩人在那儿嘿嘿笑不停,一路还在瞎说。后来突然就迷路了,你姐(嫂子)说回她家的路就那么一条,又不是说

---

① 访谈对象:出租车司机李师傅;访谈人:孙伟伟;访谈时间:2020年9月23日;访谈地点:曲峧到娲皇宫途中。
② 亲,方言,漂亮之意。

有什么岔口什么的,她回家就没迷过路,完了他们俩就一直找,那会儿零几年,还不像现在这手机,能指路,他们就是一路靠问,莫名其妙。后来,你姐开玩笑说:"是不是你俩开人女娲娘娘玩笑,人见你俩生气了,就故意让咱们迷路了?"你哥和你二鹏哥说:"哦呀,有可能,真这么灵啊!"你姐就说:"你俩没事瞎说话,赶紧给人赔礼道歉!"你俩哥这才后悔得不行,嘴里叨叨"不该瞎说"。完了,过了一会儿,就才走到你姐熟悉的那个道上,才往前走嘞,就那到她家天都黑了。①

这件事情虽不发生在娲皇宫,但也是围绕女娲神像发生的禁忌事件。与李师傅不同的是,这个禁忌事件并未发生在庙宇空间,而是在很日常的生活之中,所犯的禁忌并非乱讲脏话,而是对女娲神像开轻浮的玩笑,言语不敬,最后结果也是莫名其妙受到惩罚。李师傅或许是因为自己不小心栽进水池子里,而兄长可能是因为不小心看错路而迷路,但是他们都将倒霉事归因于神灵对自己的惩罚,他们并非有信仰的信众,但却因自身犯忌受到灾祸而开始敬畏神灵,也开始遵守人们对神像的禁忌,不乱讲脏话,不乱开玩笑,以避免自己再遭祸事。

另外,言语禁忌还体现在对神像外貌的主观评价上。与生产场域的生产主体完全不同,信众对神像外观的认识带有浓重的信仰和主观意识,他们避讳说神像的不好,以免犯忌。笔者在访谈吕晓连时问及拜殿神像更换,其外貌变化时,她连忙多次重复与以前差不多,除此之外,不发表任何言论。

孙:您见过顶上那个拜殿以前的像吗?就是现在金光闪闪的之前的?

吕:就是戴着皇上的,那个就戴着皇上帽子的那个塑像?

孙:嗯,这个之前的,这不是新换的嘛。

吕:这个神像是后来换过的,以前是泥的那种。

孙:嗯,以前那个你见过吗?

---

① 访谈对象:贺珍;访谈人:孙伟伟;访谈时间:2020年9月23日;访谈地点:曲峧到娲皇宫途中。

吕：见倒见过，那个，说不来。

孙：您觉得哪个好看一些？

吕：这个，以前那个，还是现在这个，也差不多吧，以前那个比这个大，好像，好还是不好啊，后来"文化大革命"的时候不是都捣了好多，后来又重新塑来。

孙：就您觉得以前的那个雕的跟现在这个金黄的差不多？

吕：嗯，也差不多，都差不多，嗯。①

吕晓连在笔者问及该问题时，只用差不多来回答，并无过多言论，而且言语迟钝，回答很是为难。这表明信众对神像外貌进行评价时，避讳说出不好的话语，以免产生不敬言语，为自己招来祸害，这也是他们不客观评价神像外貌的主要原因。笔者为了解多数大众对神像外观的态度，在涉县发放了调查问卷，在填写问卷中，多位年龄偏大的民众边填边念叨："这个可不敢说不好看，这个也不敢说不好看，得信人家呢。"这句话带有强烈的主观意味，在他们眼里，神像的好看与否已经不是审美上的事情，而是主观信仰所附属的东西，他们观看神像不是通过"肉体之眼"，而是"心灵之眼"。因此，对于神像的外貌评价也掺杂了禁忌的因素，神像如若只是一种客观的物质艺术，人们便会从容评价，但其是无所不能的神灵的依托，任何对其不好的言语评价都可能是犯忌行为，从而为自己招来灾祸。

其次，神像的显灵对于信众的行为具有规约作用，从而可以产生一些行为上的禁忌。如不能虐待老人、做恶事等，这些都是日常生活中的道德规范，却在神像的作用之下成为人们的行为禁忌。民众对神像的崇敬与畏惧多与传说或传言中的神像显灵故事有关，神像可以变为真实的活体存在，会说会讲，也可以托梦于人，因而对其恭敬或不敬似乎都可被它知晓，正如常言所说"头顶三尺有神明"。娲皇宫信仰旺盛，关于女娲神像显灵的故事也屡屡流传，产生了关

---

① 访谈对象：吕晓连（简称"吕"）；访谈人：孙伟伟（简称"孙"）；访谈时间：2020 年 7 月 15 日；访谈地点：涉县磨池村吕晓连家。

于神像的行为禁忌。

　　据说涉县下河有一个村,儿媳妇不孝敬,但很信女娲老奶奶。有一天来到娲皇宫奶奶像前摇了一签,心想:老奶奶你是个什么样的人,让我看看你真正的样子。她抽了一签,见签上写着:老奶奶是个老太婆,小脚,头顶着个锅盖,鞋拖拉着,大开着怀,这就是老奶奶。媳妇心想:老奶奶是这个样儿?心里有些不相信。那天晚上,下起了大雨,媳妇回去晚了,婆婆已经睡了。媳妇叫门,婆婆一听媳妇回来了,就慌慌张张地开门,于是就是签上写的那个样子:没有雨伞,头顶着锅盖,拖拉着鞋,大开着怀。一开门,媳妇看到婆婆这个样子傻眼啦。这就是签上说的老奶奶呀。从此,媳妇对婆婆特别好。[①]

　　以上是当地流传的一个神像显灵的故事,其中的儿媳妇去奶奶像前求签,想知道奶奶真正的样子,回到家后才知道签上恰好是自己婆婆的样子。神像显灵,巧妙警示她平日的不孝行为,因而她又敬又畏,在生活中改变自己的行为去孝敬婆婆。这个故事体现了信仰对于日常行为的约束力,这种约束力实质上就是为信众指明了行为禁忌,如若触犯禁忌,做了不善之事,可能会遭遇灾祸。显灵故事的广泛传播,既增加了神像灵力的真实性,又起到了规范社会道德的作用。

　　总之,无论是娲皇宫的民间信仰,还是其他宗教信仰,神像与庙宇共同构成了信仰空间,人们接受神像的活动基本一致。人塑造了神像,又反过来对自己所造的塑像进行敬拜,一尊塑像享受着各种人们日常难以享受到的优厚待遇。神像作为信众精神的寄托,不会因外界环境或外在形象的损毁而消失,它是一种精神性物化的产物。人们通过各种宗教行为取悦神像,透过与神像紧密相连的巫术活动来求得所愿,如若对神像不敬,还会使人受到惩罚,因而产生各种禁忌,规约着人们的行为。人们接受女娲神像的原因和目的在于信仰,而非女娲神话所构成的神话,"较之于文本神话的神圣性,图像神话的神圣不在于表述

[①] 杨荣国,王矿清等.中国涉县女娲祭祀文化[M].河北:河北人民出版社,2013:104.

世界与宇宙秩序生成的场景，也不在于描绘世界等级制度的神圣不可侵犯（当然这些方面的意味是不能够排除的），其神圣性就在于这些图像的功能具有一种让现实社会秩序神话化的功效，能够沟通神明与人类之间的来往。"[1]因而，神像作为信众的接受对象，具有强大的信仰性，这种信仰性是由人们的信仰活动所赋予的，也是神像与普通艺术雕塑相区别的重要特性。

信众对神像的接受以信仰为基础，不需要过多的因素就可以直接与其发生联系，神像一旦落成就会成为信众接受的对象。但是，除信众之外，还有不信仰的一般游客要接受这一图像，他们更多的是通过"肉体之眼"由外而内产生情感，其接受过程与故事图像相似，这将在下一节一并探讨。

第二节 "肉体之眼"：图像的观看之道

"肉体之眼"是指人的双眼，看到的是视觉上的图像，对应的是可见的世界。人们透过双眼去观看各种女娲图像，形成视觉上的直接感知。与通过"心灵之眼"观看有所不同，它是以双眼所看到的客观世界为前提，在观看的实践过程中与图像发生关系，进而对图像加以理解和赏析。对于通过"肉体之眼"观看的图像来说，其接受者是观者的身份，他们观看、接受图像的方式及效果是本节要探讨的主要内容。

一、图像的观者

"肉体之眼"的主体与通过"心灵之眼"观看的信众不同，因此在论述接受方式及效果前，需要对本节的接受主体加以说明。观者是客观观看的主体，当观看进入图像的本体，其实质是图像的观看者进入了图像本质的构成，图像与

---

[1] 王倩. 神圣的图像——神话图像结构性意义阐释 [J]. 重庆文理学院学报（社会科学版），2011, 30 (05): 16-22.

观者便成为图像意义生成的两个利益攸关方。①也就是说，观者对图像的观看会影响图像本质的构成，甚至会改变图像的功能属性，这也是观者作为图像接受主体的重要作用。娲皇宫女娲图像种类不同，其接受主体也相对较为复杂，不同的接受主体对图像的认识不同，主要表现为图像作为信仰形式和旅游景观之间的差异。

娲皇宫景区作为朝圣旅游的景区，既有朝圣的宗教信仰功能，又具有旅游休闲的基本属性，因而景区中的女娲图像形成了以神像为核心，其他故事图像相互配合出现的格局。这些图像作为旅游景观共同构成了娲皇宫的整体信仰空间，女娲图像在具有基本的艺术性之外，也被赋予了景观特性。但是，娲皇宫所有的女娲图像都具有景观特性吗？这就需要从接受者的角度对具体问题进行具体分析。

游红霞、田兆元在《朝圣旅游的景观生产与景观叙事——以普陀山南海观音露天大佛为例》一文中指出："朝圣旅游是对信仰的生产和消费的过程，要将信仰凝结为具象形式的景观，突出民俗文化的可观赏性特征，才能使朝圣旅游具备必须依赖的物质条件和朝拜对象。"②二者认为朝圣旅游中的一切图像都是景观，并且以信仰的物象形式为主，如寺院、圣像、圣物等实体景观。从客观角度讲，朝圣景区的一切图像构成景观是毋庸置疑的。但是，从与图像相关主体的主观角度来看，我们就需要对他们所说的圣像、圣物与景观的关系重新进行思考。

女娲图像作为视觉艺术的一种，成为旅游景观是一种必然结果。娲皇宫景区中的故事图像是装饰景区所绘，毫无疑问，它具有基本的景观特性，其接受主体便是通过视觉观看的观者，观者很容易将它与周围环境相互融合，欣赏游览的同时也会拍照留念。然而，神像却相对较为复杂，它既是信仰的物化，又是景观的一种，但是这两种属性并不总是同时存在，会因接受者的不同而导致其中一种属性的突前，甚至另一种属性的消解。

---

① 王林生.图像与观者——论约翰·伯格的艺术理论及意义 [M]. 北京：中国文联出版社，2015: 93.
② 游红霞，田兆元.朝圣旅游的景观生产与景观叙事——以普陀山南海观音露天大佛为例 [J]. 文化遗产，2019 (02): 153.

在信众心中，神像并不一定是景观，他们会在潜意识中将神像与景观相互区分，如上文对吕晓连的访谈中，她不自觉地将女娲补天的故事雕塑与补天广场的女娲像相区分，在女娲像前会磕头，但在补天雕塑前不会有此行为，这就说明她认为女娲补天的雕塑仅仅是景区设立的一处景观，与神像并不相同。另外，信众在神像与普通景观前的行为反差较大，在门口的彩绘或者其他故事图像面前，行为较为随意，通常会拍照留念，但是在神像面前，特别是大殿之中的神像，人们行为严肃且拘谨，很少有人对其进行拍照。

对于虔诚的信众来说，神像并非景观，它仅仅是信仰的物化形式，信仰性在此突前，不存在景观特性。上文提及公共景观的神像化，是在信众信仰行为之下产生的现象。而对于完全不信仰的接受者来说，它仅仅是一种旅游景观，与其他故事图像一样，用来欣赏和游览，可以拍照留念等，这是对景观特性的一种突前，图像的信仰性在此类接受者处消解。另外，还有一种情况属于两种属性的逐次出现，介于信仰与非信仰之间的普通游客，它们在对待神像的态度上较为模糊，既尊敬神像，又将神像作为景观的一部分，两种属性在此相互交织，一般是由像入心，受旅游环境及周围的影响，从外在的视觉观看逐渐转为磕头跪拜等信仰行为。

以上三种不同的接受者对待神像的态度各不相同，第一种是通过"心灵之眼"来观看神像，属于信众，前文已具体探讨过。后两者则都是通过"肉体之眼"来接近神像，是图像的观者。因此，图像的观者是旅游景观的接受主体，他们更多的是通过视觉来感受女娲图像的内容，是本节探讨所要关注的主体。

二、驻足凝视与视线游移

女娲图像作为景观，是一种视觉效果，观看者是此类图像的接受者，他们通过双眼来观看图像，观看的方式决定了他们接受图像的方式。就娲皇宫内的女娲图像而言，观者主要有两种观看方式：凝视与游移，本书所用的凝视是最为基本的概念，即注视，指长时间的全神贯注的观看，在观看的过程中会有所思所想；游移主要指视线的游移，目光不聚集于一点，而是在整体画面中不断移动。

（一）驻足凝视

不同的图像有不同的观看方式，偶像型的图像多对应驻足凝视的方式，如游客在观看补天广场的女娲像时，一般驻足站立于雕像之下，长时间凝视。对于该女娲像的观看，观者多采用凝视主要有以下几个原因：第一，女娲像重视与观者的眼神交流。在生产之时，为方便其与观者进行眼神交流，生产者对眼睛的设计十分重视，一般会采取微微颔首、眼皮低垂的策略，尽量使其视线能与观者视线交互，这就造就了偶像型图像从构图上是一个开放式的构图，它需要观者的存在，因而，偶像型图像的观看方式多是驻足凝视，以产生交流。第二，女娲像为一尊雕塑作品，画面内容简单，女娲正面朝前，正襟危坐，不需要视线的游移就可以完成观看，驻足凝视才可以充分欣赏该作品。第三，女娲神话流传广泛，女娲作为人类始祖被万人崇敬，观者在观看女娲像时，容易油然而生一种敬意，所以采用驻足凝视的方式。第四，补天广场的女娲像是娲皇宫景区的核心，也是景区的标志性景观，游客在此停留时间较长，拍照留念，对女娲像的注视时间相对较长。因此，驻足凝视的选择既有客观因素，也有主观因素，从客观上讲，偶像型图像的构图、内容决定了观者对它的驻足凝视；从主观上讲，观者出于敬意也会采取驻足凝视的方式来观看。

驻足凝视产生的主要效果就是能与所看之物产生目光视线的交互，这种交互阐释的是图像理解的完成机制，它打破了将观看视为一种被动和机械行为的认识，使观看者与观看对象之间产生视域融合。[1]驻足凝视是一种主动的观看方式，观者在观看时，有足够的时间思考与想象，观者的文化情感、意识形态以及周围情境等相互联系，共同介入到观者的凝视过程之中，使这种观看方式具有主观性与创造性。驻足凝视一旦具有主观性与创造性，观者便会在感知图像的基础之上对图像内容及意义产生理解，甚至对图像进行反思。

（二）视线游移

视线游移是指观者在观看时，从一个视点移向另一个视点，在时间上有一

---

[1] 王林生.图像与观者——论约翰·伯格的艺术理论及意义[M].北京：中国文联出版社，2015：93.

个先后的顺序，这个视点可以是画中人物的手势、动作及周边的环境，而且在图像中，这个视点的布局排列并未对观看的次序提出要求。①观者对故事图像的观看是"游移"的视线，他可能会驻足，但不会"凝视"，在观者眼中，故事图像是景区的景观之一，是为装饰环境与宣传文化所用。

故事图像画面丰富，具有相应的情节，人物动作多样，观看时视线游移是视觉生理的必然要求，也是对图像综合把握的过程。庞蒂曾对视线的游移做过这样一个描述："我很难说出我所注视的图画在何处。因为我并不是像人们注视某个事物那样去注视它，我没有在它所在之处固定，我的目光在它上面游移不定，就如同处在存在的各种光环中一样，与其说我看见了它，不如说我依据它，或借助于它来看。"②视线的游移可以把握图像的整体布局，在游移过程中对不同的部分进行观看，在脑海中拼合到一起，形成完整的画面。观者在这个过程中是通过全面把握图像从而来理解图像内容，对图像内容及意义进行解读。

具体到景区的图像，视线游移的观看方式有三种：第一，边走边看，视线随身体不断游移改变。故事图像主要为装饰所用，观者将其作为景观，多数情况下会边走边看，这种观看方式是走马观花式的观看，并不会对图像的内容做过多思考，目的主要是观光。第二，驻足观看，在画面中视线游移以观看到细节，以观画为目的，注重对图像内容的充分理解。第三，在对纪念品的选择中，视线游移挑选合意的纪念图像。这是在多种复制图像之间视线游移的一种，目的并不是完成对图像的理解，而是挑选出适合自己的图像消费品。边走边看与纪念品中的视线游移并不会对图像内容的解读产生很大影响，出于这两种观看目的，生产方一般在绘制室外景观与纪念品时，多以母题式的叙事为主，以便接受者能快速接受。

因此，观看方式的选择是多种因素相互作用的结果，图像的艺术形式、内容以及观者的主观意愿都会影响观看方式的选择，但不同的观看方式所引起的观看效果不同，主要表现为对图像内容理解的深浅程度不一，但整个观看都是

---

① 王林生. 图像与观者——论约翰·伯格的艺术理论及意义 [M]. 北京：中国文联出版社，2015：46-47.
② 〔法〕莫里斯·梅洛-庞蒂著. 眼与心 [M]. 杨大春译. 北京：商务印书馆，2007：39-40.

对图像从外在审美逐次向内在精神进行感知、理解、想象与反思的过程。

三、从外在审美到内在精神的接收

何国瑞在《艺术生产原理》一书中提出艺术消费的四个心理过程，即感知、理解、想象、反思，分别对应的是图像观看的直觉阶段、耦合阶段、超越阶段与评价阶段。[①]接受者首先以审美的眼光感知对象，再借助过去经验，通过与对象的反复耦合，达到对图像内容的把握。再理解图像内容的基础之上，超越图像，对图像之外进行想象，最后超脱出艺术作品从客观角度对其进行评价。这个心理过程是观者对图像从外在审美到内在精神的一个接受过程，也是一个从"肉体之眼"转变到"心灵之眼"的过程。

针对这一观看过程，笔者访谈了当地磨池村村民石小梅，她是涉县当地的普通村民，有30岁左右，为笔者讲述了她对娲皇宫图像的一些感受。下文的探讨将以该材料为中心，辅之以问卷调查与网络游记的材料来探析观者对图像的接受过程。[②]

孙：石姐，您看过娲皇宫上面一些讲故事的图画吗？

石：刚进门不就有一幅那个大的，顶上也有，还有题诗那个。

孙：哦哦，女娲灭商纣王的那个。

石：是的，反正还挺多的，他景区就是关于女娲的嘛，肯定都得用女娲的故事来画这些。

孙：您说得对，那您觉得这些画画得好不好？您能不能从中感受到一些什么？

石：挺好的，我觉得挺好的，咱也不是学艺术的，也不懂人家那些画，看着反正是挺好看的，把那个女娲的故事画得挺全的，那个补天啊，杀龙啊，造人啊什么的，还挺全的。

---

① 何国瑞.艺术生产原理[M].武汉：武汉大学出版社，2010：323.

② 注：因疫情原因，娲皇宫景区游客较少，难以大面积调查，故采用网络民族志的方法，从网络上大量搜集游客游记，以填补不足。

孙：意思是您能从图画中看出这些故事是吧？

石：那肯定的嘛，他画的就是那，一看就知道是啥。

孙：您以前是怎么知道这些故事的？

石：小时候不是语文书里就有课文讲这个女娲补天什么的，再说从小就上顶上磕头，庙会老去，有时候旁边人也老讲，都知道这些。

孙：那您觉得女娲的故事都有哪些精神我们要学习的？

石：这个嘛不好说，精神吧最明显的就是不怕苦难吧，你看她造人，她补天，还杀作恶的龙，那会儿又没有现代的这些工具，说干啥就能干啥，那会儿就得靠她自己，还是她一个人，多难呀。

孙：是哦，是挺难的，您能从这些图画中感受到这样的精神吗？

石：图画里也能吧，它描述的就是这个故事嘛，这个故事本来就说了女娲的精神，它只不过给画出来了，不过他们画的这个还是挺好看的，能让人看到那个补天啊什么的动作，就很勇敢很厉害的那种感觉。[1]

图 5-14　笔者与石小梅（左）在磨池村影视基地

---

[1] 访谈对象：石小梅（简称"石"）；访谈人：孙伟伟（简称"孙"）；访谈时间：2020 年 7 月 20 日；访谈地点：涉县磨池村旧村。

(一)视觉感知

观者对图像的视觉感知是观看图像的第一步,上述访谈中,作为当地观者的石小梅对娲皇宫较为熟悉,关注到景区的各种图画,她认为门口的彩绘与娲皇阁的笔画"挺好的",而且强调了自己从没学过艺术仅是观看的身份,因而"好看"与"不好看"就成为他们对一幅图视觉感知的标准。

为了解多数人对娲皇宫图像的视觉感知,笔者设计了问卷,在涉县地区随机发放,共发放110份,去除无效问卷6份,剩余104份。统计结果如下:对于娲皇阁的壁画,认为"好看"的有100人,占比96%;而对于路边新绘制的故事图画,认为"好看"的有89人,认为"不好看"的7人,"无所谓"的8人,认为"好看"的占比85%。总体上来说,绝大部分的观者还是认为娲皇宫的壁画与新创制的彩绘是符合他们审美标准的,两相对比,娲皇阁的壁画所获肯定率要相对高些一些,而景区新绘制的图像相对较低。主要原因是娲皇阁的壁画时间较早,具有历史感,且位于阁楼之上,在景区的核心位置,人们对其关注度较高,较多人认为其壁画好看。而路边新绘制的图像属于旅游观光景观,人们移动速度快,难以驻足观看,在问卷中答"无所谓"的就有8个人,游客难以对其产生关注,视觉感知时间较短。另外,新绘制的图像年代较近,与娲皇阁相比,历史厚重感较少,因而人们倾向于历史图像。

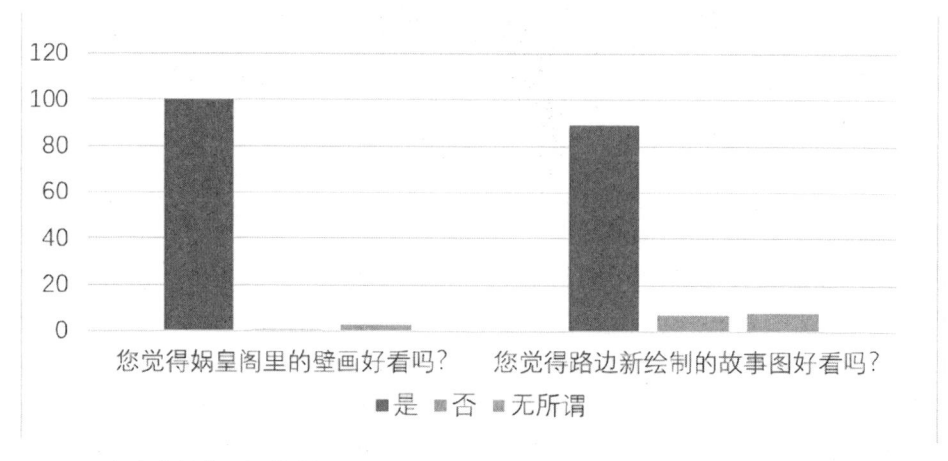

图 5-15 娲皇宫故事图视觉感知统计柱状图

对于非艺术专业的大多数普通观者来说，他们对图像的视觉感知没有严格的评判标准，图像自身的特征、周围的环境以及观看的时间长短都会影响其视觉感知。如一位游客在新浪博客中写下了《娲皇宫游记》，游记中介绍了他对娲皇阁神像的视觉感知，他先渲染了神像所在的环境，然后再集中到正中央的女娲神像，对女娲神像的外形进行客观描述，最后评价"眉目间透出灵动之美"。这位游客认为此处的女娲神像是美的，而且美在眉宇之间的一种灵动，他无形中将女娲神像放置于周围的环境下进行观看，而且采用驻足凝视的观看方式，观看时间较长，才可得出图像双目及眉宇之间的视觉感知。

（二）对图像内容的理解

在基本的视觉感知完成后，观者就进入对图像内容的理解阶段，这一阶段需要借助过去经验系统的帮助，使其不断与眼前的观看对象耦合，才能达到对图像内容的理解。"对艺术的感受和理解需要文化素养或视觉素养积淀的支撑，只有具备了一定的文化素养，才有可能从某种视域出发对艺术作品进行感受，它影响着观者观看的能力和选择的角度。"[①]因此，观者对图像内容的理解会有先前经验的参与，在完全没有文化沉淀的情况下，观者可以借助导游或者其他有经验之人来完成对图像内容的理解。

上文访谈中，石小梅可以从娲皇宫的图画中读到女娲的神话，甚至可以一看就知道，表明她原有的思维里有对女娲神话的基本了解，她在小学阶段及当地民众那里获得过关于女娲的一些神话，因而对于这些图像内容的理解较为容易，也可以从图像中解读到神话的部分精神。但她体会到的精神，主要是以前了解的神话中的精神，而非从图像中获得。在她看来，真正蕴含精神的是故事本身，图像仅是将故事展示出来，图像能展现的是人物的动作，她能够通过姿态感受到勇敢的精神。

心理学研究发现关于图像的思维活动一般发生于人的大脑视觉皮质层，所

---

① 王林生.图像与观者——论约翰·伯格的艺术理论及意义[M].北京：中国文联出版社，2015: 93.

产生的心象不仅仅局限于视觉心象，还包括听觉心象等来自其他知觉形式所产生的心象。[①]观者观看神话图像，视觉上的冲击会随之产生心象，如视觉上的女娲斩黑龙动作姿势会让观者感觉出女娲的勇敢，从而接收到图像所要传达出来的精神。人们经常通过观望女娲神像及其故事图像内容来对女娲产生敬意，这也是通过视觉理解进而到精神感知的反映，比如有网友在携程旅行网上记录了自己2014年到娲皇宫旅游的过程，提及补天广场的女娲雕像，他在描述了女娲雕像的外貌特征后介绍了浮雕的内容，如女娲补天、女娲造人，说明他从浮雕中直接理解了图像的内容。通过对图像内容进行观看之后，他阐发了自己的心理感受"人们不禁对这位人类的始祖产生无比的敬意"，这是图像内容向观者传递的心理感知。

（三）图像之外的想象

想象作为一种特殊形式的心理活动可以在当前感知的对象之外，通过改造记忆表象和对过去经验中已经形成的暂时联系的重新组合，在头脑中创造出新的形象来，在这个过程中，眼前的观看对象主要是提供原型和作为想象活动的激发机制发生作用。[②]这一阶段是观看图像的超越阶段，观者通过图像触发自己的想象，超脱于图像之外。

上文访谈中，在问及女娲精神时，石小梅根据女娲造人、补天产生了想象，"那会儿又没有现代的这些工具，说干啥就能干啥，那会儿就得靠她自己，还是她一个人，多难呀。"这个想象可以说是她观看图像过后的想象，也可以是她自身对神话的想象，在她看来，图像仅仅是故事的表现形式，故事内容及精神的表达依托于图像，图像与故事的界限较为模糊，这也是当代女娲故事图像的一大特点。

除此之外，也有仅仅因图像而产生的想象，如网友在腾讯网的娲皇宫旅游笔记中根据女娲图像进行想象。第一，观看女娲像时，该游客活化了图像，将

---

① 朱蘅初.从图像叙事到情绪疗愈——论绘本创作中艺术与心理的交互[J].美术大观, 2019 (10): 136-138.
② 何国瑞.艺术生产原理[M].武汉：武汉大学出版社, 2010: 327.

女娲像拟人化。"她端庄和蔼地看着游人穿梭""她看到这些后人,心中应是喜悦的吧""像是在关注着自己创造的这世间每一个人",这些描述都是该网友对女娲像的想象,既有对女娲神情动作的想象,也有对其心理状态的想象。第二,联想到其他的故事,该游客在拜殿突然想到了关于女娲灭纣的故事,而这个故事在拜殿上面的清虚阁中有壁画展现,这也是观者通过图像所进行的相关想象,进而丰富对眼前图像的构想。第三,该游客在开始写游记之前,先介绍了自己的知识背景,表达了自己对女娲神话的态度,说明他在观看图像时有丰富的知识素养参与,因而他可以在观看图像时超越图像本身,产生丰富的想象。

另外,观者的想象是观者个人的主观意愿,通过想象对图像的解释,阐发的是图像在具体情境中孕生的新的含义,而非是对作者意图的追寻。[①] 有位网友在美篇中记录了自己的娲皇宫之旅,他在观看补天广场的女娲像时,想象女娲"足踏一只被她征服的龙首龟背猛兽,将一切邪恶踩在脚下",而景区工作人员称女娲脚下所采为北方玄武,代表北方,是四大神兽之一。这位游客对图像的想象并未受生产者意图的影响,而是在观看时对图像孕生出一种新的含义。

(四)图像反思与评价

反思评价是观看过程的最后阶段,它是接受者脱离前期阶段的"物我两忘"状态,跳出观看对象的情感范围,以一种比较客观的态度审视自己的消费心理和所消费的艺术产品的性质以及生产该产品的背景情况,然后对它们做出判断和评价。[②]景区中的众多游客都不会到达这一阶段,因为旅游休闲的本质决定了图像的景观属性,它们并非艺术作品,游客以旅游为主要目的,对图像的反思评价相对较少。因为对艺术的反思评价不仅需要客观的态度,而还需要一种社会历史的眼光和美学的分析方法,同时还要调动相关的基础理论和知识。

对娲皇宫女娲图像的反思评价较少,并不代表没有,有位博主在自己的博客中连续编写了10篇题为《河北涉县女娲文化现象综述》的博文,从娲皇宫的历

---

① 王林生.图像与观者——论约翰·伯格的艺术理论及意义[M].北京:中国文联出版社,2015:79.
② 何国瑞.艺术生产原理[M].武汉:武汉大学出版社,2010:328.

史、文化及当地的民俗等各个方面全面介绍了娲皇宫的文化，说明此人对涉县女娲文化知识沉淀丰厚。在最后一篇文章中，他评价了娲皇宫的图像，他认为"娲皇宫内所有的女神塑像，包括壁画等，几乎是千人一面，而且表情木讷，神态呆板，根本体现不出女娲身上那种战天斗地、不屈不挠且又不失慈祥的伟大母亲的形象特征"，他希望这些图像能够传神并具有独特性，最后还给出了自己的建议"去请专业艺术家来塑造、描绘独具特色的女娲形象"。该博主在此博文的最后附录了众多关于女娲的历史图像，说明他对女娲的图像也有一定的理解，因而他可以在整体上对娲皇宫的女娲图像进行反思和评价。相比于之前的游记，该博主对图像的认识和反思显然更为深刻，他并不认同一般观者对图像的感知，而是根据自己的阅历和知识对图像的缺点提出评价，并给出自己的建议。这种评价和建议的给出是需要有基础知识作为支撑，并不是所有观者都可以达到的。

　　观者的观看过程，具有阶段性的特征，同时也是观者不同心理层次的表现。并不是所有的观者都经历了完整的观看心理过程，也不是所有的接受者都能达到反思评价的阶段。[①]但是，一般的观看过程都是从视觉感知的始发性过程逐渐进入到更高的层次，当然，也存在着跳跃式的观看，如从视觉感知直接跃至想象，这与接受者个人的主观意识有关。

　　综上所述，通过"肉体之眼"观看的图像是客观意义上的视觉图像，其接受主体挣脱了信众的身份，成为以视觉为先的观者。观看方式有驻足凝视与视线游移两类，图像的艺术形式、内容以及观者的主观意愿都会影响接受者对观看方式的选择。观者对图像的接受过程，是从外在审美到内在精神的观看过程，包含感知、理解、想象、反思四个阶段，不同阶段层次不同，对图像的理解也就不一。因此，从接受者的角度来说，图像意义具有流动性，不同的观者对图像有不同的认识，图像因而富有张力，能为不同时代不同背景的观者展示和解读。

---

① 何国瑞. 艺术生产原理[M]. 武汉：武汉大学出版社，2010: 329-330.

第三节 "机械之眼"：受众与技术图像

"机械之眼"，又称"电影眼睛"，是苏联电影艺术家吉加·维尔托夫（Dziga Vertov）提出的概念，他认为"电影眼睛存在和运动于时空之中，它以一种与肉眼完全不同的方式收集并记录各种印象。我们在观察时的身体的位置，或我们在某一瞬间对某一视觉现象的许多特征的感知，并不构成摄影机视野的局限，电影眼睛是完美的，它能感受到更多更好的东西"。[①]"机械之眼"，是以摄影器械为眼睛，它征服时空的局限，延伸了肉眼视觉的能力，为肉眼解译可见和不可见的世界。将日常生活中因普通或为人所熟知的场景从摄影式观看的角度将其从具体的时空中"剥离出来"，从其所在物质世界中"孤立"出来，给予其以"陌生化"的形式，并作为一种美的形式进行展现。[②]

随着旅游和视觉技术的发展，人们到旅游地拍照而后发到社交网络已经是常见之事，游客通过"机械之眼"照相机来观看图像，并将其放置于网络空间，沉迷于表现自我的社会关系中。另外，虚拟景观技术对图像的展示也延伸了肉眼视觉的能力，它将女娲神话的场景以摄影观看的角度呈现出来，令受众沉浸其中。为与上文两种接受主体相区分，与本节相贴合，本书将通过"机械之眼"观看图像的接受主体称之为受众，即网络媒体兴起之后信息传播的接受者。因此，本节主要探讨的问题是：受众是如何对复制和展示技术生产下的女娲图像进行接受的。

一、镜头下的身份转换

随着技术的发展，照相已浸入人们的日常生活，在旅游地随处可见拍照的游客，他们将一幅幅景区图像通过照相机复制下来，在留作纪念的同时将照片传送于微信朋友圈、微博、抖音等网络平台社交圈，借此来展示自己的旅游行

[①] 〔苏〕吉加·维尔托夫.电影眼睛人：一场革命[A].皇甫一川，李恒基译外国电影理论文选（上）[C].李恒基，杨远婴主编.北京：生活·读书·新知三联书店，2006：216.

[②] 王林生.图像与观者——论约翰·伯格的艺术理论及意义[M].北京：中国文联出版社，2015.59.

踪。智能手机的普及为此类行为提供了技术基础，人们已不满足于单纯地观看景区图像，而是热衷于对拍摄的照片或短视频精心编辑，发送到社交平台，被其他的大众观者关注、点赞并评论。

通过拍照发送至社交网络的现象已成为一种大众文化，女娲图像也难以避免这样的时代发展潮流，被游客拍摄下来，传播至更远的网络空间。这一现象的出现改变了女娲图像传统的接受方式，接受者不再是通过人体本身来接受图像，而是通过"机械之眼"手机或照相机来接受，接受之后还有后续的传播。这样，每个接受者都会根据自己的喜好选择图像，发挥自己的热情精心编辑，创造出一种新的图像表达形式，获得无可比拟的满足感。接受方式从主观接受转变为主观展示，如上文所列的各种网络游记，多数是以图像为主，文字辅助的形式编写，所载的网络平台多样，有腾讯、博客、美篇等。

这种图像接受方式隐含着接受主体身份的转变。通过"心灵之眼"和"肉体之眼"观看图像的主体仅仅是图像的接受者，而通过"机械之眼"将图像复制下来的主体，既是图像的接受者，也是另外一种复制图像的生产者。可以说，接受者成为图像与图像的中介，催发了女娲图像更为广泛的传播。因此，也就产生了更大范围的受众群体，这些受众是复制图像的受众，他们一般活跃于网络空间中，浏览图像并对其进行点赞评价等。

拍照发圈，使女娲图像不仅仅是一种旅游景观，还成为一种炫示的资本，它催发了人与人之间的一种社会关系，这种关系是通过复制图像的中介而建立的。正如居伊·德波在《景观社会》中所说："景观不能被理解为对某个视觉世界的滥用，即图像大量传播技术的产物。它更像是一种变得很有效的世界观，通过物质世界表达的世界观。"[1]人们将女娲图像拍照复制，发送到社交圈，是基于心理的一种表现欲望，人们的存在不再仅仅由自己的真实需要所构成，而是一种由社会关系所引导的以展示性为目的的自我实现的堆积。

---

[1] 〔法〕居伊·德波. 景观社会 [M]. 张新木译. 南京: 南京大学出版社, 2017: 4.

图 5-16　抖音平台上与女娲图像相关内容截图①

　　以图5-16为例，该抖音用户将娲皇宫的女娲图像拍制成短视频，配上音乐及"今日打卡"的文字，以表明自己在娲皇宫旅游，这个作品属于他自己创作的一种图像表达。这样的方式是以技术为媒介，对女娲图像的二次展示。首先，该用户通过这样的方式完成了对自己旅游的炫示，获得相应的心理满足。该用户拥有2.2万的粉丝，作品主要以涉县的文化为主，他到娲皇宫旅游，拍下景区的标志性图像，向他的上万粉丝炫示自己旅游休闲的行踪，以满足自己表现的心理欲望。其次，与受众观者之间进行交流。该条抖音的点赞数为171，评价共19条，关注他的受众通过该图像表达来与用户交流互动，从而可以满足该用户社交的现实需求，点赞量越高，评价互动越多，该用户满足感越强。再次，线上的行为会在线下获得荣誉，从而催发更多作品的产生。第三幅图是该抖音用户获得"抖出涉县美"抖音短视频大赛的一等奖，该用户将其荣誉证书拍成短视频来展示，这是他前期进行抖音创作的结果，在此之后，他的复制展示行为更加频繁。最后，对女娲图像的拍照发布所隐含的另一效果是对旅游景区的宣传。该抖音用户的众多粉丝可以在他的图像表达中认识了解娲皇宫，从而扩大旅游景区的宣传范围。

---

① 为保护抖音用户隐私，对用户名及相关个人信息皆做标识化处理。

拍照及网络技术的发展使接受者的观看实现了时间上的延伸。观者通过技术设备创造出新的图像表达，并持续存在于网络空间之中，它超越了图像本身的生产，将其长时间展示于某一媒介之中。观看其作品的网络受众在这一过程中应运而生，他们是对景区图像的间接观看，但却会在作品的评论栏中与观者发生交流互动，正如安东尼·布切泰利（Anthony Bak Buccitelli）所说："媒介本身在数字场所中构建着交流事件。"[1]值得注意的是，图像作品下面的交流并非日常的交流，它有明显的赞美化趋势，即网络受众与观者之间的交流主要以相互赞誉为主，如上图5-16中的评论，或是称赞其拍摄效果，或是感叹大美涉县，而观者的回复也以标志性的大拇指表情来回应赞誉。这种交流中的评论者都是匿名的受众，他们或许与观者认识，或许未曾谋面，却与观者产生交流，而观者无论认识与否，都会礼貌回应。在这其中，emoji表情起到了重要的作用，它可以消解观者与网络受众之间的陌生感，去除观者对陌生人难以文字回应的尴尬。因而，观者拍照发圈的行为构筑了图像存在的另一个交流空间，观者、照相设备、网络都成为这一交流空间的媒介，而最本原的女娲图像成为引发这一系列持续性社会行为的基点。

总之，通过"机械之眼"观看女娲图像，可以满足接受者自我实现的更高心理需求，接受者转变为生产者，在复制图像传送网络的过程中表达着自己的心理欲望。"机械之眼"与接受者共同搭建起新的网络交流空间，与网络受众交流互动。同时，这一行为也为女娲图像的复制传播创造了条件，人们沉迷于这种展示之中，相互模仿，成为当下女娲图像接受中出现的独特现象。

二、虚拟景观中的受众感知

拍照发圈是接受者对复制图像的展示，而虚拟景观则为人们提供了一个忘我沉浸的场景，它消解了虚拟与真实的界限，将神话通过"机械之眼"真实展示给受众，以期受众获得真实的体验感。虚拟景观女娲补天项目是由生产方方

---

[1] 安东尼·布切泰利，贾志杰，张举文. 表演2.0版——对迈向数字民俗表演理论的思考[J/OL]. 西北民族研究：1-20[2021-03-07].https：//doi.org/10.16486/j.cnki.62-1035/d.20210203.003.

特创意研发的神话项目，体验内容以游客协助女娲保护五彩石前往不周山祭坛补天为主线索展开，途中与共工、祝融争斗，经历山崖陡壁等危险地段，面临上古神龟及黑龙等重重阻碍，最后在女娲的帮助下，游客保护五彩石获得胜利，女娲利用五彩石将天补好，世界变得光彩亮丽。

这种呈现神话的方式是近十年之内出现的新型高科技方式，完全以视觉电子图像展现神话，配合以声、光、动感等，使人完全沉浸其中，难以分清现实与虚幻世界。受众沉浸其中，忘却真实身份，作为保护五彩石的一员跟随女娲一起补天，此时，受众在体验神话，无形中被融入神话之内，却又因现实人的身份不断游离于神话之外，因而受众与神话图像之间出现了两种关系，一种是主客体之间的基本关系，另一种是人神共融（这里的神指神话故事中的角色，而非信仰中的神灵）的新型关系。

在虚拟景观技术产生之前，神话图像以手工绘制、电影电视展示的方式存在，神话图像与受众之间的关系较为单一，主要是受众观看神话图像产生的主客体关系，而虚拟景观作为神话新型的展示方式，只是形式发生了变化，受众体验神话图像，二者之间依旧是主客体的关系。但是，在基本的主客体关系之外，虚拟景观还赋予了人与神话图像之间一种新型的关系，即人神共融的新型关系。人神共融，指人与神共同融入神话，成为神话图像中的一部分，这是虚拟景观中人与神话图像的新型关系，也是最为特殊的关系形式，它挣脱了基本的主客体关系，通过分配人以角色、人神之间相互交流、人神之间行为互动等仿真情境来实现。

受众与神话图像之间的主客体关系，决定了神话图像必然会对受众产生一种认知上的冲击和改变，而人神共融的新关系则将这种冲击和改变予以放大，受众对虚拟景观的感知在这两种关系的背景下产生。虚拟景观作为当代神话资源转化的新形式，被广大受众所体验，对其感知可以从四个方面进行分析，一是基本的体验感知，即对项目最直观的感觉，包含喜爱度、视觉审美接受度、沉浸体验感觉等；二是对项目神话内容的感知，即对故事文本改编的态度；三是通过项目获得对神话的认知及认知方式的选择；四是对神话资源转化创新性的要求。

笔者在2020年7月对河北邯郸方特国色春秋乐园中的女娲补天项目进行了问卷调查，共发放110份纸质问卷，剔除无效问卷13份，获得有效问卷97份，并利用spss20.0分析软件对问卷进行了描述统计分析。调查对象的年龄分层为18岁以下34人，18—35岁48人，35岁以上15人。问卷内容根据以上前三个方面进行设计，而对神话资源转化创新性的要求主要是结合游客的访谈内容进行分析。

（一）受众体验感知

受众体验虚拟景观，喜爱度、视觉图像及沉浸体验感觉是最为直观的感知，也是对神话资源转化的初步感受。关于受众喜爱度的调查数据见表5-1，针对"您喜欢方特女娲补天项目吗"这一问题的回答，97人中有93人是肯定回答，3人一般，仅有1人不喜欢，受众喜爱度高达95.9%，说明该虚拟景观是受广大受众喜爱的项目。而针对"您觉得用这种方式呈现女娲神话好吗"这一问题的数据（表5-2），仅有1人否定，1人觉得一般，剩下97.9%的受众认可这种新的神话呈现方式。对这种神话呈现方式的认可度明显高于喜爱程度，一小部分受众喜爱度一般，但仍不影响他们对新型神话呈现方式的认可。

表 5-1　您喜欢方特女娲补天项目吗　频率表

		频率	百分比	有效百分比	累计百分比
有效	喜欢	93	95.9	95.9	95.9
	不喜欢	1	1.0	1.0	96.9
	一般	3	3.1	3.1	100.0
	合计	97	100.0	100.0	

表 5-2　您觉得用这种方式呈现女娲神话好吗 频率表

		频率	百分比	有效百分比	累计百分比
有效	好	95	97.9	97.9	97.9
	不好	1	1.0	1.0	99.0
	一般	1	1.0	1.0	100.0
	合计	97	100.0	100.0	

虚拟景观完全以视觉图像展现神话，让受众沉浸其中，视觉冲击及感受是身心体验的基础感觉，生产方设计人物形象与画面输送给受众，不同年龄段的受众对其接受和喜爱程度各不相同。如表5-3所示，总的来说，认为项目中人物形象好看的占绝大多数，其中，18—35岁的中青年认可和接受程度更高，93.8%的受众认为项目中的人物形象好看，而35岁以上人群对其的认可度相对较低，仅有80%从视觉上接受人物形象的设计。虚拟景观中的画面现代元素丰富，为突出冒险，人物与画面设计较为夸张，35岁以上的中年群体不易接受，18岁以下的青少年从小便接受现代电子科技图像的各种熏陶，对该项目中的视觉图像新奇度也略低，而18—35岁的中青年处于传统与当代的碰撞之时，虚拟景观中的视觉图像对于他们来说是新奇且容易接受的。

表 5-3　您的年龄是哪个范围 × 您觉得女娲补天项目中的人物形象好看吗 交叉制表

			您觉得女娲补天项目中的人物形象好看吗			合计
			好看	不好看	一般	
您的年龄是哪个范围	18岁以下	计数	30	0	4	34
		您的年龄是哪个范围的 %	88.2%	0.0%	11.8%	100.0%
	18—35岁	计数	45	1	2	48
		您的年龄是哪个范围的 %	93.8%	2.1%	4.2%	100.0%
	35岁以上	计数	12	0	3	15
		您的年龄是哪个范围的 %	80.0%	0.0%	20.0%	100.0%

续表

		您觉得女娲补天项目中的人物形象好看吗			合计
		好看	不好看	一般	
合计	计数	87	1	9	97
	您的年龄是哪个范围的 %	89.7%	1.0%	9.3%	100.0%

　　虚拟景观注重人与景观的互动，在女娲补天项目中受众与神魔共同构成神话，受众是否真实沉浸其中成为神话一员，是检验该神话资源转化成功与否的关键。针对受众的体验感知，如图5-18所示，88.7%的受众认为在体验时自己成为神话中的一员，仍有11.3%的受众并未能沉浸其中，在持否定选项的11人中，有7人是18—35岁的中青年，他们在传统与冒险中权衡，在神话内外不断游走。

表 5-4　您的年龄是哪个范围 × 在女娲补天项目中
您是否觉得自己成为神话中的一员　交叉制表

		在女娲补天项目中您是否觉得自己成为神话中的一员		合计
		是	否	
您的年龄范围	18岁以下	32	2	34
	18—35岁	41	7	48
	35岁以上	13	2	15
合计		86	11	97

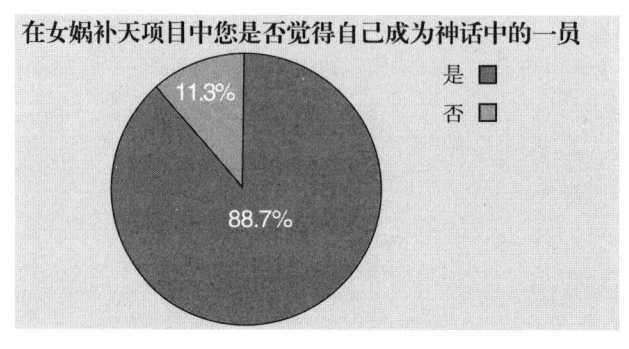

图 5-17　体验感知饼状图

综上所述，受众对虚拟景观呈现神话的方式表示高度认可，喜爱度、视觉接受度与体验感知，从总体上持肯定态度的占绝大多数，说明虚拟景观对神话资源的转化是受广大民众欢迎的，尤其是18—35岁的中青年。

（二）对神话内容改编的态度

前文已对女娲补天项目的体验内容做了简要概括，该项目在遵循传统女娲神话的基础上，以"五彩石"为新亮点，重新改编了女娲补天的神话。受众对神话文本改编的态度与当代神话资源转化的限度息息相关，我们可以从受众对虚拟景观神话改编的态度中略窥其限度。如下表5-5，笔者针对这一主题设计了5个问题，分别涉及与以前认知的神话对比、改编程度大小、是否接受、改编是否成功、改编后是否仍为神话5个方面。

此处采用描述统计分析法，采用均值来分析其态度，表中第1、2题中极小值1表示肯定，极大值3表示否定，中间值2表示一般，而第3、4、5小题中仅有肯定与否定，没有中间值选项。针对"女娲补天项目中的故事与您以前知道的女娲补天故事一样吗"这一问题，均值为1.6289，在极小值与中间值之间，表示肯定答案占优势，这与第2小题的结果相吻合，该问题选项的均为2.20，即直方图中曲线的最高点，处于中间值与最大值之间，最大值为否定，表示认为改编程度很小。受众认为虚拟景观中的神话与以前听到的神话一样的占绝大多数，并认为其改变程度不大。

第3、4、5题中均值分别为1.04、1.03、1.06，完全接近于极小值1，说明答案选择几乎都为肯定，结合图5-19右图可以看出，受众几乎一致认为这样的神话改编是成功的，均值为1.03，标准偏差仅有0.174，表明离散程度小，受众选项较为集中稳定。总的来说，受众接受这样的神话改编，并且觉得这样的神话改编是成功的，认为方特女娲补天项目的故事还是神话，改编程度不大，与以前认知的神话并无两样。

表 5-5　对神话文本改编态度的描述统计量表

	N	极小值	极大值	均值	标准差
1.女娲补天项目中的故事与您以前知道的女娲补天故事一样吗	97	1.00	3.00	1.6289	.54619
2.您觉得女娲补天神话在该项目中的改编程度大吗	97	1.00	3.00	2.1959	.70177
3.您是否接受这样的神话改编	97	1.00	2.00	1.0412	.19987
4.您是否觉得这样的神话改编是成功的	97	1.00	2.00	1.0309	.17402
5.您觉得方特女娲补天项目的故事还是神话故事吗	97	1.00	2.00	1.0619	.24214
有效的N（列表状态）	97				

注：第1、2题中"1=肯定，2=一般，3=否定"；第3、4、5小题中"1=肯定，2=否定"。

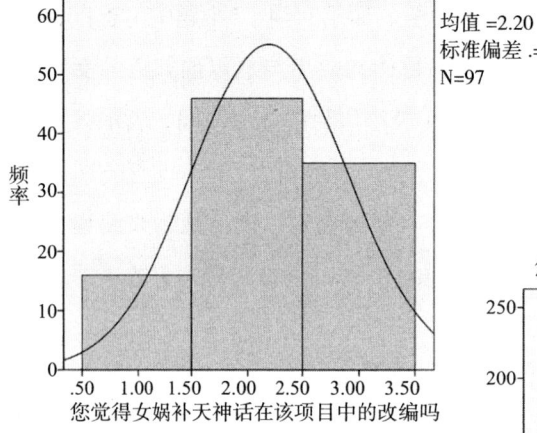

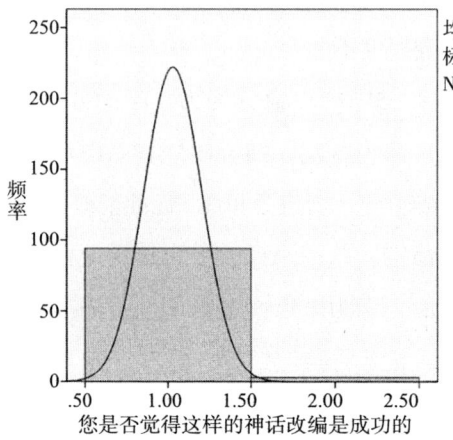

图 5-18　神话改编态度统计直方图

受众之所以对该项目中的神话改编持积极态度，是因为生产方对神话资源的利用恰到好处，既遵循传统，又致力创新。杨利慧依据电子媒介对神话传统的采纳和改动的方式及程度，将其文本类型分为三类：援引传统的文本（Tradition-quoted Text）、融汇传统的文本（Tradition-gathered Text）与重铸传统的文本（Tradition-rebuilt Text）。[①]该虚拟景观中的女娲神话文本在此分类基础上将援引传统与重铸传统的文本相融合，项目中的女娲神话包含了造人和补天两部分，造人的神话完全遵循传统，援引了《风俗通义》中有关女娲抟土做人，力不从心，后来用绳索蘸泥土举以为人的神话，并未改编，只是将其用视频图像展示出来，与受众认知的神话并无两样，这是受众认为改编程度不大的一个重要原因；而补天神话的叙事过程对传统完全进行了重铸，项目围绕着争夺五彩石，安排了各方势力，互相争抢，这与传统的补天故事并不一样，五彩石在以往的补天神话中从未有如此重要的地位，方特抓住这一关键要素，将其他神话元素重新拆分组合，结合"补天"这一神话母题，创造了新的补天故事。

从神话改编的内容与受众的反馈可知，在虚拟景观这种新型展示方式中，神话内容援引传统，将传统作为引子，进而引出创新性重铸的神话文本，这是神话资源转化的可取之路，神话改编的限度难以衡量，但兼顾传统与当代是民众最易接受且承认的一种方式。

（三）对神话的认知及认知方式的选择

虚拟景观是受众认知神话的一种方式，受众通过体验女娲补天项目，从中认知或者是重新认知女娲神话，加深了解，体会魅力，感受精神，而认知方式的变化也会影响认知的效果，在当下多样性的社会，人们对认知方式的选择也随时代发生变化。

为真实了解受众通过女娲补天项目获得的认知，问卷中设计的问题有三，如表5-6、表5-7和表5-8所示，93.8%的游客认为自己通过体验该项目加深了对

---

① 杨利慧. 当代中国电子媒介中的神话主义 [J]. 云南师范大学学报（哲学社会科学版），2014 (4): 73.

女娲补天神话的了解，96.9%的游客体会到了神话的魅力，94.8%的游客感受到了女娲神话的精神，同时也有3%—6%的游客持否定观点。说明大部分的游客在项目中都会主动体验神话，并可以从中感知到神话的故事、魅力与精神。

表5-6　通过体验该项目是否加深了您对女娲补天的了解？

年龄	是（人数）	是（百分比）	否（人数）	否（百分比）
18岁以下	32	94.1%	2	5.9%
18—35岁	45	93.8%	3	6.2%
35岁以上	14	93.3%	1	6.7%
合计	91	93.8%	6	6.2%

表5-7　您是否从中体会到神话的魅力？

年龄	是（人数）	是（百分比）	否（人数）	否（百分比）
18岁以下	33	97%	1	3%
18—35岁	46	95.8%	2	4.2%
35岁以上	15	100%	0	0%
合计	94	96.9%	3	3.1%

表5-8　您是否从中感受到女娲神话的精神？

年龄	是（人数）	是（百分比）	否（人数）	否（百分比）
18岁以下	33	97%	1	3%
18—35岁	46	95.8%	2	4.2%
35岁以上	13	86.7%	2	13.3%
合计	92	94.8%	5	5.2%

与传统的文本阅读或听口头讲述来说，虚拟景观这样认知神话的方式更能为受众提供直观的体验和感觉，它融合了传统的听、说、读、写，受众可以全

方位领略神话，重读神话内容，感受其魅力和精神。286页的图5-19展示了受众认知神话的方式，上图表明受众以前主要是通过看书、看图画或电视的方式来了解神话，也有一部分是听人讲，下图表现了受众认知选择的意愿，与以前相比，99%的人更愿意通过虚拟景观这种方式来了解神话。

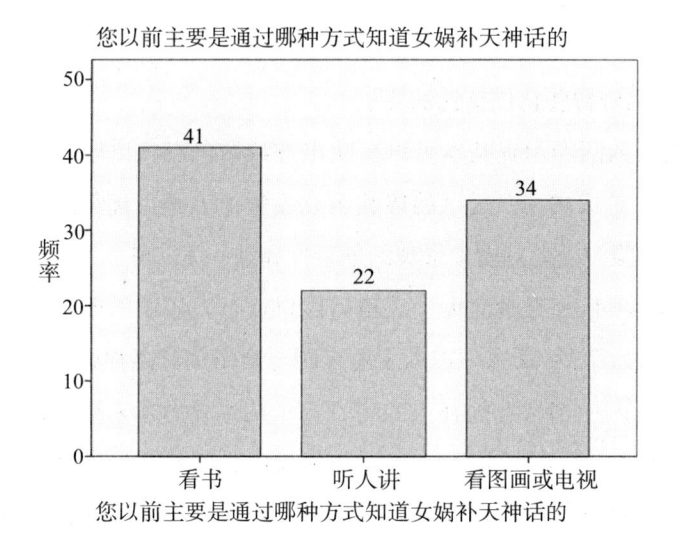

您以前主要是通过哪种方式知道女娲补天神话的

方式	频率
看书	41
听人讲	22
看图画或电视	34

您以前主要是通过哪种方式知道女娲补天神话的

与以前相比您是否更喜欢通过虚拟体验这种方式来了解神话

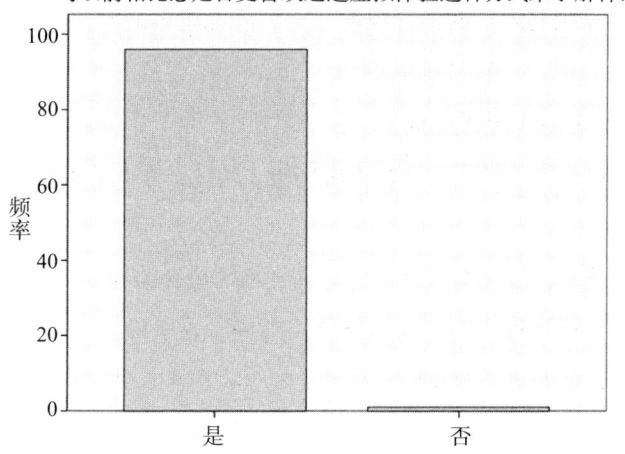

选项	频率
是	≈96
否	≈1

与以前相比您是否更喜欢通过虚拟体验这种方式来了解神话

图 5-19　受众认知神话的方式条形图

当下社会急剧发展，人们对神话的认知方式和认知程度都发生了革命性的变化，单一的听、说、读、写已经难以满足人们，人们更加迫切需要通过体验来认知神话，这样的方式不仅能了解神话内容，更能全方位感受神话，同时获得身心上的满足感。人们的这种需求不断增生，推动生产方不断创新生产，将神话资源不断地进行转化。

（四）对神话资源转化创新性的要求

上述对受众的问卷调查基本可以反映出方特国色春秋主题公园虚拟景观对神话资源的转化是成功的，受众的体验满意度整体上是占优势的，但其可持续性却具有一定风险，受众对虚拟景观的创新性和独一无二性具有较高的要求。

该神话体验项目工程量浩大，成型后难以进行大幅度的改动，但可以复制生产，目前方特旗下的7家东方神画主题乐园与嘉峪关丝路神画主题乐园、邯郸国色春秋主题乐园中都有女娲补天的项目，正在建设的还未统计，说明目前国内至少有9个女娲补天的体验项目，这9个项目内容一致，是重复复制的神话表达。笔者在河北邯郸方特国色春秋乐园中随机对游客进行采访，游玩过多个东方神画乐园的游客对女娲补天项目的复制多有不满，如下文访谈内容所示，这种复制生产会逐渐减弱游客的新奇程度，大大降低游客的回头率。

孙：请问您玩过女娲补天了吗？

游客：已经玩过了，但是我是在济南玩的，到这一看我就不想玩了。

孙：为什么？

游客：一模一样，没什么新奇的，还有那个决战金山寺（另一项目）什么的，我在郑州玩过，到了济南还有，邯郸在我家门口开了个方特，还是那几个，都知道里面啥样，要不是孩子要在水上玩，我就不想再来了。

孙：是呢，玩过了就不想玩了，不过方特好像是连锁性质的，基本都是复制的。

游客：听说四川好像也开了一个，我看了一下，基本都一样。我跟你说，不是说连锁，方特就是只在做大而没有做精，他要想办法让人玩了以后下次来还想玩，或者是全国各不一样，哪怕我办个全国年卡呢，这边玩完去那边呢，对吧？

孙：是呢。

游客：现在不是，你们搞文化的也知道，弄那个什么研学文化，我带着孩子去郑州体验一下，我回邯郸了，哎？邯郸也开了一个，和郑州不一样，我肯定要带孩子体验一下，回来一看，差不多，去了济南，又是一样，得了，去一个就行了，这就没有可延续性了我跟你说。

孙：对，确实是这样。

游客：国家现在讲研学旅游，你得让人来第二次，我第一次是去的芜湖方特，感觉特别好，后来去了郑州，又去了济南那个，邯郸也开了，都一样，真的是只在做大没有做强。希望你们能给上面的人反映反映，我们只是平民老百姓，只是把看到的感受跟你们说一下，能建议你就建议上去，建议不上去你们心里有个底。[①]

当下社会充满了图像复制，神话展现方式也跟随复制大流，从一处发展成多处。纸质复印、动画影视复制、电子游戏、文学转载等都为神话传播和传承提供了重要的媒介，但这种复制并不适用于虚拟景观这种神话资源转化的新方式。虚拟景观作为神话呈现的新方式，一比一复制增加数量，自然会起到广泛传播传统神话的作用，但长此以往在带来传播效果的同时也在减弱其传播后劲。虚拟景观是人们体验文化的一种方式，是人们需求与社会发展结合的产物，其娱乐性质是第一位的，在体验中所带来的惊险与刺激是受众最为看重的，而从中对神话的学习认知等属于附属功能，所以人们对此类型的神话展现方式追求的是独一无二的创造性与新奇感。

[①] 访谈对象：游客；访谈人：孙伟伟（简称"孙"）；访谈时间：2020年7月16日；访谈地点：河北邯郸方特国色春秋。

图 5-20　笔者发放问卷与访谈游客

　　神话资源转化中的复制现象要具体问题具体分析，它与转化的可持续性密切相关。方特对各个项目进行复制生产，与其企业发展的目标有关，但游客反馈也较为真实，连锁性质并不意味着复制生产，也可以百花齐放。本书以为，在全国每个地域大量复制同一神话项目难以体现地域特色，方特不缺创意团队，缺乏的是对地方神话与特色传说的深挖，若企业能与地方文化精英或民俗专家结合，让他们参与到生产过程中，或能达到"一域一色"的效果，从而满足游客对神话资源转化创造性的更高要求。另外，游客最后的感慨也令人深思，游客感叹自己为"平民老百姓"，无法将意见反映给方特上层，并希望笔者能将其感受传达至企业，这说明受众希望神话学者可以成为自己与生产方之间的桥梁，神话学者是否可以如公共民俗学家一样参与到神话资源转化的过程之中是需要我们思考的问题。

　　总之，受众的感知是神话资源转化的关键。本节分析了受众对神话资源转化的感知，结果表明受众对虚拟景观这种呈现神话的方式非常认可，对其体验感知多持肯定态度；对神话内容的改编接受度大，说明神话内容援引传统同时发挥创新性重铸神话文本，是神话资源转化的可取之路；通过虚拟景观认知到神话的魅力与精神，并渴望通过这类型的体验来认知神话；虚拟景观的大量复制在带来传播效力的同时会减弱传播后劲，神话资源转化中的复制问题与其可持续性密切相关。神话虚拟景观在积极营造一种"真实情境"，神话资源本身所具有超人类特性，通过虚拟景观的方式更容易得以实现。从上文对受众感知的调查问卷结果来看，这无疑是一种极具意义的神话资源转化方式，参与者在情境下的互动体验，显然更容易拉近神话与人之间的距离，不仅提高公众对神话的认知和对神话精神的感知，同时也使神话资源的魅力得以重新焕发。

综上所述，"机械之眼"是人类肉眼视觉能力的延伸，它改变了传统的图像接受方式。照相技术的发展催生了女娲图像更为广泛的传播，接受者沉迷于对女娲图像的复制，并创制出新的图像表达，以满足自我实现的心理需求。而虚拟景观技术的发展，令神话图像的接受方式提升到更高的体验层面，受众高度肯定沉浸于故事的真实场景中来体验神话的方式，并对创新性的要求愈来愈高。

小 结

女娲图像的接受者是广泛的人民大众，社会背景不一，对女娲图像的认知也就相差甚远。对于女娲图像的生产来说，不同种类的图像有各自不同的生产方式，主要是由少数具有技艺的人来参与，而对于图像的接受来说，同一种图像会有多种接受方式，不同的接受者会产生不同的接受效果。因此，对于女娲图像的接受是以接受主体为先，不同种类的接受主体对待图像的态度、接受图像的方式及媒介各不相同。

表 5-7　不同接受主体对女娲图像的接受

接受主体	接受对象	接受媒介	接受行为	接受目的
信众	神像	心灵之眼	崇敬	信仰
观者	视觉图像	肉体之眼	观看	外在审美到内在精神
受众	技术图像	机械之眼	复制、体验	自我实现、娱乐、求新

信众通过"心灵之眼"来接受神像，神像在他们眼中是神灵的寄托，以信仰为接受目的，其信仰行为会改变图像的性质，将公共景观神像化。信众接受

神像的方式是通过自身的敬拜行为与巫术活动，在神像前举行求神、敬神、娱神等方面的活动来实现自己的心灵依托。观者是指除信众之外以"肉体之眼"来观看女娲视觉图像的主体，他们通过驻足凝视或视线游移的方式来观看图像，通过感知、理解、想象、反思等阶段来完成对图像从外在审美到内在精神的接受。受众是对当代网络媒介发展下的接受主体的总称，他们都是通过"机械之眼"来接受技术生产之下的图像，自我实现、娱乐、求新是他们接受图像的目的。这三类接受主体并不是各自单一的存在，而是多重身份的组合，信众也可以是观者和受众，因而，三类接受方式也是相互影响和融合的。

与前两者相比，受众对技术图像的接受具有明显的复杂性，主要表现为接受者身份的游移转换。对于复制技术来说，接受者变成隐含的生产者，用照相技术将女娲图像传送于网络空间，搭建出新的交流平台，从而实现自己的表现欲。对于展示技术来说，接受者又被纳入到图像之中，成为神话图像之中的一员，其身份在现实与虚拟中不断游移，从而寻求冒险与刺激。技术的发展不仅改变了图像的展现方式，还改变了人们对图像的接受行为，人们已经不满于单纯的观看图像，而是围绕图像产生网络社交，沉浸于图像所创造的真实场景中来体验图像的内容，不断追求更高的新奇感与创造性。

结 论

长期以来，学界对女娲神话的研究主要集中于书面与口头文本，对图像的关注相对较少；而且，有限的研究也多集中于对历史图像的考证与阐释，围绕当代女娲图像的研究较为匮乏，尤其缺少探索当代图像的生产和接受过程、图像与人之间互动关系的成果。有鉴于此，本书尝试突破上述研究现状的局限，以"图像场域"为理论视角，对当代女娲图像的生产和接受过程、图像与人之间的互动关系进行探讨。论文致力于充实女娲神话的图像研究，改变神话图像研究匮乏的现状；打破历史图像与当代图像研究不平衡的状况，助推神话学"朝向当下"的步伐；关照主体的实践活动，从图像学角度丰富民俗学与民间文学关注行动主体的晚近探索。

本书以"图像场域"为研究视角，并将其划分为构成场域、生产场域和接受场域。从这三个场域出发，以历史流变为基础，运用田野作业的方法，将女娲图像置于当代社会生活中，考察其在当下的构成及背后的主体实践活动，进而探讨其形成与发展的内在属性和外在动力。通过研究，本书得出如下三点关于当代女娲图像的研究结论：

一、信仰性与叙事性是当代女娲图像的内在属性

女娲图像包含偶像型与叙事型两种图式，两种图像类型的内在属性各不相同。神像是偶像型图像的典型代表，其基本属性是信仰性，并不追求展现神话的故事内容；而叙事图像是以叙事性为基本属性，一般不会引起人们的信仰行为。多数情况下，两种图像单独存在，叙事图像会衬托神像，讲述神像所无法展现的故事，进一步增强神像的灵力。但是，二者有时也会结合在一起，如娲

皇宫补天广场的女娲像，上部为神像，底座为叙事浮雕，这一类型的景观多为室外公共景观，会在接受者的信仰行为下彻底神像化，信仰性超过其叙事性，成为信众朝拜的对象。因此，信仰性与叙事性是当代女娲图像的两种不同的内在属性，二者相对独立，但也会因人的实践活动而互相转化。

信仰性与叙事性作为当代女娲图像的内在属性，既是历史演变的结果，又是由人的实践活动所赋予。

首先，当代女娲图像是历史图像不断演化的结果。女娲形象在历史发展过程中形成了人首蛇身的经典化、至尊圣母的神化以及女性形象的俗化三条路径，女娲图像的构图演变出偶像型与叙事型两类，这为当代女娲图像的形成奠定了重要基础。当代女娲图像仍旧遵循历史发展的规律：神像与叙事图像是构成当代女娲图像的两种形式；神像中的女娲形象传承了至尊圣母的形象，而叙事图像中三种形象皆被灵活运用；女娲图像的意义也经历由神灵天界的象征向神话意义的转变。因此，当代女娲图像的两种图式经历了数千年的发展演变，其内在的信仰性和叙事性是在不断的发展传承中逐渐形成的。

其次，形塑当代女娲图像的是人们的实践活动，这些活动赋予了女娲图像以信仰性和叙事性的基本属性。神像的生产过程严肃而神圣，匠师要通过赋予形体、活化形体、注入神力等过程来生产出神像的"灵性"。因地域特色以及与其他宗教的融合，神像在视觉展现上同一而多元：同一个女娲具有多样的形象，以手持之物来区分各种功能。信众在接受神像时往往通过"心灵之眼"，来观看心中不可见的神灵，对神像采取一系列敬拜活动来寄托自己对生活的愿景。叙事图像则以展示女娲的神话为主要内容，表现形式多样，生产也相对复杂。创作者在绘制神话图像时，讲究画面构图、内容呈现及神话精神的传达，其个人思想与情感往往会影响画作的呈现。叙事图像重在讲故事，图像叙事的本质是空间的时间化，用图像这一空间艺术来凝固故事的瞬间，根据凝固瞬间的长短，可以分为单一母题叙事、纲要式叙事及情节式叙事三种叙事模式，不同的叙事模式所展示的图像特征不同。观者通过"肉体之眼"来观看图像，经过感知、理解、想象、反思等阶段来解读图像的故事内容。

最后，信仰性与叙事性的内在属性使得女娲图像成为极具中国民间本土特色的图像。它与其他强调艺术感的视觉艺术不同，更强调主体与图像之间的日常活动，因而更多的是公共图像，个人作品相对来说较少。这也是我国当代神话图像与西方神话图像所不同之处：西方的神话图像以叙事型构图见长，对某个神话人物进行偶像型绘制并进行信仰崇拜的行为并不多见。因此，本书认为我国当代神话资源的图像化，本质上是对人们围绕神话所进行的信仰与叙事行为的图像化，如何能将人们的心理与身体行为凝结于图像并与图像发生关系，是当代神话资源图像化所要考虑的现实问题。

上述两种内在属性的总结对认识我国当代其他神话图像的性质也有重要借鉴作用。以大禹图像为例，当代大禹图像的存在形态与女娲图像相一致，分神像与叙事型图像两种，也存在二者结合，公共景观被神像化的现象。如图6-1，三幅图都为四川北川地区的大禹图像，分别是神像、叙事图像及二者结合的图像。第一幅图像被放置于庙宇空间，正面危坐，供人朝拜；第二幅是广场的墙体浮雕，左上角有"平治水土"的，展现的是大禹指挥众人治水的神话；第三幅为庙宇前的公共空间，图像上部为大禹像，下部为神话图像，雕像前香烟缭绕。这三类图像代表了当代大禹图像的形式，与女娲图像的存在形式相一致。在这三类图像背后，同样是类似的生产和接受活动：信众对神像进行朝拜，观者观看叙事图像。人们对图像的信仰实践活动是这两种基本属性产生的根源，人们将内心的信仰寄托于物化的神像之上，为其赋予了信仰性，又将历史流传的关于神灵的神话用图像表现出来，通过叙事来宣扬神话，增强其内心的信仰，因而，信仰性可以通过叙事性来增强。

图 6-1　四川北川地区的几处大禹图像①

二、视觉技术是当代女娲图像发展的主要外在动力

自 20 世纪末以来，电子媒介技术飞速发展，从平面的二维图像到三维立体影像，再到沉浸式的 AR（增强现实）、VR（虚拟现实）、MR（混合现实）等，图像的展示方式不断丰富，显示效果也越来越趋于逼真。视觉技术的发展为女娲神话提供了在当下展现的契机，动画、电子游戏以及虚拟景观都成为女娲神话图像化的载体。加之人们对文化消费的需求越来越高，对图像创新性的要求也逐步提高，人们已不再满足于传统程式化的图像展示方式，而是期望打破单纯的观看模式进而寻求陌生化创新化的体验。

视觉技术是推动当代女娲图像发展的关键力量，大大丰富了神话图像的展

---

① 图片来源：田兆元，唐睿，毕旭玲主编. 中华创世神话人物图像谱系 [M]，上海：上海人民出版社，2020: 361, 362, 364.

示方式，使神话图像的表现形式更加多元。更为重要的是，它改变了人们对女娲图像的接受方式与认知方式，从单纯的观看变为需要其他感官的配合，体验成为主流方式。另外，技术的发展还引起人们身份的不断转换，他们在真实与虚拟之间变换，从图像的单纯接受者变成其生产者，甚至构筑起新的交流空间。

第一，视觉技术的发展使女娲图像的展示方式更加多元。当代社会，女娲图像不仅是人们手工绘制的图像，还包含通过视觉技术所展示的图像，这些图像依托于复制技术与展示技术。复制技术使女娲图像可以大量传播，展示的数量增多，展示空间也更为灵活多样，如对神像的批量复制将"灵性"转移到信众的个人生活空间，对叙事图像的复制衍生出消费、纪念等新的功能。另外，景区通过照相技术也可对女娲图像进行复制，从而进行大范围的旅游宣传。方特的虚拟景观则是展示技术发展的产物，它用电子图像还原了女娲神话的场景，通过分配游客以神话角色、人与角色相互交流与互动等方式，来创造仿真情景，实现人与神话的交融。虚拟景观完全以视觉电子图像表现神话，配合以声、光、动感等，大大增强了女娲神话的展示效果。

第二，视觉技术改变了人们对女娲图像的接受和认知方式。传统的图像接受方式多是单纯的观看，而当代视觉技术的发展在这一基础性接受方式之上衍生出不同的方式。虚拟景观强调沉浸式体验，它改变了人们接受女娲图像和认知神话的方式——生产者通过技术手段营造出真实的神话场景，让图像与受众之间发生交流与互动，在体验过程中认知神话。虚拟景观与传统女娲图像最大的不同之处是可以将体验者角色化，受众在此不是去读、看和听一个神话，而是融入神话情节中，成为情节发展过程中的一员，与其他角色一起构成神话事件，通过亲身体验来感知女娲图像。

第三，视觉技术使接受者的身份发生变化。照相技术的普及引领了当下女娲图像复制的潮流，观者在观看图像时利用照相设备将图像复制，传送于网络空间。对于女娲图像来说，这是一种传播，而对于观者来说，他成了隐含的生产者和中介，生产出复制图像并构筑了可以交流的网络社交空间。另外，虚拟景观技术的发展使受众的身份不断游移，受众沉浸于虚拟的神话场景中，既是现实中的人，又是虚拟世界的神话角色，其身份在图像内外不断转换。正如王林生在《图像与观者——论约翰·伯格的艺术理论及意义》一书中所说："面对虚拟的网络空间，观者的身份明显呈现出漂浮的姿态，观者在自我与想象、自我与角色之间不断转换自己的身份，不断对自我身份的主体性进行重组和再造，以使观者适应虚拟空间所构织起的认知关系。"[①]

因此，对当代女娲图像的探讨不仅要考虑女娲图像的自身内在属性，也要关注视觉技术所带来的变化。视觉技术既为当代女娲图像提供了多元的外在展示形式，也是改变人们接受与认知方式的重要推动力。但是，视觉技术的发展并不会改变图像的内部属性，反而会推动这两种属性的继续发展：它可以通过复制神像来扩大女娲图像的信仰性，也可以通过展示技术来增强女娲图像的叙事性。本书的研究案例表明：内在属性与外在动力共同形成了当代女娲图像的内在发展机制，只有二者相互结合，才能真正推动当代女娲图像向前发展。

三、"图像场域"为女娲图像研究提供了重要视角

"图像场域"是本书研究的基本理论视角。作者汲取图像学与传播学的晚近学术成果，根据本书的研究目的及研究对象的特点，提出"图像场域"的概念和视角，并将其划分为构成场域、生产场域和接受场域。

首先，"图像场域"为本书的女娲图像研究提供了分析视域。本书从构成场域、生产场域、接受场域三个方面，分析当代社会不同的主体围绕女娲图像所进行的各项实践活动，以此来探究当代女娲图像的内在基本属性与发展的外在动力。从图像的构成场域看，偶像型与叙事型图像构成了当代女娲图像的存在格局：偶像型图像以女娲形象为核心，因人们对生活的不同愿景，被赋予多种形象，以手持之物来作为其功能的象征。叙事型图像则因叙事的长短不一，其图像模式也不相同，技术的发展使得图像的情节展现渐趋完整。从生产场域看，生产者注重偶像型图像"灵性"的生产，通过塑造与仪式等行为来赋予其信仰

---

① 王林生.图像与观者——论约翰·伯格的艺术理论及意义[M].北京：中国文联出版社，2015: 63.

性，而在绘制叙事型图像时则讲求"故事"的表达，以视觉的构图、内容的呈现与精神的传达来增强其叙事性。技术的发展在生产场域中也得以体现，生产者利用复制与展示技术来扩充图像的信仰性与叙事性，并使得图像具有了消费、娱乐等新功能。从图像的接受场域看，不同的接受主体有不同的接受方式，信众通过"心灵之眼"来观看偶像型图像，注重与神灵的心灵交流，完善图像的信仰性；观者通过"肉体之眼"来观看叙事型图像，他们经过感知、理解、想象、反思等心理阶段来理解女娲图像的叙事性；而"机械之眼"则延伸了肉眼的视觉能力，改变了人们的接受行为及认知方式。

其次，"图像场域"将图像放置于现实生活中来考察，可以关注到图像背后的主体。女娲图像不仅是一种视觉艺术，而且与人们的实践活动密切相关。若脱离群众现实生活而进行女娲图像研究，最终只会停留于对图像外在艺术特征的描述上。所以，本书立论的基础是将女娲图像放置于真实的现实生活中，考察当代女娲图像与人的互动关系，探讨图像的内在属性与外在动力。"图像场域"的视角使女娲图像从一个个具体的客观物质艺术走向广阔的社会生活之中，让其成为有温度有生命的图像。这种视角符合民间文学和民俗学关注主体的学科特性，正如刘铁梁所说："民俗学直接面对的是有主人在场的生活文化，不能把民俗从生活的整体中抽离出来。今天的民俗学所研究的，不再是从人身上取出的民俗，而是变成了在人身上的民俗和与人同为一体的民俗。"[①]与民俗一样，当代的女娲图像研究，面对的也不应该是从生活整体中抽离出来的图像，而是嵌入人们日常生活中的女娲图像，应从女娲图像在当下存在的现实情境中去探讨其内核。

最后，"图像场域"为当代女娲图像以至一般神话图像的研究提供了有益的研究范式，有助于推动神话学"朝向当下"的转向。正如杨利慧所说："'朝向当下'的神话学应通过面对面的或者间接访谈的方式，倾听这些创造者、传播者和接受者的心声，了解他们对神话及其当代转化的看法，认识他们如何将个人

---

① 刘铁梁.感受生活的民俗学[J].民俗研究，2011 (2): 23.

的理解和创造性注入神话的传承链条中,从而探究神话被挪用与重构的内在动因,并分析个人创造性与传统的传承性的互动关系。"[1]只有从当下的不同场域中去关照女娲图像背后的主体实践活动,才能发现女娲图像在当下的真实存在情况,进而理解其对于当代人以及社会的意义。

---

[1] 杨利慧."朝向当下"的神话学论纲:路径、视角与方法[J].西北民族研究,2019(04):165.

参考文献

（以作者姓名首字母为序）

1. 中文专著

鲍江. 娲皇宫志——探索一种人类学写文化体裁[M]. 北京：社会科学文献出版社，2013.

常任侠. 民俗艺术考古论集[M]. 太原：山西人民出版社，2014.

陈履生. 神画主神研究[M]. 北京：紫禁城出版社，1987.

高丙中. 民俗文化与民俗生活[M]. 北京：中国社会科学出版社，1994.

黄文弼. 吐鲁番考古记[M]. 北京：中国社科院刊行，1954.

何国瑞. 艺术生产原理[M]. 武汉：武汉大学出版社，2010.

龙迪勇. 空间叙事学[M]. 北京：生活·读书·新知三联书店，2015.

李祥林. 女娲神话及信仰的考察和研究[M]. 成都：巴蜀书社，2018.

刘惠萍. 神话与图像——日月神话之研究[M]. 西安：陕西师范大学出版总社，2019.

鲁迅. 鲁迅全集 第9卷中国小说史略 汉文学史纲要[M]. 北京：人民文学出版社，2005.

吕微. 神话何为——神圣叙事的传承与阐释[M]. 北京：社会科学文献出版社，2001.

马昌仪. 古本山海经图说[M]. 济南：山东画报出版社，2001.

牛永芳，贾海波. 涉县娲皇宫[M]. 北京：团结出版社，2014.

孙作云. 孙作云文集·第3卷 中国古代神话传说研究（上）[M]，郑州：河南大学出版社，2003.

田兆元，唐睿，毕旭玲. 中华创世神话人物图像谱系[M]. 上海：上海人民出版社，2020.

闻一多. 闻一多学术文钞：神话研究[M]，成都：巴蜀书社，2002.

王倩. 神话学文明起源路径研究[M]. 北京：中国社会科学出版社，2015.

王青. 中国神话的图像学研究[M]. 北京：科学出版社，2019.

王林生. 图像与观者——论约翰·伯格的艺术理论及意义[M]. 北京：中国文联出版社，2015.

萧兵.楚辞与神话[M].南京：江苏古籍出版社，1987.

杨荣国，王矿清.中国涉县女娲祭祀文化[M].石家庄：河北人民出版社，2013.

杨利慧.女娲溯源——女娲信仰起源地再推测[M].北京：北京师范大学出版社，1999.

杨利慧.女娲的神话与信仰[M].北京：中国社会科学出版社，1997.

杨利慧，张霞等.现代口承神话的民族志研究——以四个汉族社区为个案[M].西安：陕西师范大学出版社，2011.

杨利慧，张成福.中国神话母题索引[M].西安：陕西师范大学出版社，2013.

杨骊，叶舒宪.四重证据法研究[M].上海：复旦大学出版社，2019.

朱存明.汉画像的象征世界[M].北京：人民文学出版社，2005.

朱存明.丑与怪——从史前艺术到汉画像中的怪异研究[M].北京：生活·读书·新知三联书店，2018.

朱存明.神话之魅——中国古代神话图像研究[M].北京：生活·读书·新知三联书店，2021.

2. 中文译著

〔美〕戴维·利明，埃德温·贝尔德.神话学[M].李培茉，何其敏，金泽译.上海：上海人民出版社，1990.

〔美〕E.潘诺夫斯基.视觉艺术的含义[M].沈阳：辽宁人民出版社，1987.

〔英〕E.H.贡布里希.象征的图像：贡布里希图像文集[M].杨梁思，范景中编选，南宁：广西美术出版社，2015.

〔德〕黑格尔.美学[M].朱光潜译.北京：商务印书馆，2019：49.

〔法〕居伊·德波.景观社会[M].张新木译.南京：南京大学出版社，2017.

〔日〕林巳奈夫著，唐利国译.刻在石头上的世界：画像石述说的古代中国的生活和思想[M].北京：商务印书馆，2010.

〔日〕林巳奈夫著.神与兽的纹样学：中国古代诸神[M].常耀华等译.北京：生活·读书·新知三联书店，2009.

〔苏〕李福清.中国神话故事论集[M].马昌仪等译.北京：中国民间文艺出版社，1998.

〔美〕欧文·潘诺夫斯基.图像学研究：文艺复兴时期艺术的人文主题[M].戚印平，范景中译，上海：上海三联书店，2011.

〔英〕斯坦因著，巫新华，秦立彦等译.亚洲腹地考古图[M].桂林：广西师范大学出版社，

2004.

〔德〕瓦尔特·舒里安.作为经验的艺术[M].罗悌伦译.长沙:湖南美术出版社,2005.

〔德〕瓦尔特·本雅明.摄影小史、机械复制时代的艺术作品[M].王才勇译.南京:江苏人民出版社,2006

〔美〕W. J. T. 米歇尔.图像学:形象、文本、意识形态[M].陈永国译,北京:北京大学出版社,2012.

〔美〕W. J. T. 米歇尔.图像理论[M].陈永国,胡文征译,北京:北京大学出版社,2006.

〔美〕W. J. T. 米歇尔.图像何求——形象的生命与爱[M].陈永国,高焓译,北京:北京大学出版社,2018.

〔美〕巫鸿.武梁祠:中国古代画像艺术的思想性[M].柳扬,岑河译,北京:生活·读书·新知三联书店,2015.

〔美〕巫鸿.黄泉下的美术:宏观中国古代墓葬[M].施杰译,北京:生活·读书·新知三联书店,2016.

〔日〕香川默识编.西域考古图谱[M].北京:学苑出版社,1999.

〔英〕詹·乔·弗雷泽.金枝[M].徐育新,汪培基,张泽石译,北京:大众文艺出版社,1998.

3. 中文期刊

巴莫曲布嫫.神图巫符与仪式象征——大凉山彝族毕摩宗教绘画中的神话原型[J].民族艺术,1998(01).

程健君.南阳汉画中的"伏羲女娲图"考[J],南都学坛,1988(4).

陈金文.东汉画像石中西王母与伏羲、女娲共同构图的解读[J].青海社会科学,2011(1).

陈辰,裘鸿菲.纪念性景观中的叙事应用——以武汉市大禹神话园为例[J].华中建筑,2014(02).

陈丁漫.女娲神话与当代地方信仰及民俗[J].北方文学(下半月),2011(08).

陈泳超.从感生到帝系:中国古史神话的轴心转折——兼谈古典神话的层累生产[J].民俗研究,2018(03).

程浩芯.还俗于民:本杰明·博特金与美国民俗学的公共性实践[J].民间文化论坛,2018(03).

崔朝阳.中国早期墓葬艺术中"神"、"人"身份的图像化表达[J].艺术工作,2018(01).

段宗社. 论女娲神话的流变 [J]. 安康学院学报, 2009（05）.

董艳艳. 民间文化中女娲形象的变异——以西华女娲"经歌"为基点 [J]. 河南师范大学学报（哲学社会科学版）, 2017（01）.

郭德维. 曾侯乙墓五弦琴上伏羲和女娲图像考释 [J]. 江汉考古, 2000（1）.

高莉芬. 墓门上的女神：陕北汉画像石西王母图像及其象征考察 [J]. 思想战线, 2013（06）.

韩鼎. 女娲"人首蛇身"形象的结构分析 [J]. 广西民族研究, 2010（01）.

何瑞华, 肖冉婷. 中国神话文化元素在现代插画设计中的应用——以《山海经》为例 [J]. 长沙大学学报, 2019（04）.

户晓辉. 实践民俗学视野下的"神话主义"[J]. 民间文化论坛, 2017（5）.

黄永林. 新时期民俗学研究范围与方法的探 [J]. 民俗研究, 2011（4）.

胡安莲. 河南女娲神话的演变及其意义 [J]. 殷都学刊, 2001（01）.

姬长玲. 论汉画像中伏羲、女娲图像的对偶现象 [J]. 牡丹江师范学院学报（哲学社会科学版）, 2013（01）.

简东. 女娲神话中"补天石"意象的后世流变与衍生 [J]. 郑州大学学报（哲学社会科学版）, 2018（04）.

康妍妍. 从女娲神话看蛙纹彩陶 [J]. 文学界（理论版）, 2011（04）.

刘临渊. 甲骨文中的"蚰"字与后世神话中的伏羲女娲 [J]. 中研院史语所集刊, 1970（41）.

刘铁梁. 感受生活的民俗学 [J]. 民俗研究, 2011（2）.

刘峻. 伏羲女娲神话、图像流变与所蕴含的农业文化现象 [J]. 西北农林科技大学学报（社会科学版）, 2015（03）.

李陈广. 汉画伏羲女娲的形象特征及其意义 [J], 中原文物, 1992（1）.

李沄. 四川东汉时期的西王母图像：主题与构成 [J]. 徐州工程学院学报（社会科学版）, 2017（03）.

李丹阳. 伏羲女娲形象流变考 [J]. 故宫博物院院刊, 2011（2）.

李怀顺, 魏文斌, 郑国穆. 麦积山石窟"伏羲女娲"图像辨析 [J]. 华夏考古, 2006（3）.

李芳. 中原墓葬艺术女娲神话图像考 [J]. 美术大观, 2016（10）.

李浩. 女娲神话的结构研究 [J]. 北方文学（下半月）, 2012（09）.

李丹阳. 伏羲女娲形象流变考 [J]. 故宫博物院院刊, 2011（02）.

李军. 论民族精神在女娲形象中的孕育 [J]. 文学教育（上）, 2009（02）.

刘范弟，何惠.蛙（蟾蜍）与女娲 [J].湖南城市学院学报，2010（02）.

刘玉堂，吴成国.楚帛书女娲形象钩沉——兼谈女娲与庸国 [J].武汉大学学报（人文科学版），2010（06）.

刘亚虎.伏羲女娲、楚帛书与南方民族洪水神话 [J].百色学院学报，2010（06）.

刘惠萍.玉兔因何捣药月宫中——利用图像材料对神话传说所做的一种考察 [J].长江大学学报（社科版），2014（11）.

龙迪勇.图像叙事与文字叙事——故事画中的图像与文本 [J].江西社会科学，2008（03）.

吕微，叶舒宪等.对想象力和理性的考验——中国社会科学院文学研究所座谈《山海经》研究 [J].淮阴师范学院学报（哲学社会科学版），2006（02）.

吕微.神话信仰—叙事是人的本原的存在——《现代口承神话的传承与变迁》序言 [J].青海社会科学，2011（01）.

吕微.神话作为方法——再谈"神话是人的本原的存在" [J].民间文化论坛，2017（05）.

孟庆利.汉墓砖画"伏羲、女娲像"考 [J].考古，2000（4）.

孟令法.口述、图文与仪式:盘瓠神话的畲族演绎 [J].湖北民族学院学报（哲学社会科学版），2017（01）.

孟令法.口头传统与图像叙事的交互指涉——以浙南畲族长联和"功德歌"演述为例 [J].民俗研究，2018（05）.

孟令法.人生仪礼的口头演述和图像描绘——以浙南畲族盘瓠神话、史诗《高皇歌》及祖图长联为例 [J].民族艺术，2019（03）.

马计斌，常玉荣，何石妹.女娲民间信仰的世俗化演变及其文化意义 [J].河北工程大学学报（社会科学版），2010（04）.

马楠.女娲与南方少数民族女神形象的比较研究 [J].文学教育（上），2018（06）.

牛天伟.四川"伏羲女娲执乐器"画像略考 [J].四川音乐学院学报，2006（6）.

宁胜克.中原女娲神话的流布及相关习俗 [J].漯河职业技术学院学报（综合版），2004（04）.

孙文起.论中国古代月亮神话的图文阐释 [J].河北民族师范学院学报，2017（02）.

孙正国.神话资源转化必须警惕两种倾向——冯天瑜先生访谈录 [J].长江大学学报（社会科学版），2006（03）.

沈莹.女娲的象征性身份:女娲形象的图像学分析 [J].装饰，2011（05）.

唐海宏.唐人对女娲神话书写考述 [J].湖南人文科技学院学报，2015（01）.

涂平, 林国清. 伏羲女娲神话的流播 [J]. 福建江夏学院学报, 2015 (03).

涂敏华, 程群. 女娲生育生殖神话与考古发现 [J]. 福建论坛 (人文社会科学版), 2012 (11).

万建中. 民俗学的学术指向和前沿问题 [J]. 神州民俗 (学术版), 2011 (05).

王霄冰. 民俗关系: 定义民俗与民俗学的新路径 [J]. 民间文化论坛, 2018 (6).

王倩. 淮北汉画像 "铺首衔环" 神话学新探 [J]. 淮北师范大学学报 (哲学社会科学版), 2012 (06).

王倩. 论陕北汉画像圣树符号的宇宙论意义 [J]. 百色学院学报, 2013 (03).

王倩. 论汉画像石方位划分参照物 [J]. 文艺理论研究, 2014 (06).

王倩. 左东右西: 论汉画像石中的西王母方位模式 [J]. 文化遗产, 2014 (02).

王倩. 汉画像西王母关联方位图式研究 [J]. 东南大学学报 (哲学社会科学版), 2015 (03).

王倩. 二元宇宙: 褚兰汉墓车马出行图方位结构 [J]. 民族艺术, 2016 (06).

王倩. 神圣的图像——神话图像结构性意义阐释 [J]. 重庆文理学院学报 (社会科学版), 2011 (05).

王倩. 作为图像的神话——兼论神话的范畴 [J]. 民族文学研究, 2011 (02).

王倩. 论国外神话图像阐释的意识形态转向 [J]. 贵州大学学报 (艺术版), 2014 (03).

王宪昭. 论伏羲女娲神话母题的传承与演变 [J]. 中原文化研究, 2015 (05).

王金寿. 关于女娲补天神话文化的思考 [J]. 甘肃教育学院学报 (社会科学版), 2000 (02).

徐凤. 甘肃伏羲女娲神话扩布之探源 [J]. 兰州文理学院学报 (社会科学版), 2016 (01).

徐丽云. 女娲精神的失落与启示——女娲神话浅析 [J]. 大众文艺, 2010 (17).

许仲举, 谢伟峰. 汉代陕北地区女娲崇拜的形成及其原因探析 [J]. 延安大学学报 (社会科学版), 2015 (05).

杨利慧. "读图时代" 里 "山海经图" 的开拓性研究——谈马昌仪的两部山海经图研究近著 [J]. 民族文学研究, 2005 (01).

杨利慧, 张多. 神话资源创造性转化的探索之路 [J]. 长江大学学报 (社会科学版), 2019 (01).

杨利慧. 女娲神话研究史略 [J]. 北京师范大学学报 (社会科学版), 1994 (01).

杨利慧. 民间叙事的表演 (上) ——以兄妹婚神话的口头表演为例, 兼谈中国民间叙事研究的方法问题 [J]. 励耘学刊 (文学卷), 2005 (01).

岳峰, 王怀义. 论中国史前神话的图像传承 [J]. 内蒙古社会科学 (汉文版), 2010 (06).

叶舒宪. 神话历史与神话图像 [J]. 民族艺术, 2017 (1).

叶茂樟.女娲文化与时代精神刍议[J].武汉工程职业技术学院学报，2019（01）.

殷满堂.女娲神话的象征意义及其当下启示[J].黄石理工学院学报（人文社会科学版），2009（04）.

游红霞，田兆元.朝圣旅游的景观生产与景观叙事——以普陀山南海观音露天大佛为例[J].文化遗产，2019（02）.

赵吴成.河西墓室壁画中"伏羲、女娲"和"牛首人身、鸡首人身"图像浅析[J].考古与文物，2005（4）.

张多.古典新诠：刘惠萍的神话文献与图像研究——兼及对神话文献方法的反思[J].长江大学学报（社科版），2016（11）.

张雪.民间女娲传说的再创造[J].贵州民族研究，2016（03）.

张雪.女娲神话的产生及其成因[J].安顺学院学报，2012（01）.

张博.浅谈汉画像艺术中的伏羲和女娲[J].美与时代（下），2012（08）.

朱存明，朱婷.汉画像西王母的图文互释研究[J].徐州师范大学学报（哲学社会科学版），2010（06）.

4.学位论文

薄刃锋.吐鲁番出土伏羲女娲图的哲学观念探析[D].新疆师范大学，2017.

过文英.论汉墓绘画中的伏羲女娲神话[D].浙江大学，2007.

李新.汉画像中熊图像研究[D].江苏师范大学，2017.

刘雪瑶.中国古代壁画中神话题材的水纹造形演变研究[D].天津工业大学，2018.

刘渊.汉代画像石上伏羲女娲图像特征研究[D].四川大学，2005.

芦婷.先唐文学中的女娲形象及其文学史意义[D].西北师范大学，2015.

孟青.汉画西王母图像的民俗文化研究[D].江苏师范大学，2013.

马珍.汉画像伏羲神话的图像学研究[D].江苏师范大学，2014.

唐晶.中国传统神话主题景观设计的纪念性与文化表达[D].郑州大学，2012.

王晰.甘肃考古发现的伏羲女娲图像整理研究[D].西北师范大学，2015.

王晓玲.吐鲁番阿斯塔那古墓人首蛇身交尾图像研究[D].陕西师范大学，2017.

王晰.甘肃考古发现的伏羲女娲图像整理研究[D].西北师范大学，2015.

王志翔.陇右彩陶纹饰与氏族先祖神话研究[D].西北师范大学，2017.

辛也.北方三省伏羲女娲题材汉画像石研究 [D].河北师范大学,2016.

余莲凤.女娲、西王母和观音的原型形象分析 [D].山东大学,2018.

张珍珍.山西赵城镇侯村祭女娲仪式研究 [D].大理大学,2017.

张叶露.山西黎城县的女娲信仰研究 [D].黑龙江省社会科学院,2019.

朱叶.伏羲女娲图像及宗教寓义源流初探 [D].新疆师范大学,2017.

周恬逸.《山海经》文图关系研究 [D].南京大学,2015.

郑月.山、陕、豫女娲神话的民间叙事研究 [D].山西大学,2016.

5. 论文集析出文献

刘惠萍.麦积山石窟伏羲女娲塑像试释 [A]// 兰州大学敦煌学研究所、麦积山石窟艺术研究所.麦积山石窟艺术文化论文集(上)——2002年麦积山石窟艺术与丝绸之路佛教文化国际学术研讨会论文集 [C].兰州大学敦煌学研究所、麦积山石窟艺术研究所:兰州大学敦煌学研究所,2002:16.

刘惠萍.吐鲁番墓葬出土伏羲女娲画像述论 [A]// 第六届唐代文化学术研讨会论文集 [C].台北:中国文化大学,2003..

刘惠萍.象天通神——关于吐鲁番墓葬出土伏羲女娲图的再思考 [A]// 敦煌学(第二十七辑)[C].台北:乐学书局有限公司,2008.

刘惠萍.天文与人文:日月图像在汉代墓室中的功能与意义 [A]// 陈器文.新世纪神话研究之反思——第八届通俗文学与雅正文学学术研讨会论文集 [C].台中:中兴大学中国文学系,2010.

刘惠萍.汉画像中的"玉兔捣药"——兼论神话传说的借用与复合现象 [A]// 中国俗文化研究(第五辑)[C].成都:巴蜀书社,2008.

刘惠萍.多元传承与地域特色:西王母图像在四川汉画像中的表现 [A]// 台湾王母信仰文化世界学术研讨会论文集 [C].花莲:花莲胜安宫管理委员会,2009.

6. 外文文献

Campbell, Joseph. *The Mythic Image*. Princeton: Princeton University Press, 1974.

Campbell, Joseph. *Historical Atlas of World Mythology*. London: Summerfield press, 1983.

Cahill, James. *Flying Too Close to the Sun: Myths in Art from Classical to Contemporary*. London: Phaidon Press, 2018.

Gimbutas, Marija Alseikaite. *The Language of the Goddess*. London: Thames & Hudson, 1989.

Graves, Robert. *Larousse Encyclopedia of Mythology*. New York: Prometheus Press, 1960.

Matyszak, Philip. *The Greek and Roman Myth*. London: Thames & Hudson , 2010.

Singh, Madanjeet. *Sun In Myth and Art*. London : Thames Hudson, 1993.

Sourvinou-Inwood, Christiane. *Reading Greece Culture: Text and Images, Rituals and Myths*. Oxford: Clarendon Press, 1991.

Willis, Roy. *World Mythology*. Oxford : Oxford University Press, 2006.

后　记

　　本书改编自我2021年在北京师范大学文学院民间文学研究所完成的博士论文，前前后后经历了七稿，才得以完成。可以说，本书是我博士三年学习的见证，也是学业生涯最后的纪念。

　　2018年对于我来说是极不平凡的一年。6月份我迎来了我们家的新生命，坐月子期间收到博士录取通知书，被北京师范大学文学院民间文学所录取，成为杨利慧老师门下的一员。犹记得当时杨老师晚上十点多告知我被录取的场景，刚哄孩子睡着接到电话，紧张且激动，却又怕自己做不好辜负了老师的厚爱。在确定录取后，如何兼顾"上学"与"照顾孩子"就成为我们整个家庭每日探讨的话题，那时我常常心情复杂，整夜难以入睡，甚至感叹自己为何要是一个生儿育女的女性。

　　感恩上天赐予我这么多别人梦寐以求的东西，但得到的越多需要付出的也会更多，需要舍掉的也更多。这三年来，我不断在家庭与学业之间奔波往返，也常常心怀愧疚，在家里照顾孩子无法学习觉得有愧于杨老师，在学校学习又对孩子和父母心存愧疚，我的多重身份不断发生矛盾，在很长一段时间内难以适应。作为学生、母亲、妻子、儿媳、女儿等等，我难以调和，非常慌乱，三年来看得最多的是日历，因为在每一个地方停留的时间都是有限的，人在某一边，另一边总会有一个人期待你回来。我逐渐开始真正理解大众对男性女性的争论，真切感受到女性同胞的不易。

　　上学本就是不易的，小时候不懂为何学海无涯"苦"作舟，现在大约是明白了。然而，岁月并不会因苦难而停止流逝，我们要相信苦尽甘来，学习的苦一定会带来甘。我们常常感叹青春无悔，没有人会为青春吃过的苦而后悔，反而是对苦痛感恩有加。三年转瞬即逝，虽然经常以泪洗面，分身乏术，但都已过去，孩子从50厘米长到了1米，我的论文也从零散的素材一点一点拼凑成一整篇，并有幸得以出版。

2020年是一个令所有人难忘的年份。这一年全球新型冠状病毒疫情大暴发，出行受限，调查写作受到重重阻碍。在这样的情况下，本书得以完成，是众人一致努力的结果，要感谢的太多。

首先最要感谢的是我的导师杨利慧教授。感谢她不嫌弃我愚笨，将我收于门下，从而改变了我的命运。如若她当年将我拒之门外，现在我也许就只是一位在家照看孩子而不懂得学习和思考的人，感恩她给了我这样一个对于我人生都非常重要的机会。在上学期间，她总是不遗余力地帮助我，对我的指导松弛有度，循序渐进，针对我的个性让我自由在学术的海洋中探索。我佩服她在教育学生上的因材施教，我因跨学科的背景，理论基础差，这三年来，她引导我熟悉理论基础，鼓励我涉猎多种学科知识，怕我跑偏，又适时将我拉回本专业领域，她的指点总是那么及时。在本书写作期间，她教会我在疫情艰难时期如何合理安排时间，并提供给我很多非常珍贵的录音材料，大大丰富了本书的内容。在田野调查时，她不断叮嘱我注意自身防护和安全，恰到好处的指导和悉心的关照是我坚持下来的动力，让我在这种极具挑战的时期能够顺利完成写作。在后期的修改过程中，杨老师非常严谨，批改细致到一个字、一个标点都不放过，本书能够顺利完成并出版，她付出了巨大的辛劳！

北京师范大学文学院民间文学所的所有老师是我博士学习生涯中的贵人，在我学习和论文写作的各个阶段帮我答疑，令我收获良多，受益匪浅。万建中老师风趣幽默，在课堂上偶尔静止的沉思，总是带给我欢乐，他思维敏捷，总能用很宽广的视野提出一些问题，他在课堂上以自己的文章为例，手把手教会我们如何写作和修改文章，令我很受启发。康丽老师在本书开题及写作阶段提出了至关重要的建议，将我从对历史的旋涡和沉迷中及时拉出，将方向转至当下，在本书初稿完成时又切中要害提出问题所在，激励我不断对论文进行修改。感谢岳永逸老师在课堂上的教诲，为我们提供众多的文献资料及可供阅读的材料，并为我们解释关于田野调查方方面面的疑惑。彭牧老师温柔和善，在开题与预答辩过程中为我提供细致的修改策略，她的文章语言精练，逻辑清晰，在我写作遇到瓶颈时，经常能给我启发，让我得以继续。杜博思老师视野开阔，为我提供了多种参考资料，并在思路上给我以教导。王尧老师耐心细致，经常能发现开题和论文中一些细小的错误，也针对文章提出很多可行性的建议。感谢所有民间文学所的老师，点点滴滴，我铭记于心！此外，还要感谢陈连山、吴晓东、谭佳三位老师在博士论文答辩阶段为本书提出宝贵意见，另三位匿名评审的老师也点评翔实，在此遥致谢意！

　　本书的完成还要感谢河北省涉县娲皇宫景区及邯郸方特的所有工作人员，包括程俊芳、薛洪震、李长荣、樊志新、郝琳琳等等，他们为我论文的写作提供了非常丰富的资料。也感谢邯郸的画师和老百姓，感谢他们没有因疫情将我拒之门外，还那么热情地配合我的调查，他们朴素可爱，热情好客，竭尽全力地帮助我，甚至在我离开之后，还能及时帮我答疑，真心感谢他们的一切付出，感恩之情难以言表，我将一直牢记心底。

　　我的同门们在这三年之中不断鼓励和支持我，高志明、霍志刚师兄以及张立群师姐在我初入学时细心照料，在学习上帮助并引导我，让我很快适应新的学习环境，在遇到困难的时候总能得到他们的帮助，解除疑惑。这三年来，贾志杰、张淇源、龙枚、宋嘉琪、袁依萌等师弟师妹活泼可爱，富有生机，在论文写作阶段，帮我分担了很多重要的工作，让我能安心投入写作。另外，文学院的同学们在三年中暖心陪伴，互相鼓励，感谢姜文华、刘梦喆、朱英姿等同学，她们给了我太多的温暖和感动，让我在写作过程中不那么孤单。

　　感谢我的家人，他们尽全家之力支持我完成学业，是我坚强的后盾。感谢爸妈和公婆帮我带孩子，让我安心学习和写作，努力帮我排除一切后顾之忧。也请他们收下我深深的歉意，带孩子并非一件易事，他们却为了我主动承担起这苦差事，而三年来我却未能替他们分忧解难，他们对我的这份心，我实在是受之有愧。感谢我的丈夫周晓飞，陪我田野调查，整理文献，在论文写作过程中更是不断鼓励我，帮我转写录音、统计问卷，并帮我不断修改论文上的逻辑错误，在论文写作的最后阶段照顾我的生活起居。感谢我的孩子这几年来的健康成长和对我的鼓励，希望岁月可以温柔对待他们。

另外，我还要特别感谢北京高校高精尖学科"文化遗产与文化传播"建设项目为本书提供这样宝贵且难得的出版机会，感谢北京师范大学非物质文化遗产研究与发展中心及文学院民间文学研究所对本书出版工作的大力支持。对商务印书馆龚琬洁老师的细心编辑和付出的大量劳动，我也表示深深的谢意。

最后，由于笔者才疏学浅，不当之处敬请读者斧正。

孙伟伟
2023年2月

[本书系国家社会科学基金重大项目"中国神话资源的创造性转化与当代神话学的体系建构"（18ZDA268）的阶段性研究成果。]

图书在版编目（CIP）数据

"图像场域"视角下的当代女娲图像研究：以河北邯郸地区为考察中心 / 北京师范大学非物质文化遗产研究与发展中心主编；孙伟伟著. — 北京：商务印书馆，2023
（民间文化新探书系）
ISBN 978−7−100−22532−8

Ⅰ.①图… Ⅱ.①北…②孙… Ⅲ.①神—图像—研究—中国 Ⅳ.①B933

中国国家版本馆CIP数据核字（2023）第095215号

权利保留，侵权必究。

民间文化新探书系
"图像场域"视角下的当代女娲图像研究
以河北邯郸地区为考察中心
北京师范大学非物质文化遗产研究与发展中心 主编
孙伟伟 著

商 务 印 书 馆 出 版
（北京王府井大街36号 邮政编码100710）
商 务 印 书 馆 发 行
山西人民印刷有限责任公司印刷
ISBN 978−7−100−22532−8

2024年3月第1版　　　　开本 787×1092 1/16
2024年3月第1次印刷　　印张 18½
定价：90.00元